リ 過去問

社会福祉士国家試

一般社団法人日本ソーシャルワーク教育学校連盟〔監修〕

一問一答+α

2025

専門科目

中央法規

監修のことば

　社会福祉士国家試験は，2024年（令和6年）までに36回実施されています。ソーシャルワーカーへの時代の要請も高まり，資格取得への熱意をもつ多くの方々が，国家試験に挑まれています。

　そうしたなか，一般社団法人日本ソーシャルワーク教育学校連盟では，試験問題が公表された1991年（平成3年）の第3回社会福祉士国家試験から，各養成校の先生方にご尽力いただき『社会福祉士国家試験解説集』を刊行して以来，受験生の皆様のお役に立つべくさまざまな書籍を刊行してきました。

　2024年（令和6年）の5月には『社会福祉士国家試験過去問解説集　2025』を刊行しました。この書籍は，問題から解答にいたるまでの考え方の道筋を丁寧に学び学習を深められるため，数ある類書のなかでも多くの受験生から高い評価を得ています。

　この実績を踏まえ，受験生のさらなる効率的・効果的な学習に寄与するため，本書『2025社会福祉士国家試験過去問　一問一答＋α　専門科目』は，過去10年分の国家試験の出題から厳選した問題を一問一答形式に編集しました。さらに次のような工夫により，効率的・効果的な学習，さらには学習の達成度の把握ができるように配慮しています。

①　第27回から第36回まで過去10年分の国家試験問題を選択肢ごとに一問一答形式にし，「社会福祉士国家試験出題基準」を参考にして並べ替えています。
②　即答力アップにつながるように，解説は簡潔にまとめています。
③　法令の改正や統計の更新等，最新の内容を盛り込むよう努めています。
④　知識の確認・再確認ができるように，キーワードや「整理しておこう！」などを充実させています。

　限られた時間のなかで広範な出題範囲を学ぶことは容易ではありませんが，本書が採用した編集方式と解説が，社会福祉士国家試験に臨む方々にとって有用な参考書となり，資格取得の一助になることを願っています。

　2024年7月

一般社団法人日本ソーシャルワーク教育学校連盟会長

中村　和彦

目 次

2025社会福祉士国家試験過去問 一問一答＋α 〔専門科目〕

監修のことば

本書の特徴

2025社会福祉士・精神保健福祉士国家試験過去問 一問一答＋α 〔共通科目〕

本書の特徴

本書のつくり

　本書は，第27回から第36回の社会福祉士国家試験（過去10年分）の出題から問題を厳選して選択肢ごとに一問一答形式にし，第37回からの新しい「社会福祉士国家試験出題基準」に合わせて並べ替えて編集した問題集です。左のページに問題を，右のページに解答・解説を掲載し，見開きで展開しています。

　第22回の試験より「誤っているもの（適切でないもの）」を選ぶという出題はなくなり，5つの選択肢のなかから「正しいもの（適切なもの）」を1つ選ぶという出題となりました（第25回からは2つ選ぶという出題もみられます）。本書では，正しい（適切な）選択肢の数を増やすために，一定数の誤っている（適切でない）選択肢について，正しい（適切な）ものとなるように修正を加えています。

　また，事例問題に関しては，一問一答形式にそぐわないため，収載しておりません。

過去問の出題傾向・頻度を把握

　問題は，できる限り国家試験の過去問を忠実に収載しています。国家試験では「何について」「どのように」問われることが多いか，その傾向や頻度を把握することができます。

　ただし，問題によっては，次回の国家試験に対応するために必要だと思われる，法令の改正や統計の更新などを踏まえた最小限の変更を加えています。

試験の即答力を養う

　解説は，○×を導くポイントを簡潔明瞭にまとめています。国家試験では，選択肢の内容を読み取る「読解力」に加え，1つの選択肢を20秒ほどで判断していく「即答力」が求められています。過去問の問題と簡潔明瞭な解説からなる一問一答形式だからこそ，その「即答力」を養うことができます。

＋αで知識の蓄積と確認
プラスアルファ

　確認しておきたい重要語句の定義や周辺知識の情報を，欄外の「キーワード」「整理しておこう！」でわかりやすくまとめています。頻出問題や重要だと思われる問題は一目でわかるようにしています。さまざまな"＋α"が知識の蓄積と確認をサポートします。

基礎学習から直前対策まで

　繰り返し解くことによって，苦手な分野の克服にもつながります。基礎学習から試験直前まで，広くご活用ください。

問題

第27回から第36回の国家試験の問題を選択肢ごとに一問一答形式にして収載しています。

出題基準

第37回からの新しい「社会福祉士国家試験出題基準」を参考にして，問題を並べ替えています。

重要問題

頻出問題や重要だと思われる問題は色で強調されています。

チェックボックス

間違えた問題，自信のない問題などに☑することで，繰り返し解く際の参考とすることができます。

出題実績

第何回試験の何番の問題として出題されたかを示しています。問題に修正を加えたもの，法令の改正や統計の更新などを踏まえ出題当初の問題を見直したものに「改変」と明記しています。

貧困状態にある人の生活実態とこれを取り巻く社会環境

貧困状態にある人の生活実態

5
35回63改変
「生活保護の被保護者調査（令和4年度（月次調査確定値））」（厚生労働省）によると，保護率（人口百人当）は，16.2％である。

6
35回63改変
「生活保護の被保護者調査（令和4年度（月次調査確定値））」（厚生労働省）によると，1か月平均の被保護実人員数は，約20万人である。

7
35回63改変
「生活保護の被保護者調査（令和4年度（月次調査確定値））」（厚生労働省）によると，保護の種類別に扶助人員をみると，「医療扶助」が最も多い。

8
33回63改変
「生活保護の被保護者調査（令和4年度（月次調査確定値））」（厚生労働省）によると，保護の種類別にみた扶助人員は，教育扶助よりも住宅扶助の方が多い。

整理しておこう！

生活保護の動向（被保護実人員及び保護率）

　2022年度（令和4年度）の1か月平均の被保護実人員は202万4586人で，前年度と比べ1万3971人（0.7％）減少している。
　保護の種類別に扶助人員をみると，生活扶助が176万7591人と最も多く，住宅扶助が173万6256人，医療扶助が170万6665人となっている。
　また，保護率（人口百人当）は1.62％となっている。

118

解答・解説

左ページの問題に対して○・×で解答を示し，その解答に至るポイントを解説として簡潔にまとめています。付属の赤シートで○・×を隠しながら，問題を解くことができます。

× 2022年度（令和4年度）の保護率は1.62％である。なお，保護率が過去最低であったのは1995年度（平成7年度）で0.70％，過去最高であったのは1947年度（昭和22年度）で3.77％である。

× 2022年度（令和4年度）の1か月平均の被保護実人員数は，202万4586人である。

× 2022年度（令和4年度）の保護の種類別の扶助人員（1か月平均）は，①生活扶助（176万7591人），②住宅扶助（173万6256人），③医療扶助（170万6665人）の順であった。

○ 保護の種類別扶助人員は多い順に，①生活扶助，②住宅扶助，③医療扶助，④介護扶助，⑤教育扶助となっている。

▶4
保護率
保護率とは，「被保護実人員（1か月平均）」÷「各年10月1日現在総務省推計人口（総人口）」で算出したものである。

貧困に対する支援

キーワード

語句の定義や覚えておきたい周辺知識，知っておきたい情報などを簡潔にまとめています。

マーカー

重要な語句・事柄，問題を解く際にヒントとなる語句などにはマーカーを引きました。

扶助別被保護人員（月平均）
万人

2,024,586（被保護実人員）
1,767,591（生活扶助）
1,736,256（住宅扶助）
1,706,665（医療扶助）
422,045（介護扶助）
88,161（教育扶助）
39,657（その他の扶助）

資料：被保護者調査（平成23年度までは「福祉行政報告例」）
注：「その他の扶助」は，「出産扶助」「生業扶助」「葬祭扶助」の合計である。

整理しておこう！

過去問の出題傾向を踏まえ，整理しておくとよい内容をまとめています。

119

参考文献

一般社団法人日本社会福祉士養成校協会＝編
　　『社会福祉士国家試験過去問解説集』各年版，中央法規出版，2014～2016年

一般社団法人日本ソーシャルワーク教育学校連盟＝編
　　『社会福祉士国家試験過去問解説集』各年版，中央法規出版，2017～2024年

一般社団法人日本ソーシャルワーク教育学校連盟＝編
　　「最新　社会福祉士養成講座　精神保健福祉士養成講座」中央法規出版，2021年
　　　①医学概論
　　　②心理学と心理的支援
　　　③社会学と社会システム
　　　④社会福祉の原理と政策
　　　⑤社会福祉調査の基礎
　　　⑥地域福祉と包括的支援体制
　　　⑦社会保障
　　　⑧障害者福祉
　　　⑨権利擁護を支える法制度
　　　⑩刑事司法と福祉
　　　⑪ソーシャルワークの基盤と専門職［共通・社会専門］
　　　⑫ソーシャルワークの理論と方法［共通科目］
　　　⑬ソーシャルワーク演習［共通科目］

一般社団法人日本ソーシャルワーク教育学校連盟＝編
　　「最新　社会福祉士養成講座」中央法規出版，2021年
　　　①福祉サービスの組織と経営
　　　②高齢者福祉
　　　③児童・家庭福祉
　　　④貧困に対する支援
　　　⑤保健医療と福祉
　　　⑥ソーシャルワークの理論と方法［社会専門］
　　　⑦ソーシャルワーク演習［社会専門］
　　　⑧ソーシャルワーク実習指導・ソーシャルワーク実習［社会専門］

中央法規社会福祉士・精神保健福祉士受験対策研究会＝編
　　『社会福祉士・精神保健福祉士国家試験受験ワークブック2025（共通科目）』中央法規出版，2024年

中央法規社会福祉士受験対策研究会＝編
　　『社会福祉士国家試験受験ワークブック2025（専門科目）』中央法規出版，2024年

社会福祉法人大阪ボランティア協会＝編
　　『福祉小六法2024』中央法規出版，2023年

高齢者福祉

高齢者の生活実態とこれを取り巻く社会環境

高齢者の生活実態

1
35回126改変
「令和5年版高齢社会白書」(内閣府)に示された日本の65歳以上の人の生活実態によると，経済的な暮らし向きについて，「家計にゆとりがあり，まったく心配なく暮らしている」と感じている人は約5割となっている。

2
35回126
「令和4年版高齢社会白書」(内閣府)に示された日本の65歳以上の人の生活実態によると，現在，収入の伴う仕事の有無については，収入の伴う仕事をしていると回答した人は約3割となっている。

3
35回126
「令和4年版高齢社会白書」(内閣府)に示された日本の65歳以上の人の生活実態によると，現在の健康状態について，「良い」「まあ良い」と回答した人の合計は，全体の6割を超えている。

4
35回126改変
「令和5年版高齢社会白書」(内閣府)に示された日本の65歳以上の人の生活実態によると，二人以上の世帯について，「世帯主の年齢が65歳以上の世帯」と「全世帯」の貯蓄現在高の中央値を比較すると，前者は後者のおよそ1.5倍の金額となっている。

5
34回126改変
「令和5年版高齢社会白書」(内閣府)によると，2019年(令和元年)時点での健康寿命は，2010年(平成22年)と比べて男女共に延びている。

6
34回126改変
「令和5年版高齢社会白書」(内閣府)によると，2022年(令和4年)における75歳以上の運転免許保有者10万人当たりの死亡事故件数を2012年(平成24年)と比較すると，およそ2倍に増加している。

7
33回126改変
「令和5年版高齢社会白書」(内閣府)によると，65歳以上の者の死因別の死亡率で最も高いのは，「老衰」となっている。

8
36回126
「令和5年版高齢社会白書」(内閣府)に示された日本の高齢者を取り巻く社会情勢によると，2021年(令和3年)の65歳以上の者の死因別の死亡率をみると，悪性新生物よりも肺炎の方が高くなっている。

✕ 「家計にゆとりがあり，まったく心配なく暮らしている」と感じている人は12%である。

◯ 65歳以上の人の30.2%が収入の伴う仕事をしていると回答している。

✕ 現在の健康状態について，「良い」「まあ良い」と回答した65歳以上の人は31.2%となっている。

◯ 二人以上の世帯の貯蓄現在高について，中央値を比較すると，「世帯主の年齢が65歳以上の世帯」は，「全世帯」の約1.5倍となっている。

◯ 2019年（令和元年）時点での健康寿命[1]は，2010年（平成22年）と比べて男女共に延びている。2019年（令和元年）時点では男性72.68年，女性75.38年となり，2010年（平成22年）と比べて男性2.26年，女性1.76年延びている。

▶1
健康寿命
健康上の問題で日常生活に制限のない期間。

✕ 75歳以上の運転免許保有者10万人当たりの死亡事故件数は，2分の1以下に減少している。2012年（平成24年）は11.5件であったのに対し，2022年（令和4年）は5.7件となっている。

✕ 65歳以上の者の死因別の死亡率（65歳以上人口10万人当たりの死亡数）を見ると，最も高いのは「悪性新生物（がん）」，以下「心疾患（高血圧性を除く）」「老衰」「脳血管疾患」「肺炎」の順である。

✕ 2021年（令和3年）の65歳以上の者の死因別の死亡率をみると，悪性新生物（がん）が最も高くなっている。

☐ ☐	**9** 32回126改変	「令和5年版高齢社会白書」(内閣府)によると, 2022年(令和4年)では後期高齢者数が前期高齢者数を上回っている。

☐ ☐	**10** 36回126	「令和5年版高齢社会白書」(内閣府)に示された日本の高齢者を取り巻く社会情勢によると, 人口の高齢化率は, 2022年(令和4年) 10月1日現在で, 約16%となっている。

☐ ☐	**11** 36回126	「令和5年版高齢社会白書」(内閣府)に示された日本の高齢者を取り巻く社会情勢によると, 高齢化率の「倍加年数」をアジア諸国で比較すると, 韓国は日本よりも短い年数となっている。

☐ ☐	**12** 32回126改変	「令和5年版高齢社会白書」(内閣府)によると, 高齢化率の「倍加年数」は24年であり, 1970年(昭和45年)から1994年(平成6年)にかけてであった。

☐ ☐	**13** 32回126改変	「令和5年版高齢社会白書」(内閣府)によると, 2022年(令和4年)時点で, 都道府県の中で高齢化率が最も低いのは東京都であった。

☐ ☐	**14** 36回126改変	「令和5年版高齢社会白書」(内閣府)に示された日本の高齢者を取り巻く社会情勢によると, 総人口に占める75歳以上の人口の割合は, 2070年(令和52年)に約25%に達すると推計されている。

☐ ☐	**15** 36回126	「令和5年版高齢社会白書」(内閣府)に示された日本の高齢者を取り巻く社会情勢によると, 2022年(令和4年)の労働力人口総数に占める65歳以上の者の割合は, 2013年(平成25年)以降の10年間でみると, 漸減傾向にある。

☐ ☐	**16** 32回126改変	「令和5年版高齢社会白書」(内閣府)によると, 65歳以上人口に占める一人暮らしの者の割合は, 2040年には男女共に40%を超えると予測されている。

☐ ☐	**17** 32回126改変	「令和5年版高齢社会白書」(内閣府)によると, 2070年(令和52年)に高齢化率は50%を超えると予測されている。

○ 2022年(令和4年)に,後期高齢者数が1936万人,前期高齢者数が1687万人と,後期高齢者数が前期高齢者数を上回っている。また,75歳以上の増加傾向は,2055年(令和37年)まで続くと見込まれている。

(関連キーワード▶2参照)

▶2
後期高齢者と前期高齢者
75歳以上の高齢者を後期高齢者,65～74歳の高齢者を前期高齢者という。

× 人口の高齢化率(65歳以上人口の総人口に占める割合)は,2022年(令和4年)10月1日現在で29.0％である。

○ 高齢化率の「倍加年数」は,日本が24年であったのに対して,韓国は18年と短い年数となっている。なお,中国は22年,シンガポールは15年となっている。

▶3
倍加年数
人口の高齢化率が7％から14％に達するまでに要した年数をいう。高齢化の進展を示す指標として国際比較などで使用される。

○ 日本の高齢化率は,1970年(昭和45年)に7％を超え,1994年(平成6年)には14％に達したことから,倍加年数は24年である。高齢化の国際動向において,日本の高齢化率は最も高い水準にある。

○ 設問のとおり。2022年(令和4年)では,東京都が最も高齢化率が低い。一方,高齢化率が最も高い県は秋田県とされている。

○ 75歳以上人口は,2070年(令和52年)には25.1％となると推計されている。

× 2022年(令和4年)までの労働力人口総数に占める65歳以上の者の割合をみてみると,長期的には上昇傾向にある。2022年(令和4年)の労働力人口総数に占める65歳以上の者の割合は13.4％となっている。

× 65歳以上人口に占める一人暮らしの者の割合は,2040年(令和22年)には男性が20.8％,女性が24.5％と予測されており,40％を超えない。

× 65歳以上人口は2043年(令和25年)まで増加傾向が続き,その後は減少に転じるとされているが,高齢化率はそれ以降も上昇を続け,2070年(令和52年)には38.7％となると推計されている。50％を超える予測はされていない。

●高齢者の意識の国際比較

18
34回126改変

「令和3年版高齢社会白書」(内閣府)によると，60歳以上の人に家族以外の親しい友人がいるか尋ねたところ，「いない」と回答した割合は，日本・アメリカ・ドイツ・スウェーデンの中で，日本が最も高い。

19
34回126

「令和3年版高齢社会白書」(内閣府)によると，60歳以上の人に新型コロナウイルス感染症の拡大により生活にどのような影響があったか尋ねたところ，「友人・知人や近所付き合いが減った」と回答した割合は，およそ1割であった。

●雇用、就労

20
34回126改変

「令和5年版高齢社会白書」(内閣府)によると，高齢者の就業率を年齢階級別にみると，65〜69歳については，2012年(平成24年)から2022年(令和4年)までの間，継続して下落している。

21
32回127

「高齢社会対策大綱」(2018年(平成30年) 2月閣議決定)において，高齢者の支援において新技術(人工知能や介護ロボット，情報通信技術など)を活用することは，人間的な温かさが乏しいため，避けることが望ましいという提言が行われた。

●介護需要

22
35回126改変

「令和5年版高齢社会白書」(内閣府)に示された日本の65歳以上の人の生活実態によると，介護保険制度における要介護又は要支援の認定を受けた人は，第一号被保険者全体の3割を超えている。

23
32回127

「ニッポン一億総活躍プラン」(2016年(平成28年) 6月閣議決定)において，2025年度に向けて，高齢者の介護予防施策に関する成果と要介護認定者数の伸びの抑制についての数値目標が掲げられた。

24
33回126改変

「令和5年版高齢社会白書」(内閣府)によると，要介護者等からみた主な介護者の続柄で最も多いのは，「子の配偶者」となっている。

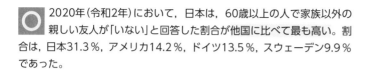

○ 2020年（令和2年）において，日本は，60歳以上の人で家族以外の親しい友人が「いない」と回答した割合が他国に比べて最も高い。割合は，日本31.3％，アメリカ14.2％，ドイツ13.5％，スウェーデン9.9％であった。

✕ 60歳以上の人のうち，55.3％が「友人・知人や近所付き合いが減った」と回答している。他国との比較では，スウェーデン80.8％，ドイツ72.0％，アメリカ67.5％であり，日本が最も低かった。

✕ 65〜69歳の就業率は，2012年（平成24年）以降，2022年（令和4年）までの間，継続して上昇している。2022年（令和4年）では50.8％となっている。

✕ 「高齢社会対策大綱」において，「介護ロボットについては，自立支援等による高齢者の生活の質の維持・向上と介護者の負担軽減を実現するため，現場のニーズを真にくみ取った開発等を促進する」などと，先進技術の活用及び高齢者向け市場の活性化の方向性が示された。人間的な温かさの乏しさに関する記述はない。

✕ 介護保険制度における要介護又は要支援の認定を受けた人（以下，要介護者等）は，第一号被保険者の18.7％である。

✕ 「ニッポン一億総活躍プラン」においては，介護予防に関連する数値目標は示されていない。このプランの「「介護離職ゼロ」に向けた取組の方向」において，介護人材確保のための総合的な対策や健康寿命の延伸と介護負担の軽減などが示されている。

✕ 要介護者等からみた主な介護者の続柄をみると，最も多いのは「配偶者」で，以下「子」「別居の家族等」の順である。

☐☐ **25**
33回126改変 「令和4年版高齢社会白書」(内閣府)によると，要介護者等において，介護が必要になった主な原因で最も多いのは，「認知症」となっている。

●介護予防

☐☐ **26**
32回129 指標としての健康寿命とは，健康状態で生活することが期待される平均期間である。

☐☐ **27**
32回129 サルコペニアとは，加齢によって予備力が低下し，ストレスへの回復力が低下した状態で，要介護状態の前段階といえる。

☐☐ **28**
32回129改変 2019年(令和元年)における平均寿命と健康寿命の差は，男性より女性の方が大きい。

☐☐ **29**
32回129 フレイルとは，高齢期の筋量や筋力の低下，それに伴う身体機能低下で，サルコペニアの要因の一つである。

☐☐ **30**
32回129 予防・健康づくりの推進のための介護予防と生活習慣病対策・フレイル対策は，一体的に介護保険で行われている。

高齢者福祉の歴史

高齢者観の変遷

☐☐ **31**
34回130 緩和ケアとは，可能な限りの延命治療を行った上で人生の最期を迎えられるようにするケアである。

要介護者等において，介護が必要になった主な原因を見ると，「認知症」「脳血管疾患（脳卒中）」「高齢による衰弱」「骨折・転倒」の順である。

 健康寿命とは，2000年に世界保健機関（WHO）が提唱した寿命の指標であり，「国民の健康の増進の総合的な推進を図るための基本的な方針」（厚生労働省告示）において「健康上の問題で日常生活が制限されることなく生活できる期間」と定義されている。

✕ 設問はフレイルに関する記述である。サルコペニア[▶4]とは，加齢によって骨格筋量が減少し，筋力が低下した状態のことをいう。

▶4
サルコペニア
身体的なフレイルの要因の1つであり，ADL（日常生活動作）の低下につながるおそれがあることから，高齢者が要介護状態となる主要な原因となっている。

 2019年（令和元年）における国民の平均寿命と健康寿命の差は，男性が8.73年，女性が12.07年であり，男性より女性の方が大きい。2012（平成24）年7月に策定された「健康日本21（第二次）」では，健康寿命の増加が平均寿命の増加分を上回ることを目標として掲げている。

✕ フレイルとサルコペニアの説明が逆である。（関連キーワード▶5参照）

▶5
フレイルとサルコペニア
フレイルは，従来は「虚弱」「老衰」などと表記されていたが，2014年（平成26年）に日本老年医学会が身体的，心理的，社会的側面からなる多面的な概念として提唱し，フレイルと表記されるようになった。身体的なフレイルの要因の一つがサルコペニアである。

✕ 高齢者の予防・健康づくりの推進のための介護予防は介護保険で行われているが，生活習慣病対策・フレイル対策は医療保険の保健事業（後期高齢者医療制度など）で行われている。「経済財政運営と改革の基本方針2019」（内閣府）では，介護保険の介護予防と医療保険の保健事業を一体的に行うことで，より効率的で成果の出るスキームへの変革を目指すことが掲げられている。

 緩和ケアとは積極的（過剰）な延命治療は行わず，「全人的苦痛」を軽減・緩和し，終末期患者のQOL向上に重点をおいたケアをいう。

☐	**32**	「人生の最終段階における医療・ケアの決定プロセスに関するガイドライン」
☐	32回127	(2018年(平成30年)改訂(厚生労働省))では，本人の意思による積極的安楽死についての決定プロセスが規定された。

☐	**33**	デーケン(Deeken, A.)が提唱した死への準備教育(デス・エデュケーション)と
☐	34回130	は，症状の緩和，特に痛みの緩和，安楽をもたらすチームケアを行うための介護スタッフ教育のことである。

☐	**34**	ホスピスでは，患者が安らかに最期を迎えられるようにすることを終末期ケアに
☐	34回130改変	おける支援の中心とする。

☐	**35**	アドバンス・ケア・プランニング(ACP)では，本人が医療・ケアチームと十分な話
☐	34回130	合いを行い，本人による意思決定を尊重する。

☐	**36**	グリーフケアは，終末期を迎えた人に対して，積極的な延命治療を行わず，でき
☐	34回130	る限り自然な死を迎えられるようにすることである。

高齢者福祉制度の発展過程

☐	**37**	生活保護法(1950年(昭和25年))により，全国老人クラブ連合会が結成され，老
☐	33回127	人クラブが規定された。

☐	**38**	1950年(昭和25年)の生活保護法では，常時介護を必要とする老人の家庭を訪問
☐	36回127	する老人家庭奉仕員が規定された。

☐	**39**	老人福祉法制定前の施策として，生活保護法に基づく特別養護老人ホームでの保
☐	31回126	護が実施されていた。

✕ 「人生の最終段階における医療・ケアの決定プロセスに関するガイドライン」では，「生命を短縮させる意図をもつ積極的安楽死は，本ガイドラインでは対象としない」とされている。

✕ デーケンが提唱した「死への準備教育（デス・エデュケーション）」とは，死をタブー視せず，自分自身や愛する人が死に直面したときにどう振る舞うべきかなどを考えるきっかけを提供して死生観を育むことを目的としたもので，子どもから高齢者まですべての人を対象としている。

(関連キーワード▶6参照)

▶6
デス・カンファレンス
介護や医療のスタッフを対象としたもので，利用者の看取り後にケア内容を振り返り，スタッフがつらい感情を抱え込まないようにする。

◯ ホスピスでのケアは，患者本人の「全人的苦痛」を緩和し，患者が安らかに最期を迎えられるようにすることが支援の中心となる。

▶7
全人的苦痛（トータル・ペイン）
身体的苦痛，精神的苦痛，社会的苦痛，スピリチュアルペインの4つとされている。

◯ 設問のとおり。アドバンス・ケア・プランニング（ACP）は，人生の最終段階の医療・ケアについて，本人の意思や大切にしたいことを含め，本人，家族，医療・ケアチームなどで前もって考え，繰り返し話し合い，共有する取組みである。近年，国をあげて取組みが進められており，「人生会議」という愛称がついている。

✕ 設問の記述は，「尊厳死」あるいは「自然死」に関するものである。「グリーフケア」とは，親しい人を亡くした遺族等の死別後の悲嘆（グリーフ）を癒すことを目的としたケアを指す。

✕ 老人クラブは，戦後まもなく自然発生し，老人福祉法（1963年（昭和38年））において，老人福祉を増進するための事業を行うものとして位置づけられた。全国老人クラブ連合会は，各地での老人クラブ結成の広がりを背景として，1962年（昭和37年），全国組織として結成された。

▶8
老人クラブ
おおむね60歳以上の高齢者を対象とした地域の自主的な組織で，健康増進事業や地域福祉活動に取り組んでいる。会員から徴収する会費によって運営されることが基本であるが，国や地方公共団体からの補助もある。

✕ 老人家庭奉仕員は，1963年（昭和38年）の老人福祉法で規定された。

✕ 特別養護老人ホームではなく，養老施設である。1963年（昭和38年）に制定された老人福祉法にて，養老施設は養護老人ホームに引き継がれた。特別養護老人ホームはこの老人福祉法にて新たに設けられ，心身の障害が入所の要件となる介護施設として位置づけられた。

40
36回127
1963年（昭和38年）の老人福祉法では，養護老人ホーム，特別養護老人ホーム，軽費老人ホームを含む，老人福祉施設が規定された。

41
35回127
住まいと介護の双方のニーズを有する高齢者の増加に対応するため，2000年代の老人福祉法の改正によって軽費老人ホームが創設された。

42
29回127
老人家庭奉仕員派遣制度は，老人福祉法改正時（1990年（平成2年））に，デイサービスやショートステイと共に法定化された。

43
29回127
65歳以上の者に対する健康診査事業は，老人医療費支給制度の導入時（1972年（昭和47年））に法定化された。

44
36回127
1982年（昭和57年）の老人保健法では，70歳以上の高齢者にかかる医療費のうち，その自己負担分を無料化する老人医療費支給制度が規定された。

45
35回127
老人医療費支給制度による老人医療費の急増等に対応するため，1980年代に老人保健法が制定された。

46
32回128
老人保健法（1982年（昭和57年））により，市町村による40歳以上の者に対する医療以外の保健事業（健康教育，健康診査，訪問指導など）の実施が規定された。

47
33回127
老人保健法（1982年（昭和57年））により，介護予防事業が規定された。

48
31回126
高齢者保健福祉推進十か年戦略（ゴールドプラン）の中で，老人保健福祉計画の策定が各地方自治体に義務づけられた。

○ 設問のとおり。養護老人ホーム，特別養護老人ホームは措置制度の対象であり，軽費老人ホームは安価な住居として契約によって入所が決まる仕組みがとられた。

× 1963年（昭和38年）に老人福祉法が制定され，老人福祉施設として，軽費老人ホーム，養護老人ホーム，特別養護老人ホームが制度化された。

× デイサービスとショートステイの法定化は記述のとおりであるが，老人家庭奉仕員派遣制度は，1963年（昭和38年）の老人福祉法制定時に法定化されている。1970年代まで，その対象者は基本的に低所得者に限られていた。

× 65歳以上の者に対する健康診査事業は，1963年（昭和38年）の老人福祉法制定により法定化された。

× 老人医療費支給制度は，1973年（昭和48年）に老人福祉法に基づき開始された。1982年（昭和57年）に老人保健法が制定されたことで，原則70歳以上の医療については老人保健法によって運営されることとなり，定額の自己負担が導入された。

○ 老人保健法は，1982年（昭和57年）に制定された。なお，老人保健法は，2006年（平成18年）に高齢者の医療の確保に関する法律に全面改正（一部を除き2008年（平成20年）4月施行）された。

○ 老人保健法では，医療以外の保健事業（健康手帳の交付，健康教育，健康相談，健康診査，機能訓練及び訪問指導）について，壮年期からの疾病予防と健康管理が老後の健康保持のために極めて重要であることにかんがみて，40歳以上の者を対象に実施することとされた。

× 介護予防事業は，2005年（平成17年）の介護保険法の改正によって，「予防重視型システムへの転換」を具現化するために創設された地域支援事業の中に規定された。2014年（平成26年）の法改正に伴い，地域支援事業の介護予防・日常生活支援総合事業に位置づけられている。

× ゴールドプラン（1989年（平成元年））ではなく，その翌年に改正された老人福祉法及び老人保健法において義務づけられた。各自治体で策定された老人保健福祉計画の全国集計値により「21世紀福祉ビジョン」が提出され，ゴールドプランの見直しが提言された。

▶9
軽費老人ホームの対象者
原則60歳以上で，身体機能の低下等により自立した日常生活を営むことについて不安があると認められ，家族による援助を受けることが困難な者。

▶10
老人家庭奉仕員派遣制度
ホームヘルパー制度ともいった。長野県上田市や大阪市などの先駆的な活動を発展させたもの。

▶11
健康診査事業
その後，老人保健法（1982年（昭和57年），現・高齢者の医療の確保に関する法律）により，対象年齢が40歳以上に引き下げられた。

▶12
高齢者保健福祉推進十か年戦略
通称，ゴールドプラン。特別養護老人ホームなどの施設サービスや，デイサービスなどの在宅サービスなどについて，全国レベルで整備の目標値を定めた。

高齢者福祉

□ **49** 老人福祉法の改正（1990年（平成2年））により，特別養護老人ホーム等の入所決
□ 32回128改変　定権が，都道府県から町村移譲された。

□ **50** 人口の高齢化率が7％を超える状況を迎えた1990年代に高齢社会対策基本法が
□ 35回127　制定され，政府内に厚生労働大臣を会長とする高齢社会対策会議が設置された。

□ **51** 高齢社会対策基本法（1995年（平成7年））により，21世紀までの介護基盤の量的
□ 33回127　整備が規定された。

□ **52** 1997年（平成9年）の介護保険法では，要介護認定を受け，要介護と判定された
□ 36回127改変　高齢者等は，原則1割の利用者負担で，介護サービスを利用できることが規定された。

□ **53** 介護保険法の制定により，それまで医療保険制度が担っていた高齢者医療部分は
□ 31回126　全て介護保険法に移行した。

□ **54** 介護保険法（1997年（平成9年））により，第一種社会福祉事業は原則として民間
□ 32回128　営利企業が経営することとなった。

□ **55** 介護保険法（1997年（平成9年））により，認知症サポーター養成研修事業が規定
□ 33回127　された。

□ **56** 介護保険法（1997年（平成9年））が制定され，高齢者のニーズに応じた総合的な
□ 34回127　サービス利用を支援するため，居宅介護支援（ケアマネジメント）が定められた。

◎ 設問のとおり。入所決定権を市町村に統一させることで，市町村が地域の実情に応じて在宅福祉サービスと施設福祉サービスを一元的かつ計画的に実施する体制づくりを進め，高齢者福祉の一層の推進を図ることを目指した。

✗ 日本の人口の高齢化率は1970年（昭和45年）に7％となった。また，高齢社会対策基本法は，1995年（平成7年）に制定され，これに基づいて，高齢社会対策会議は内閣府に置かれ，その会長は内閣総理大臣である。

✗ 1994年（平成6年），「新・高齢者保健福祉推進十か年戦略（新ゴールドプラン）」が策定され，ゴールドプランの整備目標が引き上げられるとともに，新たな施策の基本的枠組みが示された。高齢社会対策基本法は，高齢社会対策の基本理念や施策の基本方針等を規定した。

◎ 設問のとおり。2014年（平成26年）の改正では，一定額以上の所得がある高齢者のサービス利用自己負担を2割負担に引き上げた。

✗ 介護保険法の制定により，それまで医療保険制度が担っていた老人保健施設（移行後・介護老人保健施設）など介護的色彩が強いものについては介護保険制度に移行したが，全ての高齢者医療部分が介護保険に移行したということではない。

✗ 第一種社会福祉事業は，国，地方公共団体又は社会福祉法人が経営することを原則としている（社会福祉法）。高齢者保健福祉分野の第一種社会福祉事業である養護老人ホーム，特別養護老人ホーム又は軽費老人ホームを経営する事業は，介護保険法の制定以降も民間営利企業には原則として認められていない。（関連キーワード▶13参照）

✗ 2005年（平成17年）に開始された認知症サポーター養成研修事業（現・認知症サポーター養成事業）は，厚生労働省の「認知症サポーター等養成事業実施要綱」に位置づけられており，介護保険法には規定がない。

◎ 設問のとおり，介護保険法の制定により，居宅介護支援（ケアマネジメント）が位置づけられている。

▶13
第二種社会福祉事業
多様な経営主体の参入が認められている第二種社会福祉事業については，民間営利企業が介護保険法上の居宅サービス事業，地域密着型サービス事業（老人福祉法上の老人居宅生活支援事業）等を経営することができる。

▶14
認知症サポーター
養成講座を受講し，認知症に対する正しい知識をもって，地域や職域で認知症の人や家族を手助けする者。「新オレンジプラン」や「認知症施策推進大綱」においても，養成推進や活動支援の施策が掲げられている。

介護保険法の全面施行（2000年（平成12年））に合わせて，老人福祉施設等の入所事務が都道府県から町村に権限移譲された。

高齢者の医療の確保に関する法律（2006年（平成18年））により，老人訪問看護制度が創設された。

整理しておこう！

高齢者保健医療福祉の諸施策の経緯 （第30回・問題131より）

高齢者保健医療福祉の諸施策の，制定及び開始時期を，内容とともに整理しておこう。

施策の開始時期	施策	内容及びその後の変遷
1963年 （昭和38年）	老人福祉法による65歳以上の者に対する健康診査	・1963年（昭和38年）：老人福祉法が制定され，65歳以上の者を対象として，老人の疾病の予防，早期発見・早期治療という見地から，老人健康診査が実施された。 →1982年（昭和57年）：老人保健法が制定され，老人保健事業として実施。 →2008年（平成20年）：老人保健法を改称した高齢者の医療の確保に関する法律により，40歳から74歳の者には特定健康診査と特定保健指導が実施され，75歳以上の者には後期高齢者医療の保健事業として健康診査が実施されている。
1973年 （昭和48年）	老人福祉法による70歳以上の者に対する老人医療費支給制度	・1972年（昭和47年）6月：高齢者の医療費負担を軽減し，必要な医療を確保するための老人福祉法改正により，老人医療費支給制度が創設された。 →1973年（昭和48年）1月：制度の実施。70歳以上の高齢者を対象に，医療保険の自己負担分を，国と地方公共団体の公費を財源として支給したもの。 →1983年（昭和58年）2月：老人保健法施行により，制度の廃止。
1983年 （昭和58年）	老人保健制度	・1982年（昭和57年）：老人保健法が成立し，老人医療と老人健康診査が，老人福祉法から同法に移行した。 →1983年（昭和58年）2月：開始された老人保健制度で，老人医療費の一定額を患者が自己負担することとなった。 →2001年（平成13年）1月：自己負担が，定額から定率1割となった。 →2002年（平成14年）10月：現役並み所得者の自己負担の割合が2割となった。 →2006年（平成18年）10月：現役並み所得者の自己負担の割合が

▶15
福祉関係八法改正
施設から在宅サービス中心，市町村を中心とした高齢者福祉サービス提供体制への転換を目的として行われた。

▶16
後期高齢者医療制度
国民の共同連帯の理念等に基づき，75歳以上の者（後期高齢者）に対して適切な医療の給付等を行うことを目的としている。

× 老人福祉施設等の入所事務の都道府県から町村への権限移譲は，1990年（平成2年）の老人福祉法の改正時である。1990年（平成2年）改正は，福祉関係八法が改正された平成最初の大規模な改革であった。

× 高齢者の医療の確保に関する法律（高齢者医療確保法）では，後期高齢者医療制度が創設された。老人訪問看護制度は，1991年（平成3年）の老人保健法の改正により創設された制度であり，都道府県知事の指定を受けた老人訪問看護ステーションの看護師等が，在宅で寝たきり状態にある高齢者等の自宅を訪問して看護サービスを実施することとされた。

		3割となった。
		→2008年（平成20年）4月：自己負担割合について，70歳未満3割，70歳以上1割（現役並み所得者3割）となった。
		→2014年（平成26年）4月以降：70歳となる者を対象として70〜74歳が2割（現役並み所得者3割）となった。
1990年（平成2年）	高齢者保健福祉推進十か年戦略（ゴールドプラン）	・1989年（平成元年）12月：厚生省，大蔵省，自治省の三省合意として策定された。
		→1990年（平成2年）：ゴールドプランの内容として，1990年度（平成2年度）から1999年度（平成11年度）までの10年間に，具体的な目標値を掲げて，①ホームヘルパー，ショートステイ，デイサービスセンター，在宅介護支援センターなどの在宅福祉対策，②特別養護老人ホーム，老人保健施設，ケアハウスなどの施設対策，③地域での機能訓練の実施，在宅介護支援センターにおける保健婦・看護婦の計画的配置などの寝たきりの予防策を，計画的に進めることが盛り込まれた。
		→1994年（平成6年）：ゴールドプランの内容を見直した「新・高齢者保健福祉推進十か年戦略（新ゴールドプラン）」が策定され，在宅，施設両面にわたる基盤整備が急速に進められた。
2000年（平成12年）	介護保険制度	・1997年（平成9年）12月：介護保険法の成立。
		→2000年（平成12年）4月：介護保険制度の開始。利用者の選択・契約により各種介護サービスを利用することを可能とし，費用負担を含め国民全体で高齢者の介護を支える仕組み。各市町村が介護保険事業計画（各都道府県は介護保険事業支援計画）を策定し，その中で保険料についてもサービス量に応じて独自に決定する枠組みとし，保険者である市町村において細かく給付と負担の均衡を図ることが可能となった。

| □ □ | **59**
35回127 | 高齢者の医療の確保に関する法律による第3期医療費適正化計画では，2010年代から2020年代の取組の一つとして，寝たきり老人ゼロ作戦が初めて示された。 |

| □ □ | **60**
34回127 | 「医療介護総合確保法」(2014年(平成26年))において，地域包括ケアシステムが「全国一律に医療，保健予防，社会福祉及び自立支援施策が包括的に確保される体制」と定義づけられた。 |

| □ □ | **61**
36回127 | 2000年(平成12年)の社会福祉法の改正では，高齢者保健福祉推進十か年戦略(ゴールドプラン)が策定されたことを受け，地域包括ケアシステムが規定された。 |

| □ □ | **62**
35回127 | 認知症高齢者の急増に対応してオレンジプラン(認知症施策推進5か年計画)が1990年代に策定され，その計画推進を目的の一つとして介護保険法が制定された。 |

| □ □ | **63**
34回127 | 「認知症施策推進大綱」(2019年(令和元年))において，認知症の人の事故を補償する給付を現行の介護保険制度の中で創設することの必要性が明示された。 |

| □ □ | **64**
34回127 | 高齢者介護・自立支援システム研究会「新たな高齢者介護システムの構築を目指して」(1994年(平成6年))において，措置制度による新たな介護システムの創設が提言された。 |

| □ □ | **65**
34回127改変 | 高齢者介護研究会「2015年の高齢者介護〜高齢者の尊厳を支えるケアの確立に向けて〜」(2003年(平成15年))において，「第1次ベビーブーム世代」が高齢者になる時期を念頭に，既存の介護保険施設の拡充が提言された。 |

✕ 寝たきり老人ゼロ作戦は，1987年（昭和62年）に寝たきり老人ゼロ作戦等普及啓発推進事業が開始されたのち，1989年（平成元年）に策定されたゴールドプランの1項目として位置づけられたものである。（関連キーワード▶17参照）

✕ 医療介護総合確保法▶18第2条では，地域包括ケアシステムを「地域の実情に応じて，高齢者が，可能な限り，住み慣れた地域でその有する能力に応じ自立した日常生活を営むことができるよう，医療，介護，介護予防，住まい及び自立した日常生活の支援が包括的に確保される体制」と定義している。

✕ 地域包括ケアシステムは，2014年（平成26年）の地域における医療▶19及び介護の総合的な確保の促進に関する法律で定義された。

✕ オレンジプランは，2012年（平成24年）に厚生労働省により公表されたもので，介護保険法の制定は1997年（平成9年）である。なお，2015年（平成27年）には，新たに新オレンジプランを策定した。

✕ 「認知症施策推進大綱」では，「認知症の人及びその監督義務者等を被保険者とする民間の損害賠償責任保険が普及していくよう，各保険会社の取組を後押しする」とされているが，設問のような記述はない。

✕ 「新たな高齢者介護システムの構築を目指して」（1994年（平成6年））では，措置制度の問題点を指摘し「高齢者自身の選択」による新介護システムの構築が提言されている。

◯ 「2015年の高齢者介護」では，「団塊の世代」（1947年（昭和22年）から1949年（昭和24年）生まれの第1次ベビーブーム世代）が高齢期に達する時期を念頭に提言されている。なお，「第2次ベビーブーム世代」とは，1971年（昭和46年）から1974年（昭和49年）生まれの世代を指し，「団塊ジュニア」とも呼ばれている。

▶17
医療費適正化計画
厚生労働大臣は，国民の高齢期における適切な医療の確保を図る観点から，医療に要する費用の適正化を総合的かつ計画的に推進するため，6年を一期として，医療費適正化を推進するための計画を定める。

▶18
医療介護総合確保法
正式名称は，「地域における医療及び介護の総合的な確保の促進に関する法律」である。

▶19
地域包括ケアシステム
「地域の実情に応じて，高齢者が，可能な限り，住み慣れた地域でその有する能力に応じ自立した日常生活を営むことができるよう，医療，介護，介護予防，住まい及び自立した日常生活の支援が包括的に確保される体制」と定義されている。

高齢者福祉

高齢者に対する法制度

介護保険法

●保険者と被保険者、保険料

| 66 35回131 | 介護保険制度における第一号保険料の額は，政令で定める基準に従い，各市町村が条例で定める保険料率に基づいて算定され，第一号被保険者に賦課される。 |

| 67 35回131 | 介護保険制度における第一号保険料は，被保険者の前年の所得に応じて，原則として3段階を標準とした保険料率が定められている。 |

| 68 35回131 | 介護保険制度における第一号保険料が特別徴収となるのは，公的年金の受給額が年額120万円以上の第一号被保険者である。 |

| 69 35回131 | 介護保険制度における第一号被保険者が医療保険の被用者保険(健康保険など)の被保険者の場合，第一号保険料は医療保険者が医療保険料と一体的に徴収する。 |

| 70 35回131改変 | 介護保険制度における第一号被保険者が被保護者(生活保護受給者)であって第一号保険料が普通徴収となる場合，その保険料は生活扶助として支給される。 |

●要介護認定の仕組みとプロセス

| 71 31回130 | 要介護認定は，その申請のあった日にさかのぼってその効力を生ずる。 |

| 72 31回130 | 介護給付を受けようとする被保険者は，要介護者に該当すること及びその該当する要介護状態区分について，主治の医師の認定を受けなければならない。 |

| 73 31回130 | 要介護認定は，要介護状態区分に応じて市町村の条例で定める期間内に限り，その効力を有する。 |

〇 設問のとおり，第一号保険料の額は市町村が条例で定める保険料率により算定された額によって課すると規定されている（介護保険法第129条第2項）。

✕ 第一号保険料は，被保険者の前年の所得に応じて，原則として13段階を標準とした保険料率が定められている（介護保険法施行令第38条第1項第1号～第13号）。

✕ 第一号保険料が特別徴収となるのは，公的年金の受給額が年額18万円以上の第一号被保険者である（介護保険法施行令第41条）。市町村は，老齢年金等を受給している第一号被保険者に対し保険料を特別徴収の方法によって徴収する。

✕ 第一号保険料は，年金保険者が徴収している。

〇 被保護者（生活保護受給者）の第一号保険料が普通徴収となる場合の保険料は，生活扶助として支給される。具体的には，生活扶助の加算の一つである介護保険料加算として支給される。

〇 設問のとおり。被保険者が申請した日から保険給付の対象となり，要介護認定の通知を受けた日以前であっても暫定的にサービスを利用することができる。

✕ 認定は，主治の医師ではなく介護認定審査会が行う。市町村は，要介護認定の申請を行った被保険者の身体又は精神上の障害の原因である疾病又は負傷の状態等に関する主治の医師の意見を介護認定審査会に通知し，要介護認定を求める。（関連キーワード▶21参照）

✕ 要介護認定は，市町村の条例ではなく厚生労働省令で定める期間（有効期間，原則6か月）内に限り，その効力を有する。

▶20
特別徴収
年金受給時に天引きして徴収する方法であり，年金等が18万円未満の人や年金がない人は納付書により金融機関等で納付してもらう普通徴収となる。

▶21
要介護状態
身体上又は精神上の障害があるために，入浴，排せつ，食事等の日常生活における基本的な動作の全部又は一部について，厚生労働省令で定める期間（6か月）にわたり継続して，常時介護を要すると見込まれる状態。

▶22
有効期間
市町村が特に必要と認める場合は3～12か月の範囲内で期間を定めることができる。

整理しておこう！

最近の介護保険法の改正

地域包括ケアシステムの強化のための介護保険法等の一部を改正する法律（平成29年6月2日法律第52号）のポイント

高齢者の自立支援と要介護状態の重度化防止，地域共生社会の実現を図るとともに，制度の持続可能性を確保することに配慮し，サービスを必要とする人に必要なサービスが提供されるようにする。

Ⅰ　地域包括ケアシステムの深化・推進

1　自立支援・重度化防止に向けた保険者機能の強化等の取組の推進

全市町村が保険者機能を発揮し，自立支援・重度化防止に向けて取り組む仕組みの制度化

・国から提供されたデータを分析の上，介護保険事業（支援）計画を策定。計画に介護予防・重度化防止等の取組内容と目標を記載

・都道府県による市町村に対する支援事業の創設・財政的インセンティブの付与の規定の整備

（その他）

・地域包括支援センターの機能強化（市町村による評価の義務づけ等）

・居宅サービス事業者の指定等に対する保険者の関与強化（小規模多機能等を普及させる観点からの指定拒否の仕組み等の導入）

・認知症施策の推進（新オレンジプランの基本的な考え方（普及・啓発等の関連施策の総合的な推進）を制度上明確化）

2　医療・介護の連携の推進等

①　「日常的な医学管理」や「看取り・ターミナル」等の機能と，「生活施設」としての機能とを兼ね備えた，新たな介護保険施設を創設

名称	介護医療院 ※ただし，病院又は診療所から新施設に転換した場合には，転換前の病院又は診療所の名称を引き続き使用できる
機能	要介護者に対し，「長期療養のための医療」と「日常生活上の世話（介護）」を一体的に提供する（介護保険法上の介護保険施設だが，医療法上は医療提供施設として法的に位置づける）
開設主体	地方公共団体，医療法人，社会福祉法人等の非営利法人等

※介護療養型医療施設の経過措置期間については，6年間延長し，2024年（令和6年）3月31日までとする

②　医療・介護の連携等に関し，都道府県による市町村に対する必要な情報の提供その他の支援の規定を整備

3　地域共生社会の実現に向けた取組の推進等

・市町村による地域住民と行政等との協働による包括的支援体制づくり，福祉分野の共通事項を記載した地域福祉（支援）計画の策定の努力義務化

・高齢者と障害児者が同一事業所でサービスを受けやすくするため，介護保険と障害福祉制度に新たに共生型サービスを位置づける。ホームヘルプサービス，デイサービス，ショートステイ等

（その他）

・障害者支援施設等を退所して介護保険施設等に入所した場合の保険者の見直し（障害者支援施設等に入所する前の市町村を保険者とする）

Ⅱ　介護保険制度の持続可能性の確保

4　現役世代並み所得者の利用者負担割合の見直し

・2割負担者（年金収入等280万円以上）のうち，特に所得の高い層（年金収入等340万円以上）の負担割合を3割とする。ただし，月額4万4400円の上限あり

5 介護納付金への総報酬割の導入
- 各医療保険者が納付する介護納付金(40〜64歳の保険料)について，被用者保険間では「総報酬割」(報酬額に比例した負担)とする

施行日
　2018年(平成30年) 4月1日(Ⅰの2の①の※は2017年(平成29年) 6月2日施行，Ⅱの5は2017年(平成29年) 8月分の介護納付金から適用，Ⅱの4は2018年(平成30年) 8月1日施行)

地域共生社会の実現のための社会福祉法等の一部を改正する法律（令和2年6月12日法律第52号）のポイント

　地域共生社会の実現を図るため，下記の措置を講ずる。

1 国及び地方公共団体の責務に関する事項
　　国・地方公共団体は，保険給付にかかる保健医療サービス・福祉サービスに関する施策等を包括的に推進するにあたって，地域住民が相互に人格と個性を尊重し合いながら，参加し共生する地域社会の実現に資するよう努めなければならない。

2 認知症に関する施策の総合的な推進等に関する事項
　　認知症施策の地域社会における総合的な推進に向けた国・地方公共団体の努力義務を規定。
　　なお，認知症の状態を下記のように改正している。

改正後	改正前
アルツハイマー病その他の神経変性疾患，脳血管疾患その他の疾患により日常生活に支障が生じる程度にまで認知機能が低下した状態として**政令で定める状態**	脳血管疾患，アルツハイマー病その他の要因に基づく脳の器質的な変化により日常生活に支障が生じる程度にまで記憶機能及びその他の認知機能が低下した状態
政令で定める状態 アルツハイマー病その他の神経変性疾患，脳血管疾患その他の疾患(特定の疾患に分類されないものを含み，せん妄，鬱病その他の**厚生労働省令で定める精神疾患**を除く。)により日常生活に支障が生じる程度にまで認知機能が低下した状態	
厚生労働省令で定める精神疾患 せん妄，鬱病その他の気分障害，精神作用物質による急性中毒又はその依存症，統合失調症，妄想性障害，神経症性障害，知的障害その他これらに類する精神疾患	

3 地域支援事業に関する事項
　　市町村は，地域支援事業を行うにあたって，介護保険等関連情報等を活用し，適切・有効に実施するよう努める。

4 介護保険事業(支援)計画の見直しに関する事項
　　介護保険事業(支援)計画の作成にあたり，当該市町村の人口構造の変化の見通しの勘案，高齢者向け住まい(有料老人ホーム・サービス付き高齢者向け住宅)の設置状況の記載事項への追加，有料老人ホームの設置状況にかかる都道府県・市町村間の情報連携の強化の規定が整備された。また，介護保険事業(支援)計画の記載事項として，介護人材確保及び業務効率化の取組を追加。

施行日
2021年(令和3年)4月1日

●福祉用具貸与・購入

☐ **74** 自動排泄処理装置は，介護保険法に定める福祉用具貸与の種目である。
☐ 29回129

☐ **75** 腰掛便座は介護保険法に定める福祉用具貸与の種目である。
☐ 36回130

☐ **76** 移動用リフトの吊り具の部分は介護保険法に定める特定福祉用具販売の種目である。
☐ 36回130改変

☐ **77** 認知症老人徘徊感知機器は介護保険法に定める福祉用具貸与の種目である。
☐ 36回130

整 理 し て お こ う ！

福祉用具貸与・販売の対象種目

　介護保険法によって給付される福祉用具は貸与が原則となっている。これは，障害の変化に伴って，高価な用具であっても種目変更や不要となる例が多いため，耐久性に優れ，不特定多数の人々に利用できる用具はできる限り共用しようとするためである。

　　貸与種目

　　① 車いす　　　　　　　　　　⑧ スロープ
　　② 車いす付属品　　　　　　　⑨ 歩行器
　　③ 特殊寝台　　　　　　　　　⑩ 歩行補助つえ
　　④ 特殊寝台付属品　　　　　　⑪ 認知症老人徘徊感知機器
　　⑤ 床ずれ防止用具　　　　　　⑫ 移動用リフト(つり具の部分を除く)
　　⑥ 体位変換器　　　　　　　　⑬ 自動排泄処理装置
　　⑦ 手すり

　　注：①～⑥，⑪，⑫は，原則として要支援者と要介護1の利用者について，⑬は要支援者及び要介護1～3の利用者については保険給付の対象外である。

◎ 自動排泄処理装置とは,尿又は便が自動的に吸引されるものである。構造上,尿や便の経路となる部分を分割できることが必須とされ,本体部分については,福祉用具貸与種目とされている。一方,レシーバー,チューブ,タンク等のうち尿や便の経路となるものは,衛生上貸与になじまないため,福祉用具購入種目とされている。

✕ 腰掛便座(いわゆるポータブルトイレ)は特定福祉用具販売の対象品目の一つである。

◎ 移動用リフトの吊り具の部分(要介護者の身体を包んで持ち上げるスリングシートなど)は,特定福祉用具販売の対象である。なお,移動用リフトの本体部分は福祉用具貸与の対象である。

◎ 認知症老人徘徊感知機器は,福祉用具貸与の対象種目の一つである。ただし,要支援者・要介護1の者(軽度者)は原則給付の対象外とされる品目である。

衛生面・耐久性の点から個人的使用となる種目に関しては,貸与ではなく,販売の種目となる。

販売種目

① 腰掛便座
② 自動排泄処理装置の交換可能部品
③ 排泄予測支援機器
④ 入浴補助用具
⑤ 簡易浴槽
⑥ 移動用リフトのつり具の部分
⑦ スロープ(段差解消のためのものであって,取付けに際し工事を伴わないものに限る。)
⑧ 歩行器(歩行が困難な者の歩行機能を補う機能を有し,移動時に体重を支える構造を有するものであって,四脚を有し,上肢で保持して移動させることが可能なもの。)
⑨ 歩行補助つえ(カナディアン・クラッチ,ロフストランド・クラッチ,プラットホームクラッチ及び多点杖に限る。)

☐☐	78 36回130	簡易浴槽は介護保険法に定める福祉用具貸与の種目である。

☐☐	79 36回130	入浴補助用具は介護保険法に定める福祉用具貸与の種目である。

●介護予防・日常生活支援総合事業

☐☐	80 29回128	介護予防訪問介護は，介護保険法の一部改正（2014年（平成26年））により，「介護予防サービス」から「介護予防・日常生活支援総合事業」に移行したサービスである。

☐☐	81 32回133	介護予防・生活支援サービス事業は，被保険者のうち，居宅で生活している要介護者及び要支援者が幅広く対象となっている。

☐☐	82 32回133	介護予防・生活支援サービス事業の通所型サービス（第一号通所事業）では，保健・医療専門職による短期間で行われるサービスが実施可能となっている。

☐☐	83 32回133	介護予防・生活支援サービス事業の訪問型サービス（第一号訪問事業）では，訪問介護員による身体介護は実施されないこととなっている。

☐☐	84 32回133	介護予防・生活支援サービス事業の介護予防ケアマネジメント（第一号介護予防支援事業）については，地域包括支援センターへ委託をしてはならないこととなっている。

☐☐	85 32回133改変	介護予防・生活支援サービス事業における利用者負担は，全国一律ではない。

✕ 簡易浴槽は特定福祉用具販売の対象品目の一つである。

✕ 入浴補助用具は特定福祉用具販売の対象品目の一つである。

▶23
入浴補助用具
入浴用いす，浴槽用手すり，浴槽内いす，入浴台，浴室内すのこ，浴槽内のこ，入浴用介助ベルトの7種類。

◯ 介護予防訪問介護は，介護予防通所介護とともに，2014年（平成26年）の介護保険法の一部改正により介護予防・生活支援サービスとして介護予防・日常生活支援総合事業に移行している。

✕ 要介護者は対象外である。介護予防・生活支援サービス事業は，居宅支援被保険者及び事業対象者（基本チェックリストの記入内容が基準に該当した者等）を対象に実施する。

▶24
介護予防・生活支援サービス
サービスの対象は，居宅支援被保険者のみならず，基本チェックリスト該当者を含む。

▶25
介護予防・生活支援サービス事業
訪問型サービス（第一号訪問事業），通所型サービス（第一号通所事業），その他生活支援サービス（第一号生活支援事業），介護予防ケアマネジメント（第一号介護予防支援事業）から構成される。

◯ 通所型サービス（第一号通所事業）では，4類型の1つに，排泄，入浴，調理，買物，趣味活動等の生活行為に支障のある者を対象に，保健師，看護職員，リハビリテーション職，歯科衛生士等が，居宅や地域での生活環境を踏まえた適切な評価のための訪問を実施した上で，おおよそ週1回以上，3〜6か月間，生活行為の改善を目的とした効果的な介護予防プログラムを実施する，短期集中予防サービスがある。

✕ 訪問型サービス（第一号訪問事業）では，5類型の1つとして，旧介護予防訪問介護に相当するサービスがあり，要支援者等の居宅において，介護予防を目的として，訪問介護員等により行われる入浴，排泄，食事等の身体介護や生活援助を行う。

✕ 介護予防ケアマネジメント（第一号介護予防支援事業）は，利用者本人が居住する地域包括支援センターにおいて実施するものとしている。地域包括支援センターに配置されている3職種（保健師，社会福祉士，主任介護支援専門員）のほか，介護支援専門員等の指定介護予防支援業務を行っている職員が相互に協働しながら行う。

◯ 利用者負担は，市町村がサービス内容や時間，基準等を踏まえ，要綱等において定めるものとされている。

高齢者福祉

地域支援事業

2015年（平成27年）より施行され，2017年（平成29年）3月31日までに，すべての市町村が実施

①介護予防・日常生活支援総合事業	介護予防・生活支援サービス事業（第1号事業） ※対象は居宅要支援被保険者等（居宅要支援被保険者，チェックリスト該当者，継続利用要介護者）	訪問型サービス（第1号訪問事業）
		通所型サービス（第1号通所事業）
		その他生活支援サービス（第1号生活支援事業）
		介護予防ケアマネジメント（第1号介護予防支援事業） ※対象は居宅要支援被保険者等（ただし介護予防支援を受けている者を除く）
	一般介護予防事業 ※対象は第1号被保険者とその関係者，ただし65歳未満の住民の取組みを妨げない	介護予防把握事業
		介護予防普及啓発事業
		地域介護予防活動支援事業
		一般介護予防事業評価事業
		地域リハビリテーション活動支援事業
②包括的支援事業（地域包括支援センターの運営）注)	（第1号介護予防支援事業）	旧包括的支援事業（ただし，介護予防ケアマネジメント業務を第1号介護予防事業に見直し）
	総合相談支援業務	
	権利擁護業務	
	包括的・継続的ケアマネジメント支援業務	
③包括的支援事業（社会保障充実分）	在宅医療・介護連携推進事業	
	生活支援体制整備事業	
	認知症総合支援事業	
	地域ケア会議推進事業	
④任意事業 ※実施できる対象事業を明確化	介護給付等費用適正化事業	
	家族介護支援事業	
	その他の事業	

注)包括的・継続的ケアマネジメント支援業務の効果的な実施のために，介護支援専門員，保健医療・の設置に努めることが法定化された。

することとされた地域支援事業の内容を，以下にまとめる。

訪問介護員等によるサービス：旧介護予防訪問介護に相当
訪問型サービスA：雇用労働者により提供，旧介護予防訪問介護の基準を緩和
訪問型サービスB：ボランティア等により提供される住民主体による支援
訪問型サービスC：保健・医療の専門職により3～6か月で行われる
訪問型サービスD：移動支援や移送前後の生活支援
通所介護事業者の従事者によるサービス：旧介護予防通所介護に相当
通所型サービスA：雇用労働者・補助ボランティアにより提供，旧介護予防通所介護の基準を緩和
通所型サービスB：ボランティア等により提供される住民主体による支援
通所型サービスC：保健・医療の専門職により3～6か月で行われる
配食，安否確認・緊急対応，見守り，その他自立支援に資するサービス
ケアマネジメントA：介護予防支援と同様
ケアマネジメントB：サービス担当者会議・モニタリングを省略
ケアマネジメントC：基本的にサービス利用開始時のみ行う
情報等の活用により，何らかの支援を必要とする人を把握し，介護予防活動につなげる
パンフレットの作成・配布，講演会・介護予防教室，介護予防手帳の配布等
住民主体の介護予防の育成・支援
介護保険事業計画の達成状況等を検証し，一般介護予防事業を含め総合事業全体を評価
通所，訪問，地域ケア会議，住民主体の通いの場等へのリハビリテーション専門職等による助言等
介護予防・日常生活支援総合事業の介護予防ケアマネジメントとして実施するが，下記3業務と一体的に実施する
地域における関係者とのネットワークを構築するとともに，高齢者の心身の状況や生活の実態，必要な支援等を幅広く把握し，初期段階の相談に対応し，継続的・専門的な相談支援を行って，適切な保健・医療・福祉サービス，機関又は制度の利用につなげる等の支援を行う
地域の住民，民生委員，介護支援専門員などの支援だけでは十分に問題が解決できない等の困難な状況にある高齢者が尊厳のある安心した生活を行うことができるよう，成年後見制度の活用促進，老人福祉施設等への措置の支援，高齢者虐待への対応等の，権利擁護のために必要な支援を行う
地域において，介護支援専門員，主治医，地域の関係機関等の連携，在宅と施設の連携など，多職種相互の協働等の体制づくりや，個々の介護支援専門員に対する日常的個別指導・相談，支援困難事例等への指導・助言等を行う
医療・介護資源の把握/在宅医療・介護の切れ目のない提供/情報共有/連携に関する相談支援等
生活支援コーディネーターの配置/協議体の設置/就労的活動支援コーディネーターの配置
認知症初期集中支援推進事業(認知症初期集中支援チームの配置)
認知症地域支援・ケア向上事業(認知症地域支援推進員の配置)
認知症サポーター活動促進・地域づくり推進事業(チームオレンジの整備)
地域ケア会議にかかる費用について，包括的支援事業(地域生活支援センターの運営)ではなく，本事業において計上
主要介護給付等費用適正化事業/給付実績を活用した分析・検証事業/介護サービス事業者等への適正化支援事業
介護教室の開催/認知症高齢者見守り事業/家族介護継続支援事業(健康相談・疾病予防等事業・介護者交流会の開催・介護自立支援事業)
成年後見制度利用支援事業/福祉用具・住宅改修支援事業/認知症対応型共同生活介護事業所の家賃等助成事業/認知症サポーター等養成事業/重度のALS患者の入院におけるコミュニケーション支援事業/地域自立生活支援事業(高齢者の安心な住まいの確保に資する事業・介護サービス等の質の向上に資する事業・地域資源を活用したネットワーク形成に資する事業・家庭内の事故等への対応の体制整備に資する事業)

福祉に専門的知識を有する者，民生委員等の関係者，関係機関・団体により構成される「地域ケア会議」

●包括的支援事業

☐ **86** 包括的支援事業における生活支援体制整備事業では，生活支援コーディネーター
☐ 29回131 と生活支援サービスの提供主体による情報共有・連携強化の場として，地域ケア
会議が設置される。

●介護報酬の概要

☐ **87** 介護報酬は，2年に1回改定される。
☐ 28回131

整理しておこう！

最近の介護報酬改定

2018年度（平成30年度）の介護報酬改定（3年ごとの改定）
　団塊の世代が75歳以上となる2025年（令和7年）に向けて，国民一人ひとりが状態に応じた適切な
サービスを受けられるよう，2018年度（平成30年度）介護報酬改定により，質が高く効率的な介護の
提供体制の整備を推進することとされた。改定率はプラス0.54％。介護報酬改定の主な内容は，「地
域包括ケアシステムの推進」「自立支援・重度化防止に資する質の高い介護サービスの実現」「多様な人
材の確保と生産性の向上」「介護サービスの適正化・重点化を通じた制度の安定性・持続可能性の確保」
である。

2019年度（令和元年度）の介護報酬改定（消費税引上げ等による改定）
　2019年（令和元年）10月1日，消費税率10％への引上げに伴い，介護報酬改定が行われる。改定
率は全体で2.13％，個別の改定率は以下のとおり。
・消費税率引上げに合わせた介護保険サービスに関する対応：＋0.39％
・新しい経済政策パッケージに基づく介護職員の処遇改善（経験・技能のある職員に重点化）：＋
1.67％
・補足給付に係る基準費用額の引上げ：＋0.06％

2021年度（令和3年度）の介護報酬改定（3年ごとの改定）
　新型コロナウイルス感染症や大規模災害が発生する中で，団塊の世代のすべてが75歳以上となる
2025年（令和7年）に向けて，2040年（令和22年）も見据えながら，「感染症や災害への対応力強化」「地
域包括ケアシステムの推進」「自立支援・重度化防止の取組みの推進」「介護人材の確保・介護現場の革
新」「制度の安定性・持続可能性の確保」等を図る。改定率はプラス0.70％（うち，新型コロナウイル
ス感染症に対応するための特例的な評価0.05％（2021年（令和3年）9月末までの間））。

2024年度（令和6年度）の介護報酬改定（3年ごとの改定）
　人口構造や社会経済状況の変化を踏まえ，「地域包括ケアシステムの深化・推進」「自立支援・重度化
防止に向けた対応」「良質な介護サービスの効率的な提供に向けた働きやすい職場づくり」「制度の安
定性・持続可能性の確保」を基本的な視点として，介護報酬改定が実施された。改定率はプラス1.59％。

生活支援体制整備事業では，生活支援コーディネーターと生活支援サービスの提供主体による情報共有・連携強化の場として**協議体**が設置される。（関連キーワード▶26参照）

▶26
地域ケア会議
包括的・継続的ケアマネジメント支援業務の効果的な実施のために，介護支援専門員，保健医療及び福祉に関する専門的知識を有する者，民生委員その他の関係者，関係機関及び関係団体により構成される会議。市町村に設置の努力義務がある。

 介護報酬は，原則3年に1回改定される。医療保険における診療報酬は2年に1回改定される。

高齢者福祉

1　地域包括ケアシステムの深化・推進
　　認知症の方や単身高齢者，医療ニーズが高い中重度の高齢者を含め，質の高いケアマネジメントや必要なサービスが切れ目なく提供されるよう，地域の実情に応じた柔軟かつ効率的な取組を推進
○質の高い公正中立なケアマネジメント　○地域の実情に応じた柔軟かつ効率的な取組
○医療と介護の連携の推進　○看取りへの対応強化　○感染症や災害への対応力向上　○高齢者虐待防止の推進　○認知症の対応力向上　○福祉用具貸与・特定福祉用具販売の見直し
2　自立支援・重度化防止に向けた対応
　　高齢者の自立支援・重度化防止という制度の趣旨に沿い，多職種連携やデータの活用等を推進
○リハビリテーション・機能訓練，口腔，栄養の一体的取組等　○自立支援・重度化防止に係る取組の推進　○LIFEを活用した質の高い介護
3　良質な介護サービスの効率的な提供に向けた働きやすい職場づくり
　　介護人材不足の中で，更なる介護サービスの質の向上を図るため，処遇改善や生産性向上による職場環境の改善に向けた先進的な取組を推進
○介護職員の処遇改善　○生産性の向上等を通じた働きやすい職場環境づくり　○効率的なサービス提供の推進
4　制度の安定性・持続可能性の確保
　　介護保険制度の安定性・持続可能性を高め，全ての世代にとって安心できる制度を構築
○評価の適正化・重点化　○報酬の整理・簡素化
5　その他
○「書面掲示」規制の見直し　○通所系サービスにおける送迎に係る取扱いの明確化　○基準費用額（居住費）の見直し　○地域区分

88
33回131
介護報酬の算定基準を定める場合，厚生労働大臣はあらかじめ財務大臣及び総務大臣の意見を聴かなければならないこととなっている。

89
33回131
特定入所者介護サービス費は，介護保険施設入所者のうちの「低所得者」に対し，保険給付にかかる定率負担の軽減を図るものとなっている。

90
33回131改変
介護報酬の1単位当たりの単価は10円を基本とした上で，事業所・施設の所在地及びサービスの種類に応じて増額が行われる。

91
33回131
要介護度に応じて定められる居宅介護サービス費等区分支給限度基準額が適用されるサービスの種類の一つとして，短期入所療養介護がある。

92
33回131
福祉用具貸与の介護報酬については，貸与価格の下限の設定が行われることとなっている。

老人福祉法

93
35回134
老人福祉法では，法律の基本的理念として，要援護老人の自立支援の重要性が規定されている。

94
31回134
都道府県は，老人福祉施設を設置することができる。

95
35回134
老人福祉法では，老人福祉施設の一つとして，介護老人保健施設が規定されている。

✕ 介護報酬の算定基準を定める場合，厚生労働大臣はあらかじめ厚生労働省に設置された社会保障審議会(介護給付費分科会)の意見を聴かなければならない。

✕ 特定入所者介護サービス費は，保険給付の対象外となる食費及び居住費の負担軽減を図るものである。支給対象者は，介護保険施設の入所者，短期入所生活介護・短期入所療養介護及び地域密着型介護老人福祉施設入所者生活介護の利用者のうちの「低所得者」と規定されている。

▶27
低所得者
この設問でいう「低所得者」とは，要介護被保険者のうち所得及び資産の状況などの事情をしん酌して厚生労働省令で定める者のことである。

⭕ 設問のとおり。事業所・施設の所在する地方自治体の地域区分(1級地から7級地，及びその他の8区分)，及びサービスの種類ごとの人件費割合に応じて増額が行われる。

⭕ 居宅サービス(居宅療養管理指導を除く)及び地域密着型サービス(地域密着型介護老人福祉施設入所者生活介護を除く)については，1か月当たりの保険給付の上限額である区分支給限度基準額の範囲内でサービスの選択利用が可能となる。

✕ 福祉用具貸与については，貸与価格の上限の設定が行われている。2018年(平成30年) 10月より，貸与価格の適正化を図るという観点から，商品ごとに全国平均貸与価格＋1標準偏差(SD)が上限として設定されている。

✕ 老人福祉法では，基本的理念として，①老人は，敬愛されるとともに，生きがいをもてる健全で安らかな生活を保障される，②老人自身は，健康を保持し，社会的活動に参加するように努める，また，仕事や社会的活動に参加する機会を与えられると規定されている。

⭕ 設問のとおり。老人福祉施設とは，老人デイサービスセンター，老人短期入所施設，養護老人ホーム，特別養護老人ホーム，軽費老人ホーム，老人福祉センター及び老人介護支援センターをいう。

✕ 介護老人保健施設の根拠法は，老人福祉法ではなく介護保険法である。

高齢者福祉

	96	老人福祉法では，市町村社会福祉協議会には，老人福祉センターを設置する義務
	35回134	があることが規定されている。

	97	社会福祉法人は，都道府県知事の認可を受けて，養護老人ホーム又は特別養護老
	31回134改変	人ホームを設置することができる。

	98	養護老人ホームの入所要件は，60歳以上の者であって，経済的理由により居宅
	33回134	において介護を受けることが困難な者としている。

	99	有料老人ホームの設置者は，あらかじめその施設を設置しようとする地域の市町
	31回134	村長に法定の事項を届け出なければならない。

	100	市町村は，市町村老人福祉計画において，当該市町村の区域において確保すべき
	33回134	老人福祉事業の量の目標を定めるものとしている。

	101	老人福祉法では，市町村老人福祉計画は，介護保険法に基づく市町村介護保険事
	35回134改変	業計画と一体のものとして作成されなければならないことが規定されている。

	102	老人介護支援センターは，介護保険法の改正（2005年（平成17年））に伴って，老
	33回134	人福祉法から削除され，介護保険法上に規定された。

	103	民生委員は，老人福祉法の施行について，市町村長，福祉事務所長又は社会福祉
	31回134	主事の指示に従わなければならない。

	104	国は，教養講座，レクリエーションその他広く老人が自主的かつ積極的に参加で
	31回134	きる事業の実施に努めなければならない。

市町村社会福祉協議会には，老人福祉センターを設置する義務はない。

 設問のとおり。また，市町村及び地方独立行政法人は，都道府県知事に届け出て，養護老人ホーム又は特別養護老人ホームを設置することができる。

 養護老人ホームの入所要件は，65歳以上(65歳未満の者であって特に必要があると認められるものを含む)の者であって，環境上の理由及び経済的理由により居宅において養護を受けることが困難な者である。

 市町村長ではなく，都道府県知事に届け出る。

 設問のとおり。また，市町村老人福祉計画では，老人福祉事業の量の確保のための方策及び事業に従事する者の確保及び資質の向上並びにその業務の効率化及び質の向上のために講ずる都道府県と連携した措置に関する事項について定めるよう努めるものとすると規定されている。

 設問のとおりである(老人福祉法第20条の8第7項)。

 老人介護支援センターは，老人福祉施設の一つとして老人福祉法に定められている。老人介護支援センターは，地域の老人の福祉に関する問題について，老人，その養護者，地域住民その他の者からの相談に応じ，必要な助言を行う。

 民生委員は，老人福祉法の施行について，市町村長等の指示に従うのではなく，事務の執行に協力する。　(関連キーワード▶28参照)

 国ではなく，地方公共団体の役割である。地方公共団体は，老人の心身の健康の保持に資するための教養講座，レクリエーションその他広く老人が自主的かつ積極的に参加することができる事業(老人健康保持事業)を実施するように努めなければならないとされている。

▶28
民生委員の職務
①住民の生活状態の把握，②要援助者への相談，助言等の援助，③要援助者への情報提供等，④社会福祉事業経営者・社会福祉活動を行う者との連携，⑤関係行政機関との業務協力。

☐☐ **105**
33回134
特別養護老人ホームについて，高齢者がやむを得ない事由により自ら申請できない場合に限って，市町村の意見を聴いた上で都道府県が入所措置を行う。

☐☐ **106**
33回134
老人福祉法に基づく福祉の措置の対象となる施設の一つとして，救護施設が含まれている。

☐☐ **107**
35回134
老人福祉法では，やむを得ない事由で介護保険法の保険給付などが利用できない場合，市町村が採ることのできる福祉の措置の一つとして，居宅における介護等が規定されている。

高齢者虐待防止法

☐☐ **108**
36回135
高齢者虐待の防止，高齢者の養護者に対する支援等に関する法律における高齢者とは，65歳以上で介護保険制度における要介護認定・要支援認定を受けた者と定義されている。

☐☐ **109**
36回135改変
高齢者虐待の防止，高齢者の養護者に対する支援等に関する法律では，セルフネグレクト（自己放任）の状態は高齢者虐待の定義に該当しない。

☐☐ **110**
36回135
高齢者虐待の防止，高齢者の養護者に対する支援等に関する法律における高齢者虐待の定義には，保険医療機関における医療専門職による虐待が含まれている。

☐☐ **111**
36回135
高齢者虐待の防止，高齢者の養護者に対する支援等に関する法律では，市町村が養護者による虐待を受けた高齢者の居所等への立入調査を行う場合，所轄の警察署長に援助を求めることができると規定されている。

✕ 65歳以上の者又はその者の養護者に対する福祉の措置は，その65歳以上の者の居住地の市町村が行う。65歳以上の要介護状態で居宅での生活が困難な者が，やむを得ない事由により介護保険法に規定する施設に入所することが著しく困難であると認めるとき，市町村は入所させることができる。

✕ 救護施設は，生活保護法に基づく保護施設の一つである。保護施設には，救護施設のほか，更生施設，医療保護施設，授産施設，宿所提供施設がある。

◯ 設問のとおり，やむを得ない事由で介護保険制度を利用できない場合，市町村が採ることのできる福祉の措置の一つとして，居宅における介護等が規定されている（老人福祉法第10条の4）。

✕ 高齢者とは「65歳以上の者」と定義されている。介護保険制度における要介護認定・要支援認定を受けた者に限定されていない。なお，65歳未満の者でも，養介護施設への入所や養介護事業サービスの提供を受ける障害者は，同法における高齢者とみなされる。

◯ セルフネグレクト（自己放任）の状態は高齢者虐待の定義に含まれていない。

✕ 保険医療機関における医療専門職による虐待は含まれていない。養介護施設従事者等による高齢者虐待の定義には，高齢者虐待防止法に規定された「養介護施設」の業務又は「養介護事業」に従事する者による虐待が含まれている。

◯ 市町村長は，養護者による高齢者虐待により生命又は身体に重大な危険が生じているおそれがあると認める高齢者の住所又は居所へ職員等が立ち入るにあたり，必要があると認めるときは所轄の警察署長に対し援助を求めることができる（高齢者虐待防止法第12条第1項）。

▶29
措置
行政処分の一類型とされ，その人が福祉サービスを受ける必要性があるか否かを行政庁（措置権者）が判断し，必要な場合，行政権限により当該サービスを提供（委託含む）するものである。

▶30
やむを得ない事由
①事業者と「契約」をして介護サービスを利用することやその前提となる要介護認定の「申請」を期待しがたい場合，②高齢者虐待を受け，その養護者による高齢者虐待から保護される必要があると認められる場合，又は65歳以上の者の養護者がその心身の状態に照らして養護の負担軽減を図るための支援が必要と認められる場合が想定されている。

高齢者福祉

☐ **112** 高齢者虐待の防止，高齢者の養護者に対する支援等に関する法律は，市町村に対
☐ 36回135 し，高齢者虐待の防止・高齢者とその養護者に対する支援のため，司法書士若し
くは弁護士の確保に関する義務を課している。

☐ **113** 「令和4年度『高齢者虐待の防止，高齢者の養護者に対する支援等に関する法律』
☐ 32回135改変 に基づく対応状況等に関する調査結果」（厚生労働省）で示された養介護施設従事
者等による高齢者虐待で，市町村等が虐待と判断した件数は，2008年度（平成
20年度）以降，減少傾向にある。

☐ **114** 「令和4年度『高齢者虐待の防止，高齢者の養護者に対する支援等に関する法律』
☐ 32回135改変 に基づく対応状況等に関する調査結果」（厚生労働省）で示された養介護施設従事
者等による高齢者虐待で，虐待の発生要因として最も多いものは，「倫理観や理念
の欠如」である。

☐ **115** 「令和4年度『高齢者虐待の防止，高齢者の養護者に対する支援等に関する法律』
☐ 32回135改変 に基づく対応状況等に関する調査結果」（厚生労働省）で示された養介護施設従事
者等による高齢者虐待で，虐待の事実が認められた施設・事業所のうち，およそ
3割が過去に何らかの指導等（虐待以外の事案に関する指導等を含む）を受けてい
る。

☐ **116** 「令和4年度『高齢者虐待の防止，高齢者の養護者に対する支援等に関する法律』
☐ 32回135改変 に基づく対応状況等に関する調査結果」（厚生労働省）で示された養介護施設従事
者等による高齢者虐待で，被虐待高齢者の状況を認知症高齢者の日常生活自立度
でみると，「Ⅱ」以上の者が全体の半分以上を占めている。

☐ **117** 「令和4年度『高齢者虐待の防止，高齢者の養護者に対する支援等に関する法律』
☐ 32回135改変 に基づく対応状況等に関する調査結果」（厚生労働省）で示された養介護施設従事
者等による高齢者虐待で，虐待の内容として最も多いものは，「経済的虐待」となっ
ている。

バリアフリー法

☐ **118** 「バリアフリー法」では，公共交通や建築物等の施設設置管理者等は，2020年（令
☐ 34回135 和2年）の改正により，法の施行から3年以内に移動等円滑化基準に適合するよう，
既存施設の改修等を行わなければならなくなった。

✕ 司法書士若しくは弁護士の確保に関する義務は課されていない。

✕ 養介護施設従事者等による高齢者虐待の虐待判断件数は，2006年度（平成18年度）の54件以降増加し続け，2020年（令和2年度）に一度減少したが再び増加し，増加傾向にある。

▶31
養介護施設従事者等
養介護施設又は養介護事業の業務に従事する者をいう。

✕ 養介護施設従事者等による高齢者虐待の発生要因は，「教育・知識・介護技術等に関する問題」が480件（56.1％）で最も多く，「倫理観や理念の欠如」は153件（17.9％）であった。

◯ 虐待の事実が認められた856件の施設・事業所のうち，232件（32.0％）が過去に何らかの指導等（虐待以外の事案に関する指導等を含む）を受けており，過去にも虐待事例が発生していたケースが182件（21.3％）あった。

◯ 設問のとおり，「Ⅱ」以上の者が1131人（80.4％）である。なお，要介護度3以上の者が1075人（76.5％），要介護認定者のうち障害高齢者の日常生活自立度（寝たきり度）A以上の者が810人（57.6％）であった。

✕ 養介護施設従事者等による虐待において特定された被虐待高齢者1406人のうち，虐待の種別では「身体的虐待」が810人（57.6％），「心理的虐待」464人（33.0％），「介護等放棄」326人（23.2％），「経済的虐待」55人（3.9％），「性的虐待」49人（3.5％）の順であった。

✕ バリアフリー法では，2006年（平成18年）の法制定時から，施設設置管理者等に対して，移動等円滑化基準への適合について，新設施設は適合義務，既存施設は適合努力義務を定めている。

▶32
バリアフリー法
正式名称は，「高齢者，障害者等の移動等の円滑化の促進に関する法律」である。

<table>
<tr><td>☐ **119**
☐ 34回135</td><td>「バリアフリー法」により，公共用通路の出入口は，移動等円滑化基準において，その幅を60cm以上としなければならない。</td></tr>
</table>

<table>
<tr><td>☐ **120**
☐ 34回135</td><td>「バリアフリー法」により，公共交通事業者等は，その職員に対して移動等円滑化を図るために必要な教育訓練を行うよう努めなければならない。</td></tr>
</table>

<table>
<tr><td>☐ **121**
☐ 34回135</td><td>「バリアフリー法」により，厚生労働大臣は，旅客施設を中心とする地区や高齢者等が利用する施設が集まった地区について，移動等円滑化基本構想を作成しなければならない。</td></tr>
</table>

<table>
<tr><td>☐ **122**
☐ 34回135改変</td><td>「バリアフリー法」により，移動等円滑化基本構想に位置づけられた事業の実施状況等の調査・分析や評価は，おおむね5年ごとの努力義務となっている。</td></tr>
</table>

高齢者住まい法

<table>
<tr><td>☐ **123**
☐ 32回128</td><td>高齢者住まい法の改正（2011年（平成23年））により，高齢者向け優良賃貸住宅の制度が創設された。</td></tr>
</table>

<table>
<tr><td>☐ **124**
☐ 33回135</td><td>住宅確保要配慮者に対して居住支援に取り組む法人（居住支援法人）は，その申請により，都道府県知事から指定されることとなっている。</td></tr>
</table>

<table>
<tr><td>☐ **125**
☐ 33回135</td><td>サービス付き高齢者向け住宅は，入居者に対し，介護保険制度における居宅介護サービス若しくは地域密着型サービスの提供が義務づけられている。</td></tr>
</table>

✕ 公共用通路の出入口については，省令で定める移動等円滑化基準[33]において，幅が90cm以上であること，ただし，構造上の理由によりやむを得ない場合は，80cm以上とすることができると規定されている。

◯ 設問のとおり。公共交通事業者等については，ソフト面では，ほかに，情報提供，適正利用推進のための広報・啓発活動の努力義務，ほかの公共交通事業者等からの協議への応諾義務等が規定されている。

✕ 市町村は，重点整備地区（旅客施設を中心とする地区や高齢者等が利用する施設が集まった地区等）について，移動等円滑化基本構想を作成するよう努めるものとするとされている。

◯ 設問のとおり。市町村は，おおむね5年ごとに，事業の実施状況等について調査，分析，評価を行うよう努め，必要に応じて基本構想を変更する。

✕ サービス付き高齢者向け住宅（サ高住）の制度が創設された。高齢者向け優良賃貸住宅（高優賃）は，2001年（平成13年）の法の制定時に高齢者円滑入居賃貸住宅（高円賃），高齢者専用賃貸住宅（高専賃）とともに創設されたが，高齢者の住まいの不足や制度の複雑化などの課題に対応するため，廃止されてサ高住に統一された。 (関連キーワード▶35参照)

◯ 住宅セーフティネット法[36]において，都道府県知事は，特定非営利活動法人，一般社団法人若しくは一般財団法人その他の営利を目的としない法人又は住宅確保要配慮者[37]の居住の支援を行うことを目的とする会社であって，支援業務に関し基準に適合すると認められるものを，その申請により，住宅確保要配慮者居住支援法人として指定することができる。

✕ 高齢者住まい法において，サービス付き高齢者向け住宅は，状況把握サービス（入居者の心身の状況を把握し，その状況に応じた一時的な便宜を供与するサービス），生活相談サービス（入居者が日常生活を支障なく営むことができるようにするために入居者からの相談に応じ必要な助言を行うサービス）その他のサービスを提供する事業である。

▶33
移動等円滑化基準
公共交通，路外駐車場，建築物，都市公園，道路の5種類あり，国土交通省令で定められている。

▶34
サービス付き高齢者向け住宅
2011年（平成23年）に，法改正の施行により，高齢者専用賃貸住宅，高齢者円滑入居賃貸住宅，高齢者向け優良賃貸住宅は廃止となり，サービス付き高齢者向け住宅（サ高住）として一本化された。

▶35
高齢者住まい法
正式名称は，「高齢者の居住の安定確保に関する法律」である。

▶36
住宅セーフティネット法
正式名称は，「住宅確保要配慮者に対する賃貸住宅の供給の促進に関する法律」である。

▶37
住宅確保要配慮者
低額所得者，被災者，高齢者，障害者，子どもを養育する者，その他住宅の確保に特に配慮を要する者。

バリアフリー法と高齢者住まい法

バリアフリー法

正式名称は、「高齢者，障害者等の移動等の円滑化の促進に関する法律」(平成18年法律第91号)である。従来のハートビル法(高齢者，身体障害者等が円滑に利用できる特定建築物の建築の促進に関する法律(平成6年法律第44号))と交通バリアフリー法(高齢者，身体障害者等の公共交通機関を利用した移動の円滑化の促進に関する法律(平成12年法律第68号))を統廃合し強化した法律。

□主な特徴

❶関係者の責務の創設

・国，地方公共団体，施設設置管理者等，国民，それぞれの果たすべき役割を明確にした。

❷対象者の拡大

・ハートビル法・交通バリアフリー法では対象者の範囲を高齢者と身体障害者としていたが，バリアフリー法では知的障害者，精神障害者等を含む日常生活や社会生活に身体の機能上の制限を受ける人を対象とした。

❸対象施設の拡充

・ハートビル法で特定建築物とされた学校，病院，劇場，集会場，百貨店，ホテル，事務所，共同住宅，老人ホームその他多数が利用する建築物，交通バリアフリー法で対象とされた駅など旅客施設や鉄道・バスなどの車両に加え，バリアフリー法では，一定の道路，公園施設，路外駐車場，福祉タクシーも対象とした。

❹重点整備地区の拡充

・交通バリアフリー法では，大規模な旅客駅を中心にしていたが，バリアフリー法では，高齢者・障害者が利用する生活関連施設を中心にした周辺のバリアフリー化も可能とした。

❺当事者の参加

・住民等当事者が基本構想策定に参加することを求める「協議会」の設置が図られた。

□2018年(平成30年)5月の改正

❶基本理念／国・国民の責務

・「基本理念」規定を新設し，「共生社会の実現」「社会的障壁の除去」を明確化。

・「心のバリアフリー」として，高齢者，障害者等に対する支援(鉄道駅利用者による声かけ等)を明記。

❷公共交通事業者等によるハード・ソフト一体的な取組みの推進

・ハード対策に加え，駅員による旅客介助・研修等のソフト対策のメニューを国土交通大臣が新たに提示。

・事業者等に対し，ハード・ソフト計画の作成，取組状況の報告・公表の義務化。

❸バリアフリーのまちづくりに向けた地域における取組み強化

・市町村がバリアフリーの方針を定める「マスタープラン制度」を創設。

・近接建築物との連携による既存地下駅等のバリアフリー化を促進するため，協定(承継効)制度及び容積率特例制度を創設。

❹さらなる利用しやすさの確保に向けた施策の充実

・貸切バス・遊覧船等の導入時におけるバリアフリー基準適合を義務化。

・道路，建築物等のバリアフリー情報の提供を努力義務化。

・障害者等の参画の下，施設内容の評価等を行う会議を設置。

□2020年(令和2年)5月の法改正

❶公共交通事業者など施設設置管理者におけるソフト対策の取組み強化

- ・公共交通事業者等に対する，スロープ板の適切な操作，明るさの確保等のソフト基準適合義務が創設された。
- ・公共交通機関の乗継円滑化のため，ほかの公共交通事業者等からのハード・ソフト（旅客支援，情報提供等）の移動等円滑化に関する協議への応諾義務が創設された。
- ・障害者等へのサービス提供について国が認定する観光施設（宿泊施設・飲食店等）の情報提供を促進することとされた。

❷国民に向けた広報啓発の取組み推進

- ・国・地方公共団体・国民・施設設置管理者の責務等として，「高齢者障害者等用施設等（車両の優先席，車椅子用駐車施設，障害者用トイレ等）の適正な利用の推進」が追加された。
- ・市町村等による「心のバリアフリー」の推進のための事項が規定された。
- ・目的規定，国が定める基本方針，市町村が定める移動等円滑化促進方針（マスタープラン）の記載事項に「心のバリアフリー」に関する事項を追加。
- ・バリアフリーの促進に関する地方公共団体への国の助言・指導等に関する規定を創設。
- ・主務大臣に文部科学大臣を追加。
- ・市町村が作成する基本構想に記載する事業メニューの一つとして，心のバリアフリーに関する「教育啓発特定事業」を追加。

❸バリアフリー基準適合義務の対象拡大

- ・旅客特定車両停留施設（バス等の旅客の乗降のための道路施設）を追加。
- ●一部（2020年（令和2年）6月施行）を除き，2021年（令和3年）年4月1日施行。

□2020年（令和2年）年10月の施行令改正

- ●特別特定建築物に，特別支援学校に加え，「公立小学校等」（小学校，中学校，義務教育学校もしくは中等教育学校（前期課程）で公立のもの）が追加された。
- ●2021年（令和3年）年4月1日施行。

高齢者住まい法

平成23年4月28日法律第32号により，高齢者の居住の安定確保に関する法律（高齢者住まい法，平成13年法律第26号）が改正された。

□主な改正事項

❶サービス付き高齢者向け住宅事業の登録制度の創設

- ・高齢者向けの賃貸住宅又は有料老人ホームにおいて，医療，介護，安否確認・生活相談，食事，清掃・洗濯などのサービスを提供する事業（サービス付き高齢者向け住宅事業）を行う場合，建築物ごとに都道府県知事が一定の基準に適合していると認めるものについて，登録を受けることができる制度。

❷終身建物賃貸借制度の見直し

- ・終身賃貸事業者が，賃貸住宅の整備をして事業を行う場合，工事の完了前に敷金や終身にわたる家賃の全額又は一部を前払い金として受領しない。

❸高齢者円滑入居賃貸住宅の登録制度等の廃止

- ・高齢者円滑入居賃貸住宅の登録制度，高齢者向け優良賃貸住宅の供給計画の認定制度，高齢者居住支援センターの指定制度を廃止する。

□2016年（平成28年）5月の改正

- ●高齢者居住安定確保計画を，従前の都道府県だけでなく，市町村も定めることができることとされ，サービス付き高齢者向け住宅の登録基準の強化・緩和を行うことができるとされた。

126
33回135
シルバーハウジングにおいては生活支援コーディネーターが配置され，必要に応じて入居者の相談や一時的な身体介護を行うこととなっている。

127
33回135改変
終身建物賃貸借制度は，賃借人が死亡することによって賃貸借契約が終了する借家契約であり，60歳以上の高齢者が対象とされている。

128
33回135
市町村は，住宅確保要配慮者に対する賃貸住宅の供給の促進に関する計画（市町村賃貸住宅供給促進計画）の作成を義務づけられている。

整理しておこう！

高齢者支援に関連する法律の理念

　法律の理念とは，その法が実現しようとする全体目標であり，これに則り法律全体が設計されるものである。今一度，各法律の理念をじっくりと読んでみよう。

◉老人福祉法（昭和38年7月11日法律第133号）
（基本的理念）
第2条　老人は，多年にわたり社会の進展に寄与してきた者として，かつ，豊富な知識と経験を有する者として敬愛されるとともに，生きがいを持てる健全で安らかな生活を保障されるものとする。
第3条　老人は，老齢に伴って生ずる心身の変化を自覚して，常に心身の健康を保持し，又は，その知識と経験を活用して，社会的活動に参加するように努めるものとする。
2　老人は，その希望と能力とに応じ，適当な仕事に従事する機会その他社会的活動に参加する機会を与えられるものとする。

◉高齢者の医療の確保に関する法律（昭和57年8月17日法律第80号）
（基本的理念）
第2条　国民は，自助と連帯の精神に基づき，自ら加齢に伴って生ずる心身の変化を自覚して常に健康の保持増進に努めるとともに，高齢者の医療に要する費用を公平に負担するものとする。
2　国民は，年齢，心身の状況等に応じ，職域若しくは地域又は家庭において，高齢期における健康の保持を図るための適切な保健サービスを受ける機会を与えられるものとする。

✕ シルバーハウジングにおいては，ライフサポートアドバイザーが配置され，必要に応じ入居高齢者の生活指導・相談，安否の確認，一時的な家事援助・緊急時対応等のサービスを行う。

◯ 高齢者住まい法によると，終身建物賃貸借制度は，60歳以上の者であって，独居である又は同居人が配偶者もしくは60歳以上の親族である者を対象とする。

✕ 住宅セーフティネット法において，市町村は，市町村賃貸住宅供給促進計画を作成することができるとあり，義務ではない。

◉高齢社会対策基本法（平成7年11月15日法律第129号）
（基本理念）
第2条　高齢社会対策は，次の各号に掲げる社会が構築されることを基本理念として，行われなければならない。
　一　国民が生涯にわたって就業その他の多様な社会的活動に参加する機会が確保される公正で活力ある社会
　二　国民が生涯にわたって社会を構成する重要な一員として尊重され，地域社会が自立と連帯の精神に立脚して形成される社会
　三　国民が生涯にわたって健やかで充実した生活を営むことができる豊かな社会

◉高年齢者等の雇用の安定等に関する法律（昭和46年5月25日法律第68号）
（基本的理念）
第3条　高年齢者等は，その職業生活の全期間を通じて，その意欲及び能力に応じ，雇用の機会その他の多様な就業の機会が確保され，職業生活の充実が図られるように配慮されるものとする。
　2　労働者は，高齢期における職業生活の充実のため，自ら進んで，高齢期における職業生活の設計を行い，その設計に基づき，その能力の開発及び向上並びにその健康の保持及び増進に努めるものとする。

高齢者と家族等の支援における関係機関と専門職の役割

高齢者と家族等の支援における関係機関の役割

● 国

129
32回132改変

国は, 市町村等が介護サービス量を見込むにあたり標準となる基本指針を定める。

130
32回132

国は, 介護給付費等審査委員会を設置する。

131
32回132

国は, 介護保険に関する収入及び支出について特別会計を設ける。

132
32回132

国は, 市町村に対して介護保険の財政の調整を行うため, 調整交付金を交付する。

133
32回132

国は, 指定情報公表センターの指定をする。

134
36回131

厚生労働大臣は, 要介護認定の審査及び判定に関する基準を定める。

○ 国(厚生労働大臣)が，介護保険事業に係る保険給付の円滑な実施を確保するための基本的な指針(「基本指針」)を定め，それをもとに3年に一度，市区町村が介護保険事業計画を，都道府県が介護保険事業支援計画を策定する。

× 介護給付費等審査委員会[38]を設置するのは国民健康保険団体連合会である。各種介護サービス費の請求に関する審査・支払いは保険者である市町村からの委託を受けて国民健康保険団体連合会が行っている。

▶38
介護給付費等審査委員会
介護給付費請求書及び介護予防・日常生活支援総合事業費請求書の審査を行う。

× 特別会計は保険者である市区町村に設けられる。介護保険制度を運営する主体である保険者は，介護保険法によって「市町村及び特別区」とされ，介護保険特別会計を設置して，介護保険に関する収入と支出を管理することとされている。

○ 設問のとおり。調整交付金とは，第一号被保険者の後期高齢者割合と所得段階別被保険者割合の分布状況が地域によって異なるために生じる保険料基準額の格差を是正し，介護保険の財政の調整を行うため，国が市町村に交付する交付金のことをいう。

× 指定情報公表センターを指定するのは都道府県知事である。介護サービス事業者は，都道府県知事に厚生労働省令で定められる情報(基本情報，運営情報)を報告しなければならず，都道府県知事はその情報を公表しなければならない。都道府県知事は，指定情報公表センターに，介護サービス情報の報告の受理及び公表等を行わせることができる。

○ 設問のとおり厚生労働大臣の役割である(要介護認定等に係る介護認定審査会による審査及び判定の基準等に関する省令(平成11年厚生省令第58号))。

●都道府県

□ **135** 都道府県は，6年を1期とする介護保険事業計画を策定するに当たって，各年度
□ 34回131 の地域支援事業の見込量の算出を行う。

□ **136** 都道府県知事は，介護サービス事業者から介護サービス情報の報告を受けた後，
□ 34回131 その報告の内容を公表する。

□ **137** 都道府県は，老人福祉圏域ごとに地域包括支援センターを設置する。
□ 34回131

□ **138** 都道府県は，被保険者を代表する委員，市町村を代表する委員，公益を代表する
□ 34回131改変 委員で組織される介護保険審査会を設置する。

□ **139** 都道府県は，要介護者及び要支援者に対し，介護保険法の定めるところにより，
□ 34回131 保健福祉事業を行う。

□ **140** 都道府県知事は，介護支援専門員実務研修を実施する。
□ 36回131改変

□ **141** 都道府県は，財政安定化基金を設置する。
□ 36回131改変

●市町村

□ **142** 被保険者は，市町村に対して，当該被保険者に係る被保険者証の交付を求めるこ
□ 31回130改変 とができる。

× 都道府県ではなく市町村の義務である。市町村は，厚生労働大臣の定める基本指針に即して，3年を1期とする介護保険事業計画を策定するにあたって，各年度の介護給付等対象サービスの種類ごとの見込量や地域支援事業の見込量の算出等を行うこととされている。

○ 介護サービス情報の公表は，都道府県の義務である。都道府県知事は，介護サービス事業者から受けた介護サービス情報に関する報告の内容を公表しなければならない。

▶39
介護サービス情報
介護サービスの内容及び介護サービスを提供する事業者又は施設の運営状況に関する情報であって，要介護者等が適切かつ円滑に介護サービスを利用する機会を確保するために公表されることが必要なもの。

× 地域包括支援センターを設置するのは，市町村である。なお，「市町村は，地域包括支援センターを設置することができる」(介護保険法第115条の46第2項)とされており，義務規定ではない。

○ 設問のとおり。都道府県が設置する介護保険審査会は，被保険者を代表する委員(3人)，市町村を代表する委員(3人)，公益を代表する委員(3人以上であって政令で定める基準に従い条例で定める員数)で組織される。

× 保健福祉事業を行うのは，市町村である。なお，市町村は，地域支援事業のほか，保健福祉事業を行うことができるとされており(介護保険法第115条の49)，義務規定ではない。

○ 設問のとおり，都道府県知事が厚生労働省令で定めるところにより行うものであり，介護支援専門員として必要な居宅サービス計画，施設サービス計画，介護予防サービス計画に関する専門的知識及び技術を修得させることを主な目的としている。

○ 設問のとおり都道府県の役割である。都道府県は，介護保険の財政の安定化に資する事業に必要な費用にあてるために財政安定化基金を設置している。

○ 設問のとおり。市町村は，第1号被保険者並びに第2号被保険者で要介護認定又は要支援認定の申請を行った者，及び当該被保険者に係る被保険者証の交付を求めた者に対して被保険者証を交付しなければならない。

| □ □ | **143**
30回127 | 介護保険制度において，市町村は介護保険審査会を設置する。 |

| □ □ | **144**
36回131改変 | 市町村は，要介護者等に対する介護給付費の支給決定を行う。 |

| □ □ | **145**
36回131改変 | 市町村は，介護給付等費用適正化事業を実施する。 |

| □ □ | **146**
31回130 | 市町村は，政令で定めるところにより一般会計において，介護給付及び予防給付に要する費用の額の100分の25に相当する額を負担する。 |

| □ □ | **147**
30回127 | 介護保険制度において，市町村は介護保険の財政の安定化に資する事業に必要な費用に充てるため，財政安定化基金を設ける。 |

| □ □ | **148**
30回132 | 指定居宅サービス事業者（地域密着型サービスを除く）は，市町村長が指定を行う。 |

| □ □ | **149**
30回127改変 | 市町村の介護保険給付費のための支出会計区分は，特別会計である。 |

●指定サービス事業者

| □ □ | **150**
28回132 | 指定居宅サービス事業者には，常にサービスを受ける者の立場に立ってサービスを提供するために，サービスの質に関する第三者評価を定期的に受ける義務が課せられている。 |

✕ 介護保険法に「介護保険審査会は，各都道府県に置く」と定められている。要介護認定や保険料の決定などに不服がある場合に，介護保険審査会に審査請求することができる。

⭕ 設問のとおり市町村の役割である。なお，市町村は，介護保険施設・サービス事業者等からの介護給付費の請求に関する審査及び支払いに関する事務を国民健康保険団体連合会に委託することができる。

⭕ 設問のとおり市町村の役割である。介護給付を必要とする受給者を適切に認定し，受給者が真に必要とする過不足のないサービスを事業者が適切に提供するよう促すことを目的としている。

✕ 介護給付及び予防給付に要する費用の額は公費と保険料で50％ずつ賄われるため，市町村の負担割合は居宅給付費，施設等給付費ともに100分の12.5である。国の負担割合は居宅給付費で100分の25，施設等給付費で100分の20，都道府県の負担割合は居宅給付費で100分の12.5，施設等給付費で100分の17.5である。

✕ 介護保険法に「都道府県は，次に掲げる介護保険の財政の安定化に資する事業に必要な費用に充てるため，財政安定化基金▶40を設けるものとする」と定められている。

✕ 都道府県知事が行う。なお，指定地域密着型サービス事業者の指定は市町村長が行い，指定をしようとするときは，あらかじめその旨を都道府県知事に届け出なければならない。 （関連キーワード▶41参照）

⭕ 介護保険法に「市町村及び特別区は，介護保険に関する収入及び支出について，政令で定めるところにより，特別会計▶42を設けなければならない」と定められている。

✕ サービスの質に関する第三者評価を定期的に受ける義務は課せられていない。介護保険法には，「自らその提供する指定居宅サービスの質の評価を行うこと（中略）により常に指定居宅サービスを受ける者の立場に立ってこれを提供するように努めなければならない」と規定されている。

▶40
財政安定化基金
市町村に対して，①保険料未納により収入不足が生じた場合，不足分の2分の1を基準として交付金を交付，②見込みを上回る給付費の増大等により財政に不足（収支不均衡）が生じた場合，必要な資金を貸与する。

▶41
事業者の指定
居宅サービス，施設サービス，介護予防サービスについては都道府県知事が事業者の指定・許可を行う。2018年（平成30年）4月より，居宅介護支援については市町村の指定等となっている。

▶42
特別会計
保険料の特定歳入と歳出を一般会計と区別して経理すること。事業や資金運用状況を明確にする。

<table>
<tr><td>☐☐ 151
35回132</td><td>指定居宅介護支援事業者は，利用者が介護保険施設への入所を要する場合，施設への紹介など便宜の提供は行わず，利用者の選択と判断に委ねることとなっている。</td></tr>
</table>

●国民健康保険団体連合会

<table>
<tr><td>☐☐ 152
33回132</td><td>国民健康保険団体連合会は，介護サービス事業者が利用者に提供したサービスに伴う介護給付費の請求に関し，市町村から委託を受けて，審査及び保険給付の支払を行う。</td></tr>
</table>

<table>
<tr><td>☐☐ 153
33回132</td><td>国民健康保険団体連合会は，介護サービスの苦情処理等の業務や事業者・施設への指導・助言のための機関として，運営適正化委員会を設置する。</td></tr>
</table>

<table>
<tr><td>☐☐ 154
29回132</td><td>国民健康保険団体連合会は，利用者からの苦情を受けて，サービス事業者に対する必要な指導及び助言を行う。</td></tr>
</table>

<table>
<tr><td>☐☐ 155
33回132</td><td>国民健康保険団体連合会は，市町村が介護認定審査会を共同設置する場合に，市町村間の調整や助言等の必要な援助を行う。</td></tr>
</table>

<table>
<tr><td>☐☐ 156
33回132</td><td>国民健康保険団体連合会は，介護保険の財政の安定化に資する事業に必要な費用を充てるため，財政安定化基金を設ける。</td></tr>
</table>

<table>
<tr><td>☐☐ 157
33回132</td><td>国民健康保険団体連合会は，保険給付に関する処分や保険料などの徴収金に関する処分について，不服申立ての審理・裁決を行うための機関として，介護保険審査会を設置する。</td></tr>
</table>

関連する専門職等の役割

●介護人材確保対策

<table>
<tr><td>☐☐ 158
32回134</td><td>介護福祉士の資格等取得者の届出制度では，離職した介護福祉士に対し，その再就業を促進し効果的な支援を行うため，都道府県福祉人材センターに氏名・住所等を届け出ることを努力義務としている。</td></tr>
</table>

× 指定居宅介護支援事業者は，利用者が介護保険施設等への入所を要する場合にあっては，介護保険施設への紹介など便宜の提供を行うこととなっている（介護保険法第8条第24項）。

○ 設問のとおり。国民健康保険団体連合会に介護給付費等審査委員会が設置され，審査を行うため必要があるときは，都道府県知事の承認を得て，事業者等に対して報告や帳簿類の提出・提示を求め，または事業の管理者やサービス担当者等に出頭・説明を求めることができる。

× 運営適正化委員会は，都道府県社会福祉協議会が設置している。運営適正化委員会は，社会福祉に関する識見を有し，かつ，社会福祉，法律又は医療に関する学識経験を有する者によって構成される。

○ 国民健康保険団体連合会は，介護保険における指定居宅サービス事業者や介護保険施設等で提供するサービスへの苦情処理業務を行っている。利用者・家族等からの苦情に基づいて事実関係を調査し，事業者・施設等に対する必要な指導・助言を行う。

× 市町村が介護認定審査会を共同設置する場合に，市町村相互間における必要な調整を行うことができるのは都道府県である。

× 財政安定化基金は，都道府県が設置する。財政安定化基金の財源は，国・都道府県・市町村が3分の1ずつ負担しており，市町村の負担分については第1号被保険者（65歳以上の者）の保険料を財源としている。

× 介護保険審査会は，都道府県が設置している。介護保険審査会は，被保険者を代表する委員（3人），市町村を代表する委員（3人）及び公益を代表する委員（3人以上）で構成される。

○ 社会福祉法による努力義務対象者は介護福祉士だけだが，介護職員初任者研修，介護職員実務者研修，(旧)ホームヘルパー養成研修1級・2級課程，(旧)介護職員基礎研修の修了者も届け出ることができる。

▶43
国民健康保険団体連合会
国民健康保険法に基づき，保険者が共同してその目的を達成するために設立された法人。通称，国保連。国民健康保険上の診療報酬の審査・支払い，保健事業等のほか，介護保険法においては介護給付費の審査・支払い，介護サービスの質の向上のための事業者に対する指導・助言を業務とする。

▶44
運営適正化委員会
都道府県の区域内において，福祉サービス利用援助事業の適正な運営を確保するとともに，福祉サービスに関する利用者等からの苦情を適切に解決する。

▶45
財政安定化基金
介護保険財政の安定化に資することを目的としており，当初の見込みを上回る介護給付費等の増加や保険料の収納不足等により，市町村の介護保険特別会計に赤字が生じることとなった場合，市町村に対して資金の交付・貸付を行う。

▶46
介護保険審査会
都道府県区域内の市町村が行った保険給付（被保険者証の交付の請求及び要介護・要支援認定に関するものを含む）や保険料の徴収等に関する処分への不服申立ての審理・裁決を行う。

高齢者福祉

□ 159	介護保険制度の介護報酬における介護職員処遇改善加算では，介護サービス事業
□ 32回134	所・施設等が特段の届出や要件を問われることなく，介護職員の賃金増額などを

介護保険制度の介護報酬における介護職員処遇改善加算では，介護サービス事業所・施設等が特段の届出や要件を問われることなく，介護職員の賃金増額などを図るための加算を取得できることとなっている。

160
32回134

福祉・介護人材確保緊急支援事業により，キャリア支援専門員が福祉事務所に配置され，個々の求職者にふさわしい職場を開拓するとともに働きやすい職場づくりに向けた指導・助言を行うこととなっている。

161
32回134改変

「2025年に向けた介護人材の確保」によると，介護人材の構造転換を図るために，基礎的な知識を有する人材を活用する「まんじゅう型」の方策から，専門性の高い人材を活用する「富士山型」の方策へと転換を図る必要性が示されている。

162
32回134

「2025年に向けた介護人材の確保」によると，中高年齢者等や介護未経験の者に対し，生活支援サービスの担い手養成のための研修の受講を支援するため，介護福祉士等修学資金貸付制度の充実を図るとされている。

●介護福祉士

163
36回133

介護福祉士の法律上の定義には，介護者に対して介護に関する指導を行うことを業とすることが含まれている。

164
36回133

介護福祉士が介護保険制度における訪問介護員として従事する際には，その資格とは別に，政令で定める研修を修了していることがその要件となる。

165
36回133

介護福祉士は，医師の指示のもと，所定の条件下であれば，医療的ケアの一つとして脱水症状に対する点滴を実施することができる。

× 「厚生労働大臣が定める基準」（厚生労働省告示）に定められた基準（処遇改善計画の立案・実施・届出，介護職員に係るキャリアパス要件，職場環境等要件（処遇改善の内容の介護職員への周知）等）に適合していなければならない。

× 設問は，福祉事務所ではなく都道府県福祉人材センターに関する記述である。福祉・介護人材確保緊急支援事業における，福祉・介護人材マッチング機能強化として，都道府県福祉人材センターに配置したキャリア支援専門員が，求人事業所と求職者間双方のニーズを把握し，円滑な人材参入・定着を支援する。

○ 設問のとおり。「2025年に向けた介護人材の確保」▶47では，対象となる人材の層に応じた方策として，①人材のすそ野の拡大を進め，多様な人材の参入促進を図る，②本人の能力や役割分担に応じたキャリアパスを構築する，③いったん介護の仕事についた者の定着促進を図る，④専門性の明確化・高度化で，継続的な質の向上を促す，⑤限られた人材を有効活用するため機能分化を進める，と方策を示している。

▶47
2025年に向けた介護人材の確保
「2025年に向けた介護人材の確保～量と質の好循環の確立に向けて～」（平成27年2月25日社会保障審議会福祉部会福祉人材確保専門委員会）のことである。

× 介護福祉士等修学資金貸付制度は，介護福祉士養成施設・福祉系高校の学生確保の方策である。

○ 介護福祉士は，身体上又は精神上の障害があることにより日常生活を営むのに支障がある者につき心身の状況に応じた介護を行い，並びにその者及びその介護者に対して介護に関する指導を行うことを業とする者であると定義されている。

× 介護福祉士有資格者の場合，政令で定める研修の修了は要件とされていない。訪問介護員は介護保険法で，「介護福祉士その他政令で定める者」と規定されている。その他政令で定める者の研修については，都道府県知事又は都道府県知事が指定する事業者が行う介護員養成研修として実施されている。

× 介護福祉士に脱水症状に関する点滴の実施は認められていない。介護福祉士が医師の指示の下に行うことができる医療的ケア（行為）は，口腔内の喀痰吸引，鼻腔内の喀痰吸引，気管カニューレ内部の喀痰吸引，胃ろう又は腸ろうによる経管栄養，経鼻経管栄養が規定されている。

| 166 36回133 | 介護福祉士は業務独占資格の一つであり，法令で定める専門的な介護業務については，他の者が行うことは禁じられている。 |

| 167 36回133 | 認定介護福祉士を認定する仕組みは，2005年(平成17年)に制定された介護保険法等の一部を改正する法律において法定化され，その翌年から施行された。 |

●介護支援専門員

| 168 31回131 | 介護支援専門員は，少なくとも一月に1回，サービス担当者会議を開催しなければならない。 |

| 169 35回132 | 居宅サービス計画は，指定居宅介護支援事業者の介護支援専門員に作成を依頼することなく，利用者自らが作成することができる。 |

| 170 35回132 | 指定居宅介護支援事業者の介護支援専門員による居宅サービス計画作成業務の保険給付(居宅介護支援)では，利用者の自己負担割合が1割と定められている。 |

| 171 35回132 | 地域住民による自発的な訪問や民間事業者が市場サービスとして行う配食サービスなどについては，居宅サービス計画に位置づけることはできないとされている。 |

| 172 31回131 | 介護支援専門員は，介護保険サービス以外のサービス等を含む居宅サービス計画を作成することができる。 |

| 173 31回131 | 介護支援専門員は，利用者が介護保険施設への入所を希望する場合には，介護保険施設へ紹介を行うものとされている。 |

✕ 介護福祉士は業務独占資格ではなく，名称独占資格である。介護福祉士でない者は，介護福祉士という名称を使用してはならないという「名称の使用制限」が定められている。

✕ 認定介護福祉士を認定する仕組みは，2015年（平成27年）12月に設立された一般社団法人認定介護福祉士認証・認定機構により2016年（平成28年）に定められた。介護福祉士の上位資格として位置づけられるが，介護福祉士が国家資格であるのに対し，認定介護福祉士は民間資格となる。

✕ 指定居宅介護支援等の事業の人員及び運営に関する基準に，開催の頻度については規定がない。サービス担当者会議では，介護支援専門員が，利用者及びその家族の参加を基本としつつ，指定居宅サービス等の担当者を招集して，情報共有と専門的見地からの意見聴取を行う。

▶48
サービス担当者会議
2021年（令和3年）4月よりテレビ電話装置等を活用して行うことができるとされた。

◯ 利用者は，指定居宅介護支援事業者の介護支援専門員に依頼することなく，自ら居宅サービス計画を作成することができる。利用者が自ら作成した居宅サービス計画を，セルフケアプランなどという。

✕ 指定居宅介護支援事業者の介護支援専門員による居宅サービス計画作成業務の保険給付（居宅介護支援）では，利用者の自己負担はない。

✕ 地域住民による自発的な訪問や民間事業者による配食サービスも含めて，居宅サービス計画に位置づけることができる。

◯ 指定居宅介護支援等の事業の人員及び運営に関する基準において，介護給付等対象サービス以外の保健医療サービスや福祉サービス，当該地域の住民による自発的な活動によるサービス等の利用も含めて居宅サービス計画上に位置づけるよう努めなければならないとされている。

◯ 指定居宅介護支援等の事業の人員及び運営に関する基準において，適切な保健医療サービスや福祉サービスが総合的・効率的に提供された場合においても，利用者がその居宅において日常生活を営むことが困難となった場合や，利用者が介護保険施設への入院又は入所を希望する場合には，介護保険施設への紹介等を行うものとするとされている。

□ 174	介護支援専門員は，訪問看護等の医療サービスが必要と自ら判断した場合には，
□ 31回131	利用者の同意を得ずに主治の医師の意見を求めることができる。

□ 175	介護支援専門員は，居宅サービス計画の実施状況の把握のため，少なくとも1か
□ 35回132改変	月に1度は利用者宅を訪問することが義務づけられている。

□ 176	介護支援専門員には，指定居宅介護支援の提供に関する記録を整備し，終結した
□ 31回131	日から5年間保存することが厚生労働省令で定められている。

●訪問介護員

□ 177	介護保険制度の指定訪問介護事業所(共生型居宅サービスを除く)の訪問介護員と
□ 34回132	して従事する者に対しては資格取得や研修修了等の要件は課されておらず，業務
	を遂行する上での最低限の技術の習得が条件とされている。

□ 178	介護保険制度の指定訪問介護事業所(共生型居宅サービスを除く)の訪問介護員
□ 34回132	は，常に利用者の心身の状況やその置かれている環境等の的確な把握に努め，利
	用者又はその家族に対し，適切な相談及び助言を行う。

□ 179	介護保険制度の指定訪問介護事業所(共生型居宅サービスを除く)の訪問介護員が
□ 34回132	入浴や清拭の支援を行う場合，利用者の主治医の指示に基づいて介護を行うこと
	が義務づけられている。

□ 180	介護福祉士である訪問介護員は，社会福祉士及び介護福祉士法の改正(2011年
□ 27回132	(平成23年))により，医師の指示の下に，口腔内のたんの吸引や胃ろうによる経
	管栄養及び褥瘡の処置ができるようになった。

✕ 指定居宅介護支援等の事業の人員及び運営に関する基準において，利用者が訪問看護，通所リハビリテーション等の医療サービスの利用を希望している場合その他必要な場合には，利用者の同意を得て主治の医師等の意見を求めなければならないとされている。

◯ 介護支援専門員は，居宅サービス計画の実施状況の把握（モニタリング）を行うために，少なくとも1か月に1度，利用者の居宅を訪問して利用者に面接することが義務づけられている。

✕ 指定居宅介護支援等の事業の人員及び運営に関する基準において，5年間ではなく，2年間とされている。整備する記録は，指定居宅サービス事業者等との連絡調整，居宅サービス計画，アセスメントの結果，サービス担当者会議等，モニタリングの結果，市町村への通知，苦情の内容等，事故の状況及び事故に際して採った処置があげられる。

✕ 訪問介護員として従事する者は，介護福祉士又は都道府県知事（都道府県知事が指定する事業者を含む）が行う介護員養成研修の課程を修了し，都道府県知事から当該研修を修了した旨の証明書の交付を受けた者と規定されている。

◯ 運営基準▶49において，指定訪問介護の具体的取扱方針の一つとして，訪問介護員は，「常に利用者の心身の状況，その置かれている環境等の的確な把握に努め，利用者又はその家族に対し，適切な相談及び助言を行う」と規定されている。

✕ 訪問介護員が入浴や清拭の支援を行う場合，利用者の主治医の指示に基づいて介護を行うことは義務づけられていない。

✕ 介護福祉士に褥瘡の処置は認められていない。喀痰吸引その他の，利用者が日常生活を営むのに必要な行為であって，医師の指示の下に行われるもののうち，厚生労働省令で定めるもの▶50に限られている。

▶49
運営基準
正式名称は，「指定居宅サービス等の事業の人員，設備及び運営に関する基準」である。

▶50
厚生労働省令で定めるもの
口腔内の喀痰吸引，鼻腔内の喀痰吸引，気管カニューレ内部の喀痰吸引，胃ろう又は腸ろうによる経管栄養，経鼻経管栄養の5行為である。なお，通知「医師法第17条，歯科医師法第17条及び保健師助産師看護師法第31条の解釈について」（平成17年7月26日医政発第0726005号）により，医師，看護師等の医療に関する免許を有しない者でも行うことのできる，医行為にはあたらない行為として，腋下あるいは外耳道での体温測定，自動血圧測定器による血圧測定，軽微な切り傷等の処置などが，さまざまな条件のもとであげられている。

●介護職員

☐
☐ **181**
34回132

介護保険制度の指定訪問介護事業所(共生型居宅サービスを除く)のサービス提供責任者は，訪問介護員に対して利用者の状況についての情報を伝達し，具体的な援助目標や援助内容を指示する。

☐
☐ **182**
34回132

介護保険制度の指定訪問介護事業所(共生型居宅サービスを除く)のサービス提供責任者は，多様な事業者等から総合的に提供される介護サービスの内容などを記載した居宅サービス計画を作成する。

●介護サービス相談員

☐
☐ **183**
31回132改変

介護サービス相談員派遣等事業の実施主体は，市町村である。

☐
☐ **184**
31回132改変

介護サービス相談員派遣等事業は，苦情に至る事態を防止すること及び利用者の日常的な不平・不満又は疑問に対応して改善の途を探ることを目指すものである。

☐
☐ **185**
31回132改変

介護サービス相談員の登録は，保健・医療・福祉分野の実務経験者であって，その資格を得るための試験に合格した者について行われる。

☐
☐ **186**
31回132改変

介護サービス相談員派遣等事業は，介護保険制度における地域支援事業として実施が義務づけられている。

☐
☐ **187**
31回132改変

介護サービス相談員が必要と判断した場合，相談者の同意がなくても，その相談者に関する情報を市町村等に提供することができる。

●認知症サポーター

☐
☐ **188**
29回133

キャラバン・メイトは，認知症サポーター養成講座の企画・立案及び実施を行う。

◎ サービス提供責任者が行う業務の一つとして,「訪問介護員等(サービス提供責任者を除く)に対し,具体的な援助目標及び援助内容を指示するとともに,利用者の状況についての情報を伝達すること」と運営基準に規定されている。

✕ サービス提供責任者が作成する計画は,訪問介護計画である。居宅サービス計画は,居宅介護支援事業者が居宅要介護者の依頼を受けて作成する計画である。

◎ 通知で,設問のとおり規定されている。なお,市町村は,地域の実情に応じ,適切な事業運営が確保できると認められる団体に委託することができるとされている。

◎ 通知の目的に,「本事業は,苦情に至る事態を未然に防止すること及び利用者の日常的な不平,不満又は疑問に対応して改善の途を探ること(問題提起・提案解決型の事業)を目指すものとする」とされている。

✕ 通知には,保健・医療・福祉分野の実務経験や資格試験の合格は規定されていない。

✕ 介護保険制度の地域支援事業の任意事業(介護サービス等の質の向上に資する事業)として実施されており,実施は義務づけられていない。

✕ 通知には,「介護サービス相談員及び事業運営を行う事務局は市町村等に対して,相談者に関する情報を提供する際には,あらかじめ文書により相談者の同意を得ておかなければならない」とされている。

◎ 設問のとおり。キャラバン・メイトは,「「認知症サポーター養成講座」の企画・立案及び実施を行う」(認知症サポーター等養成事業実施要綱)とされている。

●介護認定審査会の委員，認定調査員

189
35回133

介護認定審査会の委員は，要介護者等の保健，医療，福祉に関する学識経験者及び第一号被保険者から都道府県知事が任命する。

190
35回133

介護認定審査会は，市町村長が定める認定基準に従って審査・判定を行い，その結果を申請者（被保険者）に通知する。

191
35回133

介護認定審査会は，被保険者の要介護状態の軽減又は悪化の防止のために必要な療養に関する事項などの意見を市町村に述べることができる。

192
35回133

認定調査員は，新規申請の場合も，更新・区分変更申請の場合も，市町村職員以外の者が担うことはできない。

193
35回133

認定調査員は，申請者である被保険者若しくは同居家族が自記式で記入した調査票の回答に基づいて調査結果を取りまとめる。

高齢者と家族等に対する支援の実際

高齢者と家族等に対する支援の実際（多職種連携を含む）

●地域生活支援

194
27回134改変

地域包括支援センターは，第1号介護予防支援事業として，65歳未満の要支援者が介護予防サービス等を利用できるよう援助することとされている。

✕ 介護認定審査会の委員の任命は市町村長（特別区の区長）が行う。また，市町村長は，要介護者等の保健，医療，又は福祉に関する学識経験を有する者のうちから委員を任命すると規定されている。

▶51
介護認定審査会
介護認定審査会は市町村に設置され，要介護認定等に関連する審査判定業務を行う。

✕ 介護認定審査会は，厚生労働大臣が定める基準に従い審査及び判定を行い，審査・判定の結果を市町村に通知する。

◯ 設問のとおり。また，居宅サービス，地域密着型サービス又は施設サービス等の適切かつ有効な利用等に関して被保険者が留意すべき事項についても，市町村に意見を述べることができる。

✕ 認定調査員は，更新・区分変更申請の場合においては市町村職員以外の者が担うこともできる。

✕ 調査票への記入は，申請者である被保険者もしくは同居家族が自記式で記入するのではなく，被保険者や同居家族への聞き取りや観察，確認などの方法で得られた回答を認定調査員が記入する他記式となる。

✕ 第1号介護予防支援事業の対象は，居宅要支援被保険者（介護予防支援を受けている者を除く）及び基本チェックリスト該当者であり，設問の65歳未満の要支援者ではない。

▶52
居宅要支援被保険者と基本チェックリスト該当者
前者は，要支援認定を受けた被保険者のうち居宅において支援を受けるもの（介護保険法第53条第1項）であり，後者は，「バスや電車で1人で外出していますか」等の24の質問と体重・身長を加えた25項目で構成されている基本チェックリストにより生活機能の低下がみられるなど，要支援状態となるおそれがあると認定された高齢者である。

地域包括支援センターは，当該市町村の区域全体を担当圏域として，各市町村に1か所設置することとされている。

●認知症高齢者支援

「認知症の人の日常生活・社会生活における意思決定支援ガイドライン」（2018年（平成30年）（厚生労働省））において，認知症の人の意思決定支援については，ケアを提供する専門職員や行政職員は関与しないことが規定された。

整 理 し て お こ う ！

「認知症施策推進総合戦略～認知症高齢者等にやさしい地域づくりに向けて～（新オレンジプラン）」

　認知症者数は高齢化の進展に伴い急激な増加が見込まれ，2025年（令和7年）には約700万人前後となり，65歳以上の高齢者に対する割合は約5人に1人に上昇する見込みとなった。

　このため，いわゆる団塊の世代が75歳以上となる2025年（令和7年）を目指し，認知症の人の意思が尊重され，できる限り住み慣れた地域のよい環境で自分らしく暮らし続けることができる社会を実現すべく，「認知症施策推進5か年計画（オレンジプラン）」（2012年（平成24年））を改め，「認知症施策推進総合戦略～認知症高齢者等にやさしい地域づくりに向けて～（新オレンジプラン）」が新たに策定された（2015年（平成27年）1月）。

　戦略の対象期間は2025年（令和7年）までであるが，2017年（平成29年）7月に改訂され，施策ごとに具体的な数値目標を定めるにあたっては当面，2020年度（令和2年度）末等を目標設定年度としている。

7つの柱

Ⅰ	認知症への理解を深めるための普及・啓発の推進
Ⅱ	認知症の容態に応じた適時・適切な医療・介護等の提供
Ⅲ	若年性認知症施策の強化
Ⅳ	認知症の人の介護者への支援
Ⅴ	認知症の人を含む高齢者にやさしい地域づくりの推進
Ⅵ	認知症の予防法，診断法，治療法，リハビリテーションモデル，介護モデル等の研究開発及びその成果の普及の推進
Ⅶ	認知症の人やその家族の視点の重視

✗ 地域包括支援センター[▶53]は各市町村に複数設置することも可能である。設置にかかる具体的な担当圏域設定にあたっては，市町村の人口規模や地域における保健福祉圏域との整合性などに配慮し，市町村の判断により担当圏域を設定するものとされている。

▶53
地域包括支援センター
包括的支援事業等を地域において一体的に実施する役割を担う中核的機関。

✗ 「認知症の人の日常生活・社会生活における意思決定支援ガイドライン」は，「認知症の人の意思決定支援に関わる全ての人」による意思決定支援のガイドラインであるとされている。したがって，専門職種や行政職員も関与する。

主な目標（7つの柱について，オレンジプラン⇒新オレンジプラン⇒改訂新オレンジプラン（⇒認知症施策推進大綱））

Ⅰ ▶認知症サポーターの人数
2017年度（平成29年度）末600万人⇒ 800万人⇒2020年度（令和2年度）末1200万人

Ⅱ ▶かかりつけ医認知症対応力向上研修の受講者数（累計）
2017年度（平成29年度）末5万人⇒6万人⇒2020年度（令和2年度）末7.5万人
（⇒2025年（令和7年）9万人）

▶認知症サポート医養成研修の受講者数（累計）
2017年度（平成29年度）末4000人⇒5000人⇒2020年度（令和2年度）末1万人
（⇒認知症対応力向上研修2025年（令和7年）1.6万人）

▶認知症初期集中支援チームの設置
2018年度（平成30年度）からすべての市町村で実施⇒設置後，地域の実情に応じた取組

▶認知症地域支援推進員の配置
2018年度（平成30年度）からすべての市町村で実施⇒配置後，地域の実情に応じた効果的な活動の推進

Ⅳ ▶認知症カフェ等の設置
2018年度（平成30年度）からすべての市町村に配置される認知症地域支援推進員等の企画により，地域の実情に応じ実施⇒認知症カフェ等の2020年度（令和2年度）までの全市町村への普及

なお，2019年（令和元年）6月，認知症施策推進関係閣僚会議により「認知症施策推進大綱」がとりまとめられた。「共生」と「予防」を基本的な考え方とし，「普及啓発・本人発信支援」「予防」「医療・ケア・介護サービス・介護者への支援」「認知症バリアフリーの推進・若年性認知症の人への支援・社会参加支援」「研究開発・産業促進・国際展開」の5つの柱に沿って施策を推進する。対象期間を，団塊の世代が75歳以上となる2025年（令和7年）までとしている。

197 32回127	「認知症施策推進総合戦略（新オレンジプラン）」（2017年（平成29年）改訂（厚生労働省））の7つの柱において，若年性認知症の人の特性に配慮した就労・社会参加支援等の推進が掲げられた。
198 31回129改変	認知症総合支援事業に基づく認知症初期集中支援チームでは，包括的，集中的な支援をおおむね最長で6か月，実施する。
199 31回129	介護サービスが中断している者も，認知症総合支援事業に基づく認知症初期集中支援チームの対象である。
200 31回129	認知症総合支援事業に基づく認知症初期集中支援チームでは，早期入院の初期対応体制をとる。
201 31回129	認知症総合支援事業に基づく認知症初期集中支援チームの初回訪問は，医療系職員が2名以上で行う。
202 31回129	認知症総合支援事業に基づく認知症初期集中支援チームのチーム員には，認知症サポーター 1名が含まれる。

〇 「認知症施策推進総合戦略（新オレンジプラン）」では，7つの柱の1つとして若年性認知症施策の強化をあげ，その中で「若年性認知症の特性に配慮した就労・社会参加支援等を推進」することを示している。
(関連キーワード▶54参照)

〇 設問のとおり。この期間で医療機関への受診や継続的な医療サービスの利用に向けた支援，介護サービスの利用の勧奨，さらには認知症の重症度に応じた助言，生活環境の改善に向けた支援などを行う。

〇 支援チームによる訪問支援対象者には，医療サービスや介護サービスを受けていない，又は中断している者が含まれる。 ▶55

✕ 支援チームの役割は，自立生活に向けたサポートを行うことである。家族からの訴え等により，訪問支援対象者・家族を訪問し，観察・評価，初期支援を包括的，集中的に行うとともに，地域の関係機関と連携し，情報共有のための体制をとる。

✕ 初回訪問は原則，医療系職員と介護系職員それぞれ1名以上の計2名以上で行う。初回訪問では，主として訪問支援対象者の包括的な観察及び評価が行われる。

✕ チーム員として認知症サポーターは含まれない。チームは，①医師，保健師，社会福祉士，介護福祉士等で認知症の専門的知識・経験を有すると市町村が認めたもので認知症・在宅ケアの業務等に3年以上の経験を有し，かつ「認知症初期集中支援チーム研修」を受講したもの2名以上，②日本認知症学会の専門医又は認知症疾患の専門医療について5年以上の経験を有する医師のいずれかに該当し，認知症サポート医である医師1名の，計3名以上の専門職で構成される。

▶54
オレンジプランと新オレンジプラン
オレンジプランの正式名称は「認知症施策推進5か年計画(オレンジプラン)」(2012年(平成24年)9月)，新オレンジプランの正式名称は「認知症施策推進総合戦略〜認知症高齢者等にやさしい地域づくりに向けて〜（新オレンジプラン)」(2015年(平成27年)1月)である。

▶55
訪問支援対象者
40歳以上の在宅生活者であり，医療サービスや介護サービスを受けていない，又は中断している者のほか，医療サービスや介護サービスを受けているが，認知症の行動・心理症状(BPSD)が顕著であるため，対応に苦慮している者が含まれる。

高齢者福祉

児童・家庭福祉

児童・家庭の定義と権利

児童・家庭の定義

□	**1**	児童福祉法において，「少年」とは，小学校就学の始期から，満18歳に達するまで
□	28回138改変	の者をいう。

□	**2**	児童福祉法において，「要支援児童」とは，保護者に監護させることが不適当であ
□	28回138	ると認められる児童をいう。

□	**3**	児童福祉法において，「保護者」とは，児童の扶養義務を負う者をいう。
□	28回138	

□	**4**	「児童の権利に関する条約」は，「児童とは，18歳未満のすべての者をいう」と規定
□	29回138改変	している。

児童の権利

□	**5**	児童憲章は，児童の権利に関するジュネーブ宣言を受けて制定された。
□	28回137	

□	**6**	コルチャック（Korczak, J.）は，児童の権利に関する条約の精神に多大な影響を
□	32回137改変	与えたといわれ，第二次世界大戦下ナチスドイツにより強制収容所に送られて，死亡した。

児童・家庭の生活実態とこれを取り巻く社会環境

児童・家庭の生活実態

□	**7**	「令和4年国民生活基礎調査」によると，世帯類型別にみると，母子世帯の世帯数
□	33回136改変	は，ここ10年で約5倍に増えている。

○ 児童福祉法第4条により，児童の定義は満18歳に満たない者で，さらに，乳児（満1歳に満たない者），幼児（満1歳から，小学校就学の始期に達するまでの者），少年（小学校就学の始期から，満18歳に達するまでの者）と3つに分けられている。

× 要支援児童とは，児童福祉法第6条の3より，乳児家庭全戸訪問事業等により把握された保護者の養育の支援が特に必要と認められる児童で，同法の要保護児童▶1にあたらない児童とされている。

× 保護者とは，児童福祉法第6条により，親権を行う者，未成年後見人その他の者で，児童を現に監護する者をいうと規定されている。

○ 児童の権利に関する条約▶2第1条に，「この条約の適用上，児童とは，18歳未満のすべての者をいう。ただし，当該児童で，その者に適用される法律によりより早く成年に達したものを除く」と規定している。

× 児童憲章は1951年（昭和26年）に制定された。児童の権利に関するジュネーブ宣言は，1924年に国際連盟が採択したものであり，1959年の国際連合による児童権利宣言▶3に結びついた。

○ 設問のとおり。ユダヤ系ポーランド人の小児科医・教育者であるヤヌシュ・コルチャックの実践の精神は，後にポーランド政府を介して，1989年の児童の権利に関する条約として結実した。

× 母子世帯の世帯数は，2012年（平成24年）の調査では70万3000世帯で，2022年（令和4年）の調査では56万5000世帯である。

▶1
要保護児童
児童福祉法により，「保護者のない児童又は保護者に監護させることが不適当であると認められる児童」と規定されている。

▶2
児童の権利に関する条約
1989年の国連総会において採択され，1990年発効，1994年（平成6年）に日本は条約を批准した。この条約は，一人の市民としての子どもの権利を保障することを目指している点で画期的なものとされる。

▶3
児童権利宣言
前文と本文10か条からなり，児童の出生権，生存権，発達権，幸福追求権，教育権などを宣言している。

□ **8**
□ 33回136改変　「令和4年国民生活基礎調査」によると，「子どもがいる現役世帯」のうち，大人が一人の世帯の相対的貧困率は，4割を超えている。

□ **9**
□ 33回136改変　「令和3年度全国ひとり親世帯等調査」によると，母子世帯になった理由としては，生別よりも死別が多い。

□ **10**
□ 33回136改変　「令和3年度全国ひとり親世帯等調査」によると，母子世帯になった時の末子の年齢階級は，生別世帯の場合，0歳から2歳までが最も多い。

□ **11**
□ 33回136改変　「令和3年度全国ひとり親世帯等調査」によると，母子世帯の母の就業状況としては，正規の職員・従業員の割合は約8割である。

□ **12**
□ 36回136　「令和3年度全国ひとり親世帯等調査結果の概要」（厚生労働省）によると，母子家庭の世帯の平均年間収入は，同年の国民生活基礎調査による児童のいる世帯の平均所得の約8割である。

□ **13**
□ 29回137改変　「保育所等関連状況取りまとめ（令和5年4月1日）」（厚生労働省）によると，保育所の利用児童数は，幼保連携型認定こども園の利用児童数を上回っている。

□ **14**
□ 36回136　「令和4年版男女共同参画白書」（内閣府）によると，子供がいる世帯の妻の就業状態は，パートタイム労働よりフルタイム労働の割合が高くなっている。

児童・家庭を取り巻く社会環境

□ **15**
□ 36回136改変　「令和4年版犯罪白書」（法務省）によると，少年の刑法犯等検挙人員は令和3年には戦後最少となった。

□ **16**
□ 36回136改変　「令和4年度児童生徒の問題行動・不登校等生徒指導上の諸課題に関する調査結果について」（文部科学省）によると，いじめの認知（発生）件数は，令和3年度に比べ減少した。

○ 社会全体の相対的貧困率は15.4％，子どもの相対的貧困率は11.5％，子どものいる現役世帯のうち大人が一人の世帯の相対的貧困率は44.5％となっている。

✕ 母子世帯になった理由は生別のほうが多く，93.5％となっている。また，そのうち，母子世帯になった理由をみてみると離婚が79.5％と最も多い。

○ 母子世帯になった時の末子の年齢階級は，生別世帯の場合，0〜2歳が38.1％と最も多い。

✕ 86.3％の母が就業しているが，正規の職員・従業員はそのうちの48.8％である。

✕ 母子家庭の世帯の平均年間収入は373万円で，これは，国民生活基礎調査による児童のいる世帯の平均所得（813万5000円）を100％として比較すると，約45.9％となっている。

○ 2023年（令和5年）の保育所の利用児童数は191万8042人であり，幼保連携型認定こども園の利用児童数は63万7893人であるため，保育所の利用児童数のほうが多い。

✕ 妻がパートタイム労働（週35時間未満就業）がすべての年齢階級（25〜34歳，35〜44歳，45〜54歳，55〜64歳）で約40〜45％を占め，妻がフルタイム労働（週35時間以上就業）が約20〜30％である（2021年（令和3年））。

○ 少年による刑法犯等検挙人員は，平成期以降においては一時的な増加はあったものの全体としては減少傾向にあり，2021年（令和3年）は戦後最少を更新する2万9802人であった。

✕ 小・中・高・特別支援学校におけるいじめの認知件数は，2021年度（令和3年度）の61万5351件に対して68万1948件と増加している。

▶4 幼保連携型認定こども園 児童福祉法に規定された児童福祉施設であり，かつ教育基本法に規定された学校でもある。

□ **17**
□ 31回142改変
「令和3年度福祉行政報告例」(厚生労働省)によると，児童相談所が対応した児童虐待相談件数は，10万件を超えている。

□ **18**
□ 31回142改変
「令和3年度福祉行政報告例」(厚生労働省)によると，児童相談所が対応した虐待相談を虐待種別でみると，身体的虐待が最も多い。

□ **19**
□ 34回138改変
2021年度(令和3年度)の児童相談所における児童虐待相談対応件数(「福祉行政報告例」(厚生労働省))によると，虐待相談対応件数は，5年前と比べて減少している。

□ **20**
□ 34回138改変
2021年度(令和3年度)の児童相談所における児童虐待相談対応件数(「福祉行政報告例」(厚生労働省))によると，心理的虐待は，5年前と比べて増加している。

□ **21**
□ 34回138改変
2021年度(令和3年度)の児童相談所における児童虐待相談対応件数(「福祉行政報告例」(厚生労働省))によると，警察等からの虐待通告は，5年前と比べて増加している。

□ **22**
□ 34回138改変
2021年度(令和3年度)の児童相談所における児童虐待相談対応件数(「福祉行政報告例」(厚生労働省))によると，相談種別で件数をみると，ネグレクトの割合が最も高い。

□ **23**
□ 34回138改変
2021年度(令和3年度)の児童相談所における児童虐待相談対応件数(「福祉行政報告例」(厚生労働省))によると，相談の経路(通告者)は，家族・親戚からの割合が最も高い。

□ **24**
□ 31回142改変
「令和3年度福祉行政報告例」(厚生労働省)によると，児童相談所が対応した相談のうち，児童福祉法に基づく入所措置をとったものは3割程度である。

□ **25**
□ 32回136改変
「子ども虐待による死亡事例等の検証結果等について(第19次報告)」(2023年(令和5年))に示された心中以外の虐待死について，死因となる虐待の種類は，身体的虐待が最も多い。

□ **26**
□ 32回136改変
「子ども虐待による死亡事例等の検証結果等について(第19次報告)」(2023年(令和5年))に示された心中以外の虐待死について，主たる加害者は，実父が最も多い。

◎ 2021年度（令和3年度）の児童虐待相談の対応件数は，20万7660件である。統計が公表されはじめた1990年（平成2年）から，児童虐待相談の対応件数は右肩上がりで増加を続けている。

✕ 心理的虐待が12万4724件で最も多く，次いで身体的虐待4万9241件，ネグレクト3万1448件，性的虐待2247件となっている。

✕ 2021年度（令和3年度）の児童相談所における児童虐待相談対応件数は20万7660件で，5年前にあたる2016年度（平成28年度）は12万2575件で，増加している。

◎ 2021年度（令和3年度）の心理的虐待の件数は12万4724件で，2016年度（平成28年度）は6万3186件であり，増加している。

◎ 警察等からの虐待通告は増加傾向にあり，2016年度（平成28年度）の5万4812件に対し，2021年度（令和3年度）は10万3104件となっている。

✕ 心理的虐待が12万4724件と最も多く，ネグレクトは，身体的虐待の4万9241件に次いで3番目に多い3万1448件である。

✕ 相談の経路は警察からが最も多く10万3104件となっている。その次に多いのは近隣・知人からの相談で2万8075件，家族・親戚からの相談はその次に多く，1万7345件となっている。

✕ 児童相談所の相談対応件数の総数は57万1961件，そのうち児童福祉施設入所に至ったのは7206件と，2％以下である。相談対応のうち最も高い割合を占めるのは面接指導で，8割以上を占める。

◎ 設問のとおり。死因となる虐待の種類は身体的虐待が21人（42.0％）で最も多い。ネグレクトが14人（28.0％）で2番目に多い。

✕ 虐待死した子どもへの主たる加害者で最も多かったのは実母で20人（40.0％）である。次いで「実父」が6人（12.0％）である。

☐☐	**27** 32回136改変	「子ども虐待による死亡事例等の検証結果等について（第19次報告）」（2023年（令和5年））では，虐待通告を受理した後，48時間以内に安全確認をすることを新たに提言した。
☐☐	**28** 32回136改変	「子ども虐待による死亡事例等の検証結果等について（第19次報告）」（2023年（令和5年））に示された心中以外の虐待死について，死亡した子どもの年齢は，0歳が最も多い。
☐☐	**29** 32回136改変	「子ども虐待による死亡事例等の検証結果等について（第19次報告）」（2023年（令和5年））に示された心中以外の虐待死について，児童相談所と市区町村が関与していた事例が半数を超えている。
☐☐	**30** 36回136	「令和3年度ヤングケアラーの実態に関する調査研究」の小学校調査によると，「ヤングケアラーと思われる子どもの状況」（複数回答）では，「家族の通訳をしている（日本語や手話など）」に比べて，「家族の代わりに，幼いきょうだいの世話をしている」が多い。
☐☐	**31** 36回141改変	特別養子縁組の制度では，配偶者のない者では養親となることができない。
☐☐	**32** 36回141	特別養子縁組の制度では，養子となることができる子の年齢上限は，6歳である。
☐☐	**33** 36回141	特別養子縁組の制度では，養親には離縁請求権はない。
☐☐	**34** 36回141改変	特別養子縁組の成立には，実親の同意は原則として必要である。
☐☐	**35** 36回141改変	特別養子縁組は，家庭裁判所が養親となる者の請求により成立させることができる。

✕ 児童虐待の通告受理後，原則48時間以内に安全確認を行うよう児童相談所に求めた通称「48時間ルール」は，2007年（平成19年）の児童相談所運営指針の見直しの際に定められた。

◯ 設問のとおり。死亡した子どもの年齢は0歳が最も多く，24人（48.0％）である。

✕ 心中以外の虐待死の事例（50例）では，児童相談所と市区町村の両方の関与ありが11例（23.4％）で半数は超えていない。

◯ 「家族の代わりに，幼いきょうだいの世話をしている」が最も割合が高く79.8％となっている。次いで，「家族の通訳をしている（日本語や手話など）」が22.5％，「障がいや病気のある家族に代わり，家事（買い物，料理，洗濯，掃除など）をしている」が19.1％となっている。

◯ 民法で，「養親となる者は，配偶者のある者でなければならない」とされている。特別養子縁組では配偶者とともに縁組をする必要がある。

✕ 2019年（令和元年）の民法の改正で年齢上限が引き上げられた。特別養子縁組の請求では，養子となる者は原則15歳未満であることとされている。なお，15歳に達する前から養親候補者が引き続き養育し，やむを得ない事由により15歳までに請求できなかった場合には，18歳未満であれば請求できる。

◯ 養親による離縁請求は認められていない。民法で，「家庭裁判所は，養子，実父母又は検察官の請求により，特別養子縁組の当事者を離縁させることができる」とされている。　（関連キーワード▶5参照）

◯ 民法で，「特別養子縁組の成立には，養子となる者の父母の同意がなければならない」とされている。ただし，父母が意思を表示することができない場合又は父母による虐待，悪意の遺棄等の事由がある場合は，この限りでないとされ，例外規定はある。

◯ 民法で，家庭裁判所が養親となる者の請求により，特別養子縁組を成立させることができるとされている。

▶5
家庭裁判所による離縁の要件
①養親による虐待，悪意の遺棄その他養子の利益を著しく害する事由があること，②実父母が相当の監護をすることができること，③養子の利益のために特に必要があると認めるときの三つを満たすこと。

児童・家庭福祉の歴史

☐ **36** 石井十次は，イギリスのバーナード (Barnardo, T.J.) の活動に影響を受けて岡山
☐ 28回137改変 孤児院を設立した。

☐ **37** 糸賀一雄は，近江学園の創設者で，「この子らを世の光に」という言葉を通して，
☐ 30回137改変 人間尊重の福祉の取組を展開した。

児童・家庭に対する法制度

児童福祉法

●児童福祉法の概要

☐ **38** 児童福祉法の総則規定において，全て国民は，児童の年齢及び発達の程度に応じ
☐ 36回137 て，その意見が尊重されるよう努めなければならないとされている。

☐ **39** 児童福祉法の総則規定において，全て保護者は，その養育する児童の福祉を等し
☐ 36回137 く保障される権利を有するとされている。

☐ **40** 児童福祉法の総則規定において，国は，児童を育成する第一義的責任があるとさ
☐ 36回137 れている。

☐ **41** 児童福祉法の総則規定において，全て国民は，児童の最善の利益を実現しなけれ
☐ 36回137 ばならないとされている。

○ バーナードはイギリスにおいてバーナードホームを創設し，里親制度や小寮舎制等の整備に取り組んだ。石井十次はその影響を受けた日本の児童養護の先駆者で，岡山孤児院を設立した。

○ 糸賀一雄は，1946年（昭和21年）に知的障害児のための施設である近江学園を創設し，その後，1963年（昭和38年）に重症心身障害児施設であるびわこ学園を創設した。

○ 児童福祉法第2条において，「全て国民は，児童が良好な環境において生まれ，かつ，社会のあらゆる分野において，児童の年齢及び発達の程度に応じて，その意見が尊重され，その最善の利益が優先して考慮され，心身ともに健やかに育成されるよう努めなければならない」とされている。

× 児童福祉法第1条において，すべての児童は，福祉を等しく保障される権利を有するとされている。

× 児童福祉法第2条第2項において，児童の保護者は，児童を心身ともに健やかに育成することについて第一義的責任を負うことが明記されている。

× 「児童の最善の利益」については「実現しなければならない」という表現ではなく，児童福祉法第2条において，すべての国民は，児童の最善の利益が優先して考慮されるよう努めなければならないとされている。

☐ ☐	**42** 36回137	児童福祉法の総則規定において，全て児童は，家庭で育てられなければならないとされている。

☐ ☐	**43** 29回139	児童福祉法は，児童憲章を児童の福祉を保障するための原理としている。

☐ ☐	**44** 29回139改変	児童福祉法は，国及び地方公共団体は，児童の保護者を支援しなければならないとしている。

●児童福祉施設の種類

☐ ☐	**45** 30回139	母子生活支援施設は，父子家庭も入所の対象とすることができる。

☐ ☐	**46** 27回138	児童養護施設は，保護者のいる児童を入所させることはできない。

☐ ☐	**47** 34回140	児童養護施設入所児童の家庭環境調整において，家庭環境調整は，児童の家庭の状況に応じ親子関係の再構築などが図られるように行わなければならない。

☐ ☐	**48** 34回140	児童養護施設入所児童の家庭環境調整において，児童が施設入所に至った理由の説明は，児童を精神的に追い詰めることになるので行わないこととされている。

☐ ☐	**49** 34回140	児童養護施設入所児童の家庭環境調整において，児童にとって親は唯一無二の存在であり，児童養護施設には親との面会・交流を行うことが義務づけられている。

× 児童福祉法第3条の2において，家庭での養育が原則であることが示されているが，児童を家庭において養育することが困難であり又は適当でない場合は，「家庭における養育環境と同様の養育環境」（養子縁組や里親）や「できる限り良好な家庭的環境」（小規模グループケアを提供する児童養護施設等）において養育されるよう，必要な措置を講じなければならないとされている。

× 児童福祉法第3条では，児童の福祉を保障するための原理として同法第1条及び第2条を示しており，「この原理は，すべて児童に関する法令の施行にあたって，常に尊重されなければならない」と規定している。 (関連キーワード▶6参照)

○ 児童福祉法第3条の2で「国及び地方公共団体は，児童が家庭において心身ともに健やかに養育されるよう，児童の保護者を支援しなければならない」と規定している。

▶6
児童憲章
1947年（昭和22年）に制定された児童福祉法の基本理念を具体化するため，1951年（昭和26年）に国民の協約として明文化されたもので，法律でないため，具体的な施策や罰則などを規定するものではない。

× 母子生活支援施設は，児童福祉法に規定された児童福祉施設の1つであり，配偶者のない女子又はこれに準ずる事情にある女子，その者の監護すべき児童を入所させて保護するとともに自立の促進のためにその生活を支援する施設で，父子家庭は利用対象外となる。

× 児童養護施設は，児童福祉施設の1つであり，「保護者のない児童，虐待されている児童その他環境上養護を要する児童を入所させて，これを養護し，（中略）自立のための援助を行うことを目的とする施設」と規定されている。

○ 設問のとおり。児童福祉施設の設備及び運営に関する基準に規定がある。

× 児童の成長に応じて施設に入所することになった際の親の事情や状況などの経緯を伝え，自己肯定感をもって生い立ちの整理をすることが重要である。

× 親子の交流が望ましくない場合もあるため，児童養護施設ではすべての児童と親との面会・交流を行うことを義務づけてはいない。

▶7
母子生活支援施設
配偶者のない女子又はこれに準ずる事情にある女子が児童の保護者であり，監護すべき児童に福祉の欠けるところがある場合で保護者から申込みがあったときに，その保護者及び児童を都道府県等が保護する施設。

| | 50 31回136 | 医療型障害児入所施設は，医療法に規定する病院として必要な設備を設けること となっている。 |

| | 51 27回138 | 児童発達支援センターは，虐待を受けた児童などを入所させる施設である。 |

●要保護児童の保護措置等

| | 52 32回140改変 | 地方公共団体は，要保護児童等を支援するために，関係機関，関係団体及び関係 者により構成される要保護児童対策地域協議会を設置するよう努めなければなら ない。 |

| | 53 32回140 | 児童相談所長は，要保護児童対策地域協議会を構成する関係機関等のうちから， 1個に限り要保護児童対策調整機関を指定しなければならない。 |

| | 54 32回140 | 要保護児童対策調整機関の調整担当者は，厚生労働大臣が定める基準に適合する 研修を受けなければならない。 |

| | 55 32回140 | 要保護児童対策調整機関には，専門的な知識及び技術に基づき適切な業務を行う ことができる者として，主任児童委員を配置しなければならない。 |

| | 56 32回140改変 | こども家庭センターを設置した市町村は，要保護児童対策地域協議会を廃止する こととされている。 |

| | 57 34回137 | 児童自立生活援助事業は，「自立援助ホーム」における相談その他の日常生活上の 援助及び生活指導並びに就業の支援を行う取組である。 |

○ 医療型障害児入所施設には，児童福祉施設の設備及び運営に関する基準第57条において，「医療法に規定する病院として必要な設備のほか，訓練室及び浴室を設けること」とされている。

✕ 児童発達支援センター[9]は児童福祉施設の1つであり，障害児を対象とした通所型の支援を目的とする施設である。

○ 設問のとおり。要保護児童対策地域協議会[10]の設置・運営の主体は地方公共団体である。2007年（平成19年）から設置が努力義務と規定された。

✕ 要保護児童対策調整機関の指定は，設置した地方公共団体の長に課せられる。要保護児童対策調整機関は，協議会を構成する関係機関等のうちから指定され，協議会の運営の中核となる。

✕ 2022年（令和4年）の児童福祉法の一部改正により，これまで厚生労働大臣が定める基準に適合する研修を受講しなければならないとされていたものが，内閣総理大臣が定める基準に適合する研修を受講しなければならないものとなった（2023年（令和5年）4月施行）。

✕ 要保護児童対策調整機関に配置される専門的な知識及び技術に基づき適切な業務を行うことができる者とは調整担当者で，児童福祉司あるいは保健師等の児童福祉司に準ずる資格を有した者とされている。

✕ こども家庭センターの設置により，要保護児童対策地域協議会が廃止されるという規定はない。こども家庭センターは，2022年（令和4年）の児童福祉法の改正に伴い規定された。

○ 児童自立生活援助事業は，義務教育を終了した満20歳未満の児童や，満20歳以上であっても就学等の政令で定める事情がある者等であって，児童養護施設等を退所した者等を対象とし，自立援助ホームにおいて，相談その他の日常生活上の援助，生活指導，就業の支援等を行う。

▶8
医療型障害児入所施設
障害児を入所させて，保護，日常生活における基本的な動作，独立自活に必要な知識技能の習得のための支援及び治療を目的とする施設である。

▶9
児童発達支援センター
地域の障害児の健全な発達において中核的な役割を担う機関として，障害児を日々保護者の下から通わせて，高度の専門的な知識及び技術を必要とする児童発達支援を提供し，障害児の家族，指定障害児通所支援事業者その他の関係者に対し，相談，専門的な助言その他の必要な援助を行う。

▶10
要保護児童対策地域協議会
地方公共団体が設置し，要保護児童の早期発見や保護を図るため，地域の児童福祉の関係機関等が情報交換と支援内容に関する協議を行う。そこで指定される要保護児童対策調整機関は，協議会に関する事務を総括する。

児童・家庭福祉

●里親制度等

58 32回138
里親には，養育里親，養子縁組里親，親族里親，週末里親の4種類がある。

59 32回138
里親となることを希望する者に配偶者がいなくても，都道府県知事が認めれば里親として認定される。

60 32回138
全ての里親希望者は，必要な研修を受講することが義務づけられている。

61 32回138改変
一人の里親希望者に対して，異なった種類の里親を重複して認定することはできる。

62 32回138
里親への委託が開始される児童の年齢は，12歳未満と定められている。

整理しておこう！

里親制度

　2008年（平成20年）の児童福祉法の改正により，従来の里親について，養子縁組によって養親となることを希望する里親（養子縁組里親）と養育里親とを区別し，さらに養育里親については，養育里親と専門里親を区別することとされた。また，専門里親に加えて養育里親にも研修受講を義務づけるとともに，都道府県に里親名簿の作成を義務づけ，委託後の相談，情報提供，助言なども行うよう定められた。2016年（平成28年）の同法の改正では養子縁組里親が法定化され，養育里親と同様に研修と里親名簿について規定された。

✖ 里親には，養育里親，養子縁組里親，親族里親，専門里親の4種類がある。里親制度は児童福祉法に基づいて，児童相談所が要保護児童（保護者のない児童又は保護者に監護させることが不適当であると認められる児童）の養育を委託する制度である。

○ 単身者であっても里親として認定することができる。里親委託ガイドラインでは，知識や経験を有する等子どもを適切に養育できると認められる者は認定して差し支えないが，養育する経済的な保証や養育を支援する環境等があるかなどを確認することとされている。

✖ 里親の種類のうち，研修の受講が義務づけられているのは親族里親を除き，養育里親と専門里親，養子縁組里親（養子縁組里親は2016年（平成28年）の児童福祉法改正により法定化）の3種類である。

○ 厚生労働省通知「里親制度の運営について」において，一人の里親希望者について，異なった種類の里親を重複して認定しても差し支えないことが明記されている。

✖ 委託児童の年齢について，里親とは要保護児童を養育するもので，児童福祉法において児童とは18歳未満の者を指すため，里親委託される児童は18歳未満である。

里親の種類と区分

里親の種類		対象児童	登録の有効期間	委託児童の最大人数	研修義務
養育里親		要保護児童	5年	4人	あり
	専門里親	①児童虐待等の行為により心身に有害な影響を受けた要保護児童 ②非行のある又は非行に結びつくおそれのある行動をする要保護児童 ③身体障害，知的障害，精神障害がある要保護児童	2年	4人（ただし，被虐待児・非行児・障害児は2人まで）	あり
親族里親（児童の扶養義務者及びその配偶者である親族）		児童の両親等が死亡，行方不明，拘禁，疾病による病院への入院などの状態により養育が期待できない要保護児童	―	4人	必要に応じて
養子縁組によって養親となることを希望する里親（養子縁組里親）		要保護児童	5年	4人	あり

63 27回138
小規模住居型児童養育事業(ファミリーホーム)は，児童を養育者の家庭に迎え入れて養育を行う事業である。

64 34回137
子育て短期支援事業は，出産直後の子育て家庭を対象に，居宅を訪問して家事支援等を行う取組である。

65 30回142
里親支援専門相談員は，里親支援を行う児童養護施設及び乳児院に配置される。

●障害児支援

66 34回137
児童発達支援は，未就学の児童とその保護者を対象に，「子育てひろば」を実施する取組である。

67 34回137
放課後等デイサービスは，小学校に通う児童を対象に，放課後，小学校の空き教室や児童館等の公共施設において「学童保育」を実施する取組である。

68 33回140
児童福祉法に基づき，保育所等訪問支援では，小学校長が命じる者が保育所等を訪問して，就学前教育に関する助言を行う。

69 34回137
保育所等訪問支援は，保育所等に入所している健診未受診の乳幼児を対象に，保健師が保育所等を訪問する取組である。

○ 小規模住居型児童養育事業は，保護者のない児童又は保護者に監護させることが不適当であると認められる児童（要保護児童）の養育について相当の経験を有する養育者の住居（ファミリーホーム）において養育を行う事業である。

✕ 子育て短期支援事業とは，保護者の疾病その他の理由により家庭において養育を受けることが一時的に困難となった児童について，児童養護施設等の施設に入所させ，又は里親（親族里親を除く）等に委託し，当該児童につき必要な保護を行う事業をいう。

○ 乳児院や児童養護施設において，児童と里親の側に立って里親委託の推進と里親支援を行う専任の職員とし，施設の直接処遇職員の勤務ローテーションに入らず里親支援業務に携わる職員である。

✕ 設問は，地域子育て支援拠点事業についての説明である。児童発達支援は，障害のある子どもに対し，児童発達支援センター等において，日常生活における基本的な動作の指導，知識・技能の付与，集団生活への適応訓練等を行うものである。

✕ 設問は，放課後児童健全育成事業についての説明である。放課後等デイサービスは，就学する障害児のためのサービスで，放課後や夏休み等の長期休暇中において，児童発達支援センター等に通わせて生活技能向上のために必要な支援や社会との交流の促進等を行うものである。

✕ 保育所等訪問支援は，障害児の身体及び精神の状況，そのおかれている環境に応じて，障害児本人に対する支援（集団生活適応のための訓練等）と訪問先施設のスタッフに対する支援（支援方法等の指導等）を行うものである。

✕ 保育所等訪問支援は，保育所等，児童が集団生活を営む施設に通う障害児について，その施設を訪問し，施設における障害児以外の児童との集団生活への適応のための専門的な支援等を行うものである。

□ **70** 保育士資格は社会福祉法に規定された国家資格である。
□ 35回141

□ **71** 保育士としての登録は都道府県が行い，保育士登録証が交付される。
□ 35回141改変

児童虐待防止法

●児童虐待の定義

□ **72** 児童虐待の防止等に関する法律によると，児童が同居する家庭における配偶者に
□ 35回138 対する生命又は身体に危害を及ぼす暴力は，児童虐待の定義に含まれる。

□ **73** 児童虐待の防止等に関する法律によると，児童に家族の介護を行わせることは，
□ 35回138 全て，児童虐待の定義に含まれる。

□ **74** 児童虐待の防止等に関する法律によると，偶然通りかかった見知らぬ男性が，児
□ 28回139 童に対して暴力を振るってケガをさせる行為は，児童虐待に当たる。

●虐待予防の取組

□ **75** 2019年（令和元年）に改正された児童虐待の防止等に関する法律では，親権者は，
□ 33回137 児童のしつけに際して体罰を加えてはならないとされた。

✕ 保育士資格は児童福祉法に規定された国家資格である。同法第18条の4において，「登録を受け，保育士の名称を用いて，専門的知識及び技術をもって，児童の保育及び児童の保護者に対する保育に関する指導を行うことを業とする者」と規定されている。

○ 設問のとおり，保育士の登録は都道府県が行う。また，保育士登録簿は都道府県に備えられ，都道府県知事は，登録をしたときは申請者に対して保育士登録証を交付する。

○ 児童が同居する家庭における配偶者に対する生命又は身体に危害を及ぼす暴力が，2004年（平成16年）の児童虐待防止法改正によって，心理的虐待として児童虐待の定義に含まれることとなった。

▶11
児童虐待防止法
正式名称は，「児童虐待の防止等に関する法律」である。

✕ 児童が家族の介護や看護を担う，いわゆる「ヤングケアラー」が社会的な問題として認識されるようになったが，児童虐待防止法の虐待の定義には含まれていない。

✕ 児童虐待防止法第2条において，児童虐待は，保護者がその監護する児童に対して行う，身体的虐待，心理的虐待，ネグレクト，性的虐待に当たる行為を指すとされている。

▶12
ネグレクト
児童虐待防止法に，児童の心身の正常な発達を妨げるような著しい減食又は長時間の放置，保護者以外の同居人による虐待行為の放置，その他の保護者としての監護を著しく怠ることと定義されている。

○ 児童虐待防止法第14条第1項において，児童の親権を行う者は，児童のしつけに際して，体罰を加えることその他民法第820条の規定による監護及び教育に必要な範囲を超える行為により当該児童を懲戒してはならないと明記された。さらに2022年（令和4年）の改正では，懲戒の規定について削除された。

●虐待発見時の対応

☐
☐ **76**
35回138改変 | 児童虐待の防止等に関する法律によると，児童の福祉に職務上関係のある者には，児童虐待の早期発見の努力義務が課せられている。

☐
☐ **77**
35回138 | 児童虐待の防止等に関する法律によると，児童虐待を受けたと思われる児童を発見した者は，できる限り通告するよう努めなければならない。

☐
☐ **78**
28回139 | 児童虐待の防止等に関する法律によると，児童虐待を疑った医師が，児童虐待の通告をする場合には，当該児童の保護者の同意を得るものとされている。

整 理 し て お こ う ！

児童虐待防止法における児童虐待への対応

対　応	児童虐待防止法	内　容
通告	第6条	児童虐待を受けたと思われる児童を発見した者は，速やかに，これを市町村，都道府県の設置する福祉事務所若しくは児童相談所又は児童委員を介して市町村，都道府県の設置する福祉事務所若しくは児童相談所に通告しなければならない。
安全確認・一時保護	第8条	市町村，都道府県の設置する福祉事務所若しくは児童相談所が通告を受けたときは，市町村又は福祉事務所の長，児童相談所長は，必要に応じ近隣住民，学校の教職員，児童福祉施設の職員その他の者の協力を得つつ，児童との面会その他の当該児童の安全の確認を行う。児童相談所に児童が送致されたときは一時保護も行われる。
出頭要求	第8条の2	都道府県知事は，児童虐待が行われているおそれがあると認めるときは，児童の保護者に対し，児童を同伴して出頭することを求め，児童委員又は児童の福祉に関する事務に従事する職員をして，必要な調査又は質問をさせることができる。
立入調査	第9条	都道府県知事は，児童虐待が行われているおそれがあると認めるときは，児童委員又は児童の福祉に関する事務に従事する職員をして，児童の住所又は居所に立ち入り，必要な調査又は質問をさせることができる。
再出頭要求	第9条の2	都道府県知事は，出頭要求した児童の保護者，立入調査した児童の保護者が正当な理由なく立入り又は調査を拒み，妨げ，又は忌避した場合において，児童虐待が行われているおそれがあると認めるときは，保護者に対し，児童を同伴して出頭することを求め，児童委員又は児童の福祉に関する事務に従事する職員をして，必要な調査又は質問をさせることができる。

○ 設問のとおり。「児童の福祉に職務上関係のある者は，児童虐待を発見しやすい立場にあることを自覚し，児童虐待の早期発見に努めなければならない」(児童虐待防止法第5条)とされている。

✕ 通告は義務であり，努力義務ではない。児童虐待を受けたと思われる児童を発見した場合は，「速やかに，これを市町村，都道府県の設置する福祉事務所若しくは児童相談所(中略)に通告しなければならない」(児童虐待防止法第6条)とされている。

✕ 児童虐待の通告にあたって，保護者の同意を得る必要はない。児童虐待防止法第6条において，児童虐待を受けたと思われる児童を発見した者の通告義務が規定されている。

対　応	児童虐待防止法	内　容
臨検，捜索	第9条の3	都道府県知事は，出頭要求した児童の保護者，立入調査した児童の保護者が正当な理由なく立入り又は調査を拒み，妨げ，又は忌避した場合において，児童虐待が行われている疑いがあるときは，児童の安全の確認を行い，又はその安全を確保するため，児童の福祉に関する事務に従事する職員をして，児童の住所又は居所の所在地を管轄する裁判所の許可状により，児童の住所若しくは居所に臨検させ，又は児童を捜索させることができる。
面会・通信制限	第12条	児童虐待を受けた児童について，施設入所等の措置又は一時保護が行われた場合において，児童虐待の防止及び児童虐待を受けた児童の保護のため必要があると認めるときは，児童相談所長及び施設の長は，児童虐待を行った保護者について，児童との面会・通信の全部又は一部を制限することができる。
接近禁止命令	第12条の4	都道府県知事又は児童相談所長は，児童虐待を受けた児童について施設入所等の措置又は一時保護が行われ，かつ，児童虐待を行った保護者について，面会・通信の全部が制限されている場合において，児童虐待の防止及び児童虐待を受けた児童の保護のため特に必要があると認めるときは，6月を超えない期間を定めて，保護者に対し，児童の住所若しくは居所，就学する学校その他の場所において児童の身辺につきまとい，又は付近をはいかいしてはならないことを命ずることができる。

□ 79	児童虐待の防止等に関する法律によると，児童相談所長は，児童虐待を受けた児
□ 28回139	童の意に反して，一時保護を行うことはできない。

□ 80	2019年（令和元年）に改正された児童虐待の防止等に関する法律では，児童相談
□ 33回137	所における介入担当と保護者支援担当は，同一の児童福祉司が担うこととなった。

□ 81	児童虐待の防止等に関する法律によると，児童相談所長等は，児童虐待の防止及
□ 35回138	び児童虐待を受けた児童の保護のため，施設入所している児童を除き，面会制限
	を行うことができる。

□ 82	児童虐待の防止等に関する法律によると，児童虐待を行った保護者が，接近禁止
□ 28回139改変	命令に違反した場合，罰則を科せられる。

母子寡婦福祉法（母子及び父子並びに寡婦福祉法）

□ 83	母子及び父子並びに寡婦福祉法に基づき，地方公共団体は，母子家庭・父子家庭
□ 31回138	が民間の住宅に入居するに際して，家賃の補助等の特別の配慮をしなければなら
	ない。

□ 84	母子及び父子並びに寡婦福祉法において，児童とは，18歳に満たない者をいう。
□ 31回138	

□ 85	母子及び父子並びに寡婦福祉法において，寡婦とは，配偶者のない女子であって，
□ 31回138改変	児童を扶養した経験のあるものをいう。

□ 86	母子及び父子並びに寡婦福祉法に基づき，都道府県は，母子家庭の母親が事業を
□ 31回138	開始・継続するのに必要な資金を貸し付けることができる。

✕ 児童虐待防止法第8条において，児童相談所が児童虐待にかかる通告等を受けたときは，児童相談所長は，必要に応じ近隣住民，学校の教職員，児童福祉施設の職員等の協力を得て，児童の一時保護等の措置をとるものとするとされている。

✕ 児童虐待防止法第11条第7項では，児童相談所の介入機能と支援機能の分離等について規定している。保護者支援には，一時保護等の介入的対応を行う職員と保護者支援を行う職員を分けることが効果的であるとされている。

✕ 児童相談所長等により，保護者による面会・通信の全部又は一部を制限できる対象は，施設入所等の措置がとられている児童，又は一時保護が行われた児童とされている (児童虐待防止法第12条)。

◯ 児童虐待防止法第12条の4に規定された接近禁止命令に対する違反には，1年以下の懲役又は100万円以下の罰金の罰則が設けられている (同法第18条)。

▶13
一時保護
児童相談所の一時保護所を利用することを原則としているが，警察署，福祉事務所，児童福祉施設，里親，その他児童福祉に深い理解と経験を有する適当な者 (機関，法人，私人) に一時保護を委託することができる。

✕ 母子家庭・父子家庭が民間の住宅に入居するに際して，家賃の補助等の配慮をする制度は自治体ごとに設けられ，すべての自治体で実施しているわけではない。なお，公営住宅に入居する場合は，特別な配慮をしなければならない規定が母子及び父子並びに寡婦福祉法にある。

✕ 母子及び父子並びに寡婦福祉法で規定する児童とは，18歳ではなく20歳に満たない者とされている。

◯ 設問のとおり。母子及び父子並びに寡婦福祉法でいう寡婦とは，配偶者と死別や離婚などをした後，配偶者のない女子としてこれまでに20歳未満の児童を扶養していたことがある人が該当する。配偶者と死別した女子であっても，児童を扶養した経験がない人は含まれない。

◯ 母子福祉資金貸付制度により，配偶者のない女子の経済的自立の助成と生活意欲の助長を図り，その扶養している児童の福祉を増進するため，事業を開始し又は継続するのに必要な資金の貸付けを行っている。

▶14
母子及び父子並びに寡婦福祉法
1964年 (昭和39年) に母子福祉法として制定され，1981年 (昭和56年) に寡婦家庭，2003年 (平成15年) には法の対象に父子家庭が加えられた。2014年 (平成26年) には法律名に父子を加え，現行法名となった。

▶15
母子福祉資金
事業開始資金，事業継続資金，修学資金，技能習得資金，修業資金，就職支度資金，医療介護資金，生活資金，住宅資金，転宅資金，就学支度資金，結婚資金がある。

児童・家庭福祉

母子及び父子並びに寡婦福祉法に基づき，都道府県は，児童を監護しない親の扶養義務を履行させるために，養育費の徴収を代行することができる。

母子保健法

88
28回140改変

母子保健法では，母子保健の向上に関する措置は，妊産婦だけでなく，乳幼児の保護者も対象として規定している。

89
33回140

母子保健法に基づき，乳児家庭全戸訪問事業では，生後8か月に達した乳児の家庭を訪問して，指導を行う。

90
32回139改変

こども家庭センターは，母子保健法に基づくものである。

子ども・子育て支援法

91
33回140改変

子ども・子育て支援法に基づき，市町村（特別区を含む）は，子どもと保護者に必要な子ども・子育て支援給付，地域子ども・子育て支援事業を総合的・計画的に行う。

92
29回136

子どものための教育・保育給付は小学校就学前子どもの保護者に対して行う。

整 理 し て お こ う ！

母子保健法の定義

　母子保健法は，母性，乳児，幼児の健康保持及び増進を図るため，母子保健に関する原理を明らかにするとともに，母性，乳児，幼児に対する保護指導，健康診査，医療その他の措置により，国民保健の向上に寄与することを目的としている。母性の尊重，乳幼児の健康の保持増進を基本理念とし，保護指導，1歳6か月・3歳児健康診査，母子健康手帳の交付，未熟児養育医療などについて定めている。母子保健法では妊産婦などについて次のように定義している。

✕ 都道府県には養育費の徴収を代行する権限はない。なお，母子及び父子並びに寡婦福祉法には，母子家庭等の児童を監護しない親の扶養義務の履行の確保と，そのための国及び地方公共団体による広報その他適切な措置についての努力義務が規定されている。

○ 母子保健の向上に関する措置は，妊産婦だけではなく，乳児，幼児，乳児又は幼児の保護者を対象としている。 (関連キーワード▶16参照)

✕ 乳児家庭全戸訪問事業[17]は児童福祉法に基づき，生後4か月までの乳児のいるすべての家庭が対象である。母子保健法では，必要に応じて，新生児の保護者を訪問指導することが規定されている。

✕ こども家庭センターは児童福祉法に基づくものである。

○ 市町村(特別区を含む)の責務として，子ども・子育て支援給付，地域子ども・子育て支援事業を総合的・計画的に行うことが規定されている(子ども・子育て支援法第3条第1項)。

○ 子どものための教育・保育給付[19]は，子ども・子育て支援法第19条に基づき，小学校就学前子どもの保護者に対して行われる。

▶16
母子保健法における保護者
親権を行う者，未成年後見人その他の者で，乳児又は幼児を現に監護する者をいう。

▶17
乳児家庭全戸訪問事業
市町村内の原則すべての乳児のいる家庭を訪問し，子育てに関する情報提供，乳児及び保護者の心身の状況・養育環境の把握，養育についての相談・助言等の援助を行う。

▶18
地域子ども・子育て支援事業
放課後児童健全育成事業，子育て短期支援事業，乳児家庭全戸訪問事業，養育支援訪問事業，地域子育て支援拠点事業，一時預かり事業，子育て援助活動支援事業など，2025年(令和7年）4月より産後ケア事業が対象となり，全14事業となる。

▶19
子どものための教育・保育給付
施設型給付費，特例施設型給付費，地域型保育給付費，特例地域型保育給付費の支給をいう。

妊 産 婦	妊娠中又は出産後1年以内の女子
乳　　児	1歳に満たない者
幼　　児	満1歳から小学校就学の始期に達するまでの者
新 生 児	出生後28日を経過しない乳児
未 熟 児	身体の発育が未熟のまま出生した乳児であって，正常児が出生時に有する諸機能を得るに至るまでの者
低体重児	体重が2500g未満の乳児

児童手当法

93
35回140 児童手当の支給には，所得制限が設けられていない。

94
35回140改変 児童手当は，子どもの年齢が低い方が支給額は高くなる。

95
35回140 児童扶養手当を受給している者には児童手当は支給されない。

96
35回140 児童手当の受給を希望する者が申請の手続を行う必要はない。

97
35回140改変 18歳に達する日以後の最初の3月31日までの間にある児童は，支給要件児童に該当する。

整理しておこう！

児童手当・児童扶養手当・特別児童扶養手当等

　児童等に関する経済的支援策は，子どものある家庭のみならず，ひとり親家庭や障害児の支援に対応するため，さまざまな対策がとられている。法律で定められた主な制度は，次のようにまとめられる。

⭕ 児童手当の支給には，かつては所得制限が設けられていたが，2024年（令和6年）10月より撤廃されることとなった。

⭕ 設問のとおり。児童手当は，子どもの年齢が低い方が支給額は高くなる。

❌ 児童扶養手当を受給している者にも児童手当は支給される。

❌ 子どもが生まれたり，ほかの市区町村から転入したとき，現住所の市区町村に認定の申請手続をする必要がある。市区町村長の認定を受ければ，原則として，申請した月の翌月分の手当から支給される。

⭕ 児童手当は，2024年（令和6年）10月より，18歳に達する日以後の最初の3月31日までが支給要件に該当することとされた。

児童手当	高校修了まで（2024年（令和6年）10月より）の国内に住所を有する児童（留学等の場合を含む）を監護し，かつ，これと生計を同じくするその父又は母等に支給される
児童扶養手当	父又は母と生計を同じくしていない児童（18歳に達する日以後の最初の3月31日までの間にある者又は20歳未満で政令で定める程度の障害の状態にある者）を父母等が監護等している場合に支給される
特別児童扶養手当	20歳未満で精神又は身体に障害のある児童を家庭で監護，養育している父母等に支給される。障害等級1級又は2級として認定され，1級のほうが支給額が高くなっている
障害児福祉手当	精神又は身体に重度の障害があるため，日常生活において常時の介護を必要とする状態にある在宅の20歳未満の者（重度障害児）に支給される
特別障害者手当	精神又は身体に著しく重度の障害があるため，日常生活において常時特別の介護を必要とする状態にある在宅の20歳以上の者に支給される

児童扶養手当法

☐ 98 ☐ 36回139	児童扶養手当は，生活保護を受給していることが支給要件である。

☐ 99 ☐ 36回139	児童扶養手当法における児童とは，障害がない子どもの場合，18歳到達後の最初の3月31日までの間にある者をいう。

☐ 100 ☐ 36回139	児童扶養手当は児童手当と併給できない。

☐ 101 ☐ 36回139	児童扶養手当の支給額は，世帯の収入にかかわらず一定である。

☐ 102 ☐ 36回139改変	児童扶養手当は，父子世帯は支給対象となる。

特別児童扶養手当法

☐ 103 ☐ 27回141改変	特別児童扶養手当等の支給に関する法律では，障害児を20歳未満と規定している。

☐ 104 ☐ 27回141	障害児福祉手当は，障害児入所施設などに入所をしている児童に対して支給される。

次世代育成支援対策推進法

☐ 105 ☐ 36回140	次世代育成支援対策推進法は，少子化に対処するための施策を総合的に推進するために，全ての児童が医療を無償で受けることができる社会の実現を目的としている。

✕ 生活保護は児童扶養手当受給のための支給要件とはならない。児童扶養手当を受給しながら生活保護を受ける場合，受給できる生活保護費は児童扶養手当を引いた金額になる。

◯ 設問のとおり。児童の心身に一定の障害があるときは20歳未満まで児童扶養手当の支給対象となる。

✕ 児童扶養手当と児童手当は併給される。児童手当は児童手当法に基づく別の制度である。

✕ 支給額は，世帯の収入にかかわらず一定ではない。児童扶養手当支給の請求者及び請求者と生計を同じくする扶養義務者等の前年の所得が定められた限度額以上のときは，手当の全部又は一部が支給停止となる。

◯ 2010年（平成22年）8月から父子世帯の父も児童扶養手当の支給対象となった。 （関連キーワード▶20参照）

◯ 設問のとおり。特別児童扶養手当等の支給に関する法律で，「障害児」とは20歳未満と規定されている。 （関連キーワード▶21参照）

✕ 障害児福祉手当は，対象児童が障害入所施設などの施設に入所しているときは支給されない（特別児童扶養手当等の支給に関する法律第17条第2号）。

✕ 次世代育成支援対策推進法では，全ての児童が医療を無償で受けることを目指すことは目的には入っていない。

▶20
児童扶養手当法の支給要件の改正
2010年（平成22年）の改正により，同年8月より児童扶養手当は，母子家庭だけでなく父子家庭も支給対象となった。

▶21
特別障害者手当
特別児童扶養手当法に規定される手当で，日常生活に常時特別の介護を要する20歳以上の在宅の重度障害者に対して支給される手当であり，所得保障の一環として位置づけられる。

▶22
障害児福祉手当
対象となる児童が，障害児入所施設などの施設に入所している場合，児童が障害を理由として障害年金など公的年金を受けることができる場合は支給されない。

▶23
次世代育成支援対策推進法
次世代育成支援対策を迅速かつ重点的に推進し，次代の社会を担う子どもが健やかに生まれ，かつ，育成される社会の形成に資することを目的としている。2034年度（令和16）年度までの時限立法となっている。

| | 106 | 次世代育成支援対策推進法では，都道府県及び市町村には，10年を1期とする次 |
| | 36回140 | 世代育成支援のための地域における行動計画を策定することが義務づけられている。 |

	107	次世代育成支援対策推進法では，政府には，少子化に対処するための施策を指針
	36回140	として，総合的かつ長期的な労働力確保のための施策の大綱を策定することが義
		務づけられている。

	108	次世代育成支援対策推進法により，常時雇用する労働者の数が100名を超える事
	36回140	業主（国及び地方公共団体を除く）は，一般事業主行動計画を策定しなければなら
		ない。

| | 109 | 次世代育成支援対策推進法では，都道府県を基盤とした一元的な保育の給付につ |
| | 36回140 | いて規定されている。 |

就学前の子どもに関する教育，保育等の総合的な提供の推進に関する法律

| | 110 | 幼保連携型認定こども園は，学校及び児童福祉施設として位置づけられている。 |
| | 30回136 | |

| | 111 | 幼保連携型認定こども園では，満3歳未満の保育を必要とする子どもは，入園の |
| | 30回136改変 | 対象に含まれる。 |

子どもの貧困対策の推進に関する法律

| | 112 | 子どもの貧困対策の推進に関する法律では，基本理念として，子どもの貧困対策 |
| | 33回141 | が児童虐待の予防に資するものとなるよう，明記している。 |

✕ 都道府県及び市町村は，5年を1期とする地域における行動計画を策定することができるとされている。また義務ではない。

✕ 政府には，次世代育成支援の総合的かつ効果的な推進を図るため，行動計画策定指針を定めることが義務づけられているが，設問の「大綱」については規定がない。

○ 常時雇用する労働者の数が100名を超える事業主は，一般事業主行動計画を策定し，厚生労働大臣にその旨を届け出なければならないとされている。常時雇用する労働者の数が100名以下の事業主は一般事業主行動計画を策定するよう努めなければならないとされている。

✕ 都道府県を基盤とした一元的な保育の給付については，次世代育成支援対策推進法に規定されていない。

○ 幼保連携型認定こども園は，児童福祉法に基づく児童福祉施設であり，教育基本法に基づく学校であると位置づけられている。さらに，社会福祉法上の第2種社会福祉事業である。（関連キーワード▶24参照）

○ 就学前の子どもに関する教育，保育等の総合的な提供の推進に関する法律第11条では，「入園することのできる者は，満3歳以上の子ども及び満3歳未満の保育を必要とする子ども」と規定されている。

✕ 子どもの貧困対策の推進に関する法律第2条の基本理念には，子どもの貧困の背景にさまざまな社会的な要因があることを踏まえることなどが示されているが，児童虐待の予防については明記されていない。

▶24
保育教諭
幼稚園教諭免許状と保育士資格の両方を有していることが原則とされている。幼保連携型認定こども園には配置義務がある。

☐ **113**
☐ 33回141
子どもの貧困対策の推進に関する法律により，子どもの貧困対策では，子どもの年齢及び発達の程度に応じて，その意見が尊重され，その最善の利益が優先して考慮されなければならない。

☐ **114**
☐ 33回141改変
子どもの貧困対策の推進に関する法律により，政府は毎年，子どもの貧困の状況と貧困対策の実施状況を公表しなければならない。

☐ **115**
☐ 33回141
子どもの貧困対策の推進に関する法律により，社会福祉協議会は，貧困の状況にある子どもの保護者に対する就労支援に関して必要な対策を講じなければならない。

児童・家庭に対する支援における関係機関と専門職の役割

国，都道府県，市町村の役割

☐ **116**
☐ 33回137改変
2019年（令和元年）に改正された児童福祉法では，一時保護の解除後の児童の安全の確保が，都道府県に義務づけられた。

☐ **117**
☐ 31回136改変
障害児入所給付費に関する事務は都道府県が行っている。

児童相談所の役割

●児童相談所の組織

☐ **118**
☐ 32回142
都道府県及び政令指定都市・中核市は，児童相談所を設置しなければならない。

○ 子どもの貧困対策の推進に関する法律第2条において，子どもの貧困対策は，「子どもの年齢及び発達の程度に応じて，その意見が尊重され，その最善の利益が優先して考慮され，子どもが心身ともに健やかに育成されることを旨として，推進されなければならない」と規定されている。

○ 子どもの貧困対策の推進に関する法律第7条において，政府は毎年，国会に，子どもの貧困の状況及び子どもの貧困対策の実施の状況を報告し，公表しなければならないと規定されている。

✕ 貧困の状況にある子どもの保護者に対する就労支援施策を講じなければならないのは，国及び地方公共団体である。子どもの貧困対策の推進に関する法律第12条において規定されている。

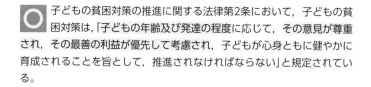

○ 児童福祉法第11条第1項において，一時保護の解除後の家庭その他の環境の調整，当該児童の状況の把握その他の措置により当該児童の安全を確保することが，都道府県が行わなければならない業務として規定された。

○ 設問のとおり。都道府県は，保護者が障害児入所施設に入所又は入院の申込みを行い，障害児入所支援を受けたときは，保護者に対し，支援に要した費用（食費，居住費，日常生活費等は除く）について，障害児入所給付費を支給する。

✕ 中核市は児童相談所は必置ではない。都道府県及び政令指定都市については児童相談所の設置義務が課されている。また，2017年（平成29年）4月からは特別区においても設置が可能となった。（関連キーワード ▶25参照）

▶25
児童相談所設置市
児童相談所設置可能な中核市程度の人口規模の市について，政令で定められている。

119
33回137

2019年(令和元年)に改正された児童福祉法では，特別区(東京23区)に，児童相談所を設置することが義務づけられた。

120
33回137

2019年(令和元年)に改正された児童福祉法では，児童相談所の業務の質について，毎年，評価を実施することが義務づけられた。

121
32回142

児童相談所では，管理栄養士の配置又はこれに準ずる措置を行うものとする。

●児童相談所の業務

122
35回142

虐待のおそれがある場合，児童相談所長の権限で，一時保護を里親に委託して行うことができる。

123
35回142

虐待のおそれがある場合，児童相談所長の権限で，一時保護は3か月以上行わなければならない。

124
34回142改変

児童相談所が親権者の意に反して2か月を超える一時保護を実施するためには，家庭裁判所の承認を得なければならない。

125
32回142改変

児童相談所長は，児童本人の意に反して一時保護を行うことはできる。

126
35回142改変

虐待のおそれがある場合，児童相談所長の権限で，一時保護を行うためには，保護者の同意を得なくてもよい。

✕ 東京都における児童虐待相談対応件数の高さから，2016年（平成28年）の児童福祉法改正で，特別区においても児童相談所の設置が可能となった。特別区での設置は義務ではない。

✕ 児童相談所の業務の質的向上にむけて，児童福祉法第12条において，都道府県知事には評価を行うことその他必要な措置を講ずるよう努めることが求められることとなった。

✕ 児童相談所の職員配置については，児童相談所運営指針において定められているが，管理栄養士の配置は規定されていない。

◯ 児童相談所長は一時保護を行えるとともに，適当な者に一時保護を委託することができるとされている（児童福祉法第33条第1項）。警察署，医療機関，児童福祉施設，里親その他適当な者に委託できるとされている。

▶26
その他適当な者
児童委員，その子どもが通っている保育所の保育士，学校（幼稚園，小学校等）の教員など。

✕ 一時保護の期間は開始から2か月を超えてはならないとされている（児童福祉法第33条第3項）。

◯ 児童福祉法第33条に「引き続き一時保護を行うことが当該児童の親権を行う者又は未成年後見人の意に反する場合においては，（中略）一時保護を行った後2月を超えて引き続き一時保護を行おうとするときごとに，児童相談所長又は都道府県知事は，家庭裁判所の承認を得なければならない」と規定されている。

◯ 厚生労働省通知「一時保護ガイドライン」によると，一時保護を行わないことが子どもの福祉を害すると認められる場合には，子どもの安全を確保するために子どもや保護者の同意を得なくても行われることもあるとされている。

◯ 児童相談所長は，必要があると認めるときは，児童の一時保護を行うことができ，一時保護の開始に保護者の同意の有無は問われない。
（関連キーワード▶27参照）

▶27
一時保護開始の判断に関する司法審査
2022年（令和4年）の児童福祉法改正により，児童相談所が一時保護を開始する際に，親権者等が同意した場合等を除き，事前又は保護開始から7日以内に裁判官に一時保護状を請求する等の手続きが求められることになっている（公布から3年以内に施行）。

☐☐	**127** 34回142	一時保護は児童相談所に設置されている一時保護所に限って行う。

☐☐	**128** 34回142	児童相談所の一時保護について，都道府県知事は，一時保護所の福祉サービス第三者評価を行わなければならない。

☐☐	**129** 34回142	児童相談所の一時保護について，外出，通学，通信，面会に関する制限は，子どもの安全の確保が図られ，かつ一時保護の目的が達成できる範囲で必要最小限とする。

☐☐	**130** 32回142	児童相談所長は，児童等の親権者に係る民法の規定による親権喪失の審判の請求を行うことができる。

☐☐	**131** 35回142	虐待のおそれがある場合，児童相談所長の権限で，児童虐待を行う親の親権喪失を決定できる。

☐☐	**132** 34回140	児童養護施設入所児童の家庭環境調整において，保護者の虐待で施設入所した児童を家庭復帰させた場合には，保護者の主体性を重んじ，児童相談所は継続的な指導は行わないこととされている。

●市町村及び他の機関との連携

☐☐	**133** 35回142	虐待のおそれがある場合，児童相談所長の権限で，家庭への立入調査を学校に委託することができる。

✕ 児童の年齢や状況に応じて，児童相談所の一時保護所だけでなく，児童福祉施設等への一時保護委託の活用ができる。例えば，里親や乳児院，児童養護施設，児童家庭支援センターなどに児童を委託して一時保護をすることが可能となっている。

✕ 児童福祉法に，都道府県知事は児童相談所が行う業務の質の評価を行う等により，業務の質の向上に努めなければならないことが規定されているが，福祉サービス第三者評価の実施義務は規定されていない。

◯ 設問のとおり。「一時保護ガイドライン」（厚生労働省）で示されている。

◯ 児童相談所長は，子どもの最善の利益を保障するため，児童福祉法第33条の7により，児童等の親権者にかかる民法の規定による親権喪失の審判の請求を行うことができる。

✕ 児童相談所長は，家庭裁判所に親権喪失，親権停止，（財産）管理権停止の審判の請求とそれらの審判の取り消しの請求ができるとされているが，親の親権喪失についての決定はできない。

✕ 「児童相談所運営指針」（厚生労働省）において，「措置を解除した後も子どもの自立を図る観点から必要と認める場合は，指導及び一時保護の実施を検討する」とされており，家庭復帰した後も必要に応じて継続的な指導を行う。　(関連キーワード▶28参照)

✕ 児童相談所長は，児童虐待が行われているおそれがある場合，児童委員又は児童の福祉に関する事務に従事する職員に，児童の住所等へ立入調査をさせることができるが，他機関に委託することは認められていない。

▶28
児童福祉施設入所措置
児童相談所により児童福祉施設への入所措置が必要と認められた場合，児童相談所長は都道府県知事に報告し，都道府県は報告について入所措置をとらなければならない。児童虐待等の場合で，保護者の同意が得られないときは，家庭裁判所の承認を得て入所措置がとられる。

その他の児童や家庭（女性，若者を含む）に対する支援における組織・団体の役割

●家庭裁判所

134
33回142
家庭裁判所調査官は，家庭内の紛争や非行の原因などの調査や，児童福祉施設入所等の適否を判断するための調査等を行う。

135
33回142
法務教官は，児童自立支援施設において，生活指導，職業指導，教科教育等各種の教育訓練による矯正教育を行う。

関連する専門職等の役割

●保育士

136
33回142改変
保育士は，子どもを対象とした直接的な援助が主な業務であるが，保護者への保育に関する指導を行うことも業務内となっている。

137
35回141
保育士は保育士の信用を傷つけるような行為をしてはならないとされている。

138
35回141
保育士の業務を離れた後に，守秘義務を課されることはない。

139
35回141
保育士資格取得後に3年ごとの更新のための研修が義務づけられている。

設問のとおり。家庭裁判所調査官は，家事審判及び家事調停，審判（少年保護事件）等に必要な調査等の事務をつかさどる。

 法務教官は，少年院や少年鑑別所等に勤め，生活指導，職業指導，教科教育等各種の教育訓練による矯正教育や，社会復帰につなげるための支援を行う。

 保育士は，児童福祉法第18条の4において，保育士登録簿に登録を受け保育士の名称を用いて「専門的知識及び技術をもって，児童の保育及び児童の保護者に対する保育に関する指導を行うことを業とする者」と規定されている。

 「保育士は，保育士の信用を傷つけるような行為をしてはならない」（児童福祉法第18条の21）と，信用失墜行為の禁止について規定されている。

 「保育士は，正当な理由がなく，その業務に関して知り得た人の秘密を漏らしてはならない。保育士でなくなった後においても，同様とする」（児童福祉法第18条の22）と，秘密保持義務について規定されている。

 保育士資格は更新のための研修を義務づけられていない。

●医療関係者

□ **140**
□ 33回142
保健師は，児童福祉法に基づき，妊産婦や新生児の訪問指導，乳幼児健診，保健指導などを行う。

●家庭支援専門相談員

□ **141**
□ 34回140
児童養護施設入所児童の家庭環境調整において，家庭支援専門相談員が児童の家庭復帰の判断とその決定を行う。

●民生委員・児童委員

□ **142**
□ 33回142
児童委員は，要保護児童の把握や通告を行うこととされており，児童相談所の決定による子どもやその保護者への指導を行うことは業務外となっている。

□ **143**
□ 30回141
児童委員は，児童及び妊産婦について，生活や取り巻く環境の状況を把握する。

✕ 保健師は，保健師助産師看護師法第2条において，「厚生労働大臣の免許を受けて，保健師の名称を用いて，保健指導に従事することを業とする者をいう」と規定されている。

✕ 児童が児童養護施設を退所して，親子関係の再構築を図れるかどうか家庭復帰の判断と決定をするのは都道府県(児童相談所長)の役割である。 (関連キーワード▶29参照)

✕ 児童福祉法第17条に，児童委員の職務が規定されており，サービスの適切な利用に必要な情報提供・援助及び指導があげられている。また，児童福祉法第25条において，地域住民からの通告を仲介することを含めた要保護児童の通告についても規定されている。

◯ 児童委員の職務の1つとして，児童福祉法第17条第1項第1号において，「児童及び妊産婦につき，その生活及び取り巻く環境の状況を適切に把握しておくこと」と規定されている。

▶29
家庭支援専門相談員
児童の早期家庭復帰や，里親委託等を可能にするための相談援助等の支援を行う専門職である。児童養護施設，乳児院，児童心理治療施設及び児童自立支援施設に配置される。

▶30
児童委員
児童福祉法第16条に規定され，厚生労働大臣の委嘱を受けて市町村の区域に置かれるボランティアであり，民生委員法による民生委員を兼ねる。

障害児支援の強化

　2010年（平成22年）12月に制定された「障がい者制度改革推進本部等における検討を踏まえて障害保健福祉施策を見直すまでの間において障害者等の地域生活を支援するための関係法律の整備に関する法律」により，旧障害者自立支援法，児童福祉法等の一部が改正された。

　この改正による障害児支援の強化についての概要は以下のとおりである。

障害児支援の強化（2012年（平成24年）4月施行）　～改正のポイント～

　障害のある児童が身近な地域で適切な支援が受けられるようにするとともに，併せて，年齢や障害特性に応じた専門的な支援が提供されるよう質の確保を図る。

❶障害児施設の一元化

　障害種別で分かれていた従来の障害児施設を，通所による支援を「障害児通所支援（児童発達支援等）」，入所による支援を「障害児入所支援（障害児入所施設）」にそれぞれ一元化（一元化のイメージについては下図参照）。

❷障害児通所支援の実施主体を市町村へ移行

　通所サービスの実施主体は身近な市町村に変更。これにより居宅サービスと通所サービスの一体的な提供が可能となった。

❸放課後等デイサービス，保育所等訪問支援の創設

　学齢児を対象としたサービスを創設し，放課後支援を充実。また，障害があっても保育所等の利用ができるよう訪問サービスを創設。

❹在園期間の延長措置の見直し

　18歳以上の障害児施設入所者に対し旧障害者自立支援法に基づく障害福祉サービスを提供し，年齢に応じた適切な支援を提供。

　　　　　　　　　　　　　　　　　　　※既に入所していた者が退所させられないようにする。

障害児施設・事業の一元化

○障害児支援の強化を図るため，従来の障害種別ごとに分かれた施設体系について，通所・入所の利用形態の別により一元化。

児童福祉施設の種類

施設の種類		施設の目的及び対象者
助 産 施 設		保健上必要があるにもかかわらず，経済的理由により入院助産を受けることができない妊産婦を入所させて助産を受けさせる。
乳 児 院		乳児（保健上，安定した生活環境の確保その他の理由により特に必要のある場合には，幼児を含む）を入院させて，これを養育し，あわせて退院した者について相談その他の援助を行う。
母 子 生 活 支 援 施 設		配偶者のない女子又はこれに準ずる事情にある女子及びその者の監護すべき児童を入所させて，これらの者を保護するとともに，これらの者の自立の促進のためにその生活を支援し，あわせて退所した者について相談その他の援助を行う。
保 育 所		保育を必要とする乳児・幼児を日々保護者の下から通わせて保育を行う。
幼保連携型認定こども園		満3歳以上の幼児に対する教育及び保育を必要とする乳幼児に対する保育を一体的に行い，健やかな成長が図られるよう適当な環境を与え，心身の発達を助長する。
児 童 養 護 施 設		保護者のない児童（乳児を除く。ただし，安定した生活環境の確保その他の理由により特に必要のある場合には，乳児を含む），虐待されている児童その他環境上養護を要する児童を入所させて，これを養護し，あわせて退所した者に対する相談その他の自立のための援助を行う。
障害児入所施設	福祉型	障害児を入所させて，保護，日常生活における基本的な動作及び独立自活に必要な知識技能の習得のための支援を行う。
	医療型	障害児を入所させて，保護，日常生活における基本的な動作及び独立自活に必要な知識技能の習得のための支援並びに治療を行う。
児 童 発 達 支 援 セ ン タ ー		地域の障害児の健全な発達において中核的な役割を担う機関として，障害児を日々保護者の下から通わせて，高度の専門的な知識及び技術を必要とする児童発達支援を提供し，障害児の家族，指定障害児通所支援事業者その他の関係者に対し，相談，専門的な助言その他の必要な援助を行う。
児 童 心 理 治 療 施 設		家庭環境，学校における交友関係その他の環境上の理由により社会生活への適応が困難となった児童を，短期間入所させ，又は保護者の下から通わせて，社会生活に適応するために必要な心理に関する治療及び生活指導を主として行い，あわせて退所した者について相談その他の援助を行う。
児 童 自 立 支 援 施 設		不良行為をなし，又はなすおそれのある児童及び家庭環境その他の環境上の理由により生活指導等を要する児童を入所させ，又は保護者の下から通わせて，個々の児童の状況に応じて必要な指導を行い，その自立を支援する。
児童厚生施設	児童館	児童に健全な遊びを与えて，その健康を増進し，又は情操を豊かにする。
	児童遊園	児童に健全な遊びを与え，その健康を増進し情操を豊かにするとともに，事故による傷害の防止を図る。
児 童 家 庭 支 援 セ ン タ ー		地域の児童の福祉に関する各般の問題につき，児童に関する家庭その他からの相談のうち，専門的な知識及び技術を必要とするものに応じ，必要な助言を行うとともに，市町村の求めに応じ，技術的助言その他必要な援助を行うほか，保護を要する児童又はその保護者に対する指導を行い，あわせて児童相談所，児童福祉施設等との連絡調整等を総合的に行い，地域の児童，家庭の福祉の向上を図る。
里 親 支 援 セ ン タ ー		里親支援事業を行うほか，里親及び里親に養育される児童並びに里親になろうとする者について相談その他の援助を行う。

児童手当制度の概要

　児童手当は，子ども・子育て支援の適切な実施を図るため，父母その他の保護者が子育てについての第一義的責任を有するという基本的認識の下に，家庭等における生活の安定に寄与するとともに，次代の社会を担う児童の健やかな成長に資することを目的としている。

　0歳から高校生年代までの児童を養育している人に支給される。2024年（令和6年）10月からの概要は次の表のとおりである。

制度の目的	○家庭等の生活の安定に寄与する ○次代の社会を担う児童の健やかな成長に資する		
支給対象	○国内に住所を有する児童 （18歳に到達後の最初の年度末まで。留学中等の例外規定あり）	受給資格者	○監護生計要件を満たす父母等 ○児童が施設に入所している場合は施設の設置者等
手当月額	○0～3歳未満　一律15,000円 ○3歳～高校生年代まで ・第1子，第2子:10,000円 ・第3子以降:30,000円	実施主体	○市区町村（法定受託事務） ※公務員は所属庁で実施
		支払期月	○2月，4月，6月，8月，10月，12月
費用負担	○財源については，国，地方（都道府県，市区町村），事業主拠出金で構成。		

貧困に対する支援

貧困の概念

貧困の概念

☐☐ **1**
27回63改変
ジニ係数は，その数値が大きくなるほど，所得分布が不平等であることを表す。

☐☐ **2**
27回63
一人当たり可処分所得を低い順に並べ，中央値の半分に満たない人の割合を相対的貧困率という。

公的扶助の意義と範囲

☐☐ **3**
29回67改変
公的扶助は貧困救済のための給付であるが，公的年金保険は貧困予防のための給付である。

☐☐ **4**
29回67
公的扶助は原則として金銭で給付されるが，公的年金保険は原則として現物により給付される。

整理しておこう！

公的扶助と社会保険の違い

　貧困に関する社会保障制度は，国家が主体となり広く国民生活を保障する仕組みであり，主として貧困者に対して生活を保障する「救貧制度」と，主として労働者が貧困に陥ることを予防する「防貧制度」との2つを中心に構成されている。前者に当たるものが生活保護に代表される「公的扶助」で，後者に当たるものが健康保険，年金保険などといった「社会保険」である。両者の違いを比較すると次のようになる。

◎ ジニ係数[1]は，0と1の間の数値で示され，社会の全員が平等ならば最小値0であり，不平等度が大きくなるほど1に近づいて所得格差が大きいことを表す。

▶1
ジニ係数
イタリアの統計学者ジニ(Gini, C.)が考案した。生活条件の格差のうち，所得の分布の平等・不平等を測るものである。

◎ 設問のとおり。なお，2021年(令和3年)の相対的貧困率は15.4％である。

◎ 設問のとおり。社会保険は，リスクに備えるために保険料として拠出を求め，その状況が起きたときに保険給付を行うことによって貧困化を予防する。公的扶助は，それらの保険制度が機能しないか不十分な場合などに，貧困状態にある人々に対する貧困救済のための給付である。
(関連キーワード▶2参照)

▶2
防貧的機能と救貧的機能
防貧的機能は貧困に陥ることを予防する機能である。救貧的機能は貧困者に対して生活を保障する機能である。

✕ 公的年金保険は，金銭給付が行われる。生活保護は，生活扶助，教育扶助，住宅扶助，出産扶助，生業扶助，葬祭扶助は原則として金銭給付であるが，医療扶助と介護扶助は原則として現物給付である。
(関連キーワード▶3参照)

▶3
現物給付と金銭給付
社会保険では，年金保険，雇用保険，労災保険は金銭給付であり，医療保険，介護保険は現物給付と金銭給付の併用である。

	公　的　扶　助	社　会　保　険
①適用条件	申請	強制加入
②対象	国民一般(貧困者)	国民一般，被用者
③費用	無償(公費負担)	有償(本人拠出あり)
④給付水準	最低生活費(差額不足分)	賃金比例・均一
⑤給付期間	無期	おおむね有期
⑥給付の開始	困窮の事実(資力調査)	事故の発生(自動的)
⑦受給資格	資力調査を受け，貧困の事実認定がなされた者	被保険者本人(およびその家族)
⑧機能の相違	救貧的	防貧的

資料：『最新 社会福祉士養成講座④貧困に対する支援』中央法規出版，p.5，2021年

貧困状態にある人の生活実態とこれを取り巻く社会環境

貧困状態にある人の生活実態

□ **5**
□ 35回63改変 「生活保護の被保護者調査（令和4年度（月次調査確定値））」（厚生労働省）によると，保護率（人口百人当）は，16.2%である。

□ **6**
□ 35回63改変 「生活保護の被保護者調査（令和4年度（月次調査確定値））」（厚生労働省）によると，1か月平均の被保護実人員数は，約20万人である。

□ **7**
□ 35回63改変 「生活保護の被保護者調査（令和4年度（月次調査確定値））」（厚生労働省）によると，保護の種類別に扶助人員をみると，「医療扶助」が最も多い。

□ **8**
□ 33回63改変 「生活保護の被保護者調査（令和4年度（月次調査確定値））」（厚生労働省）によると，保護の種類別にみた扶助人員は，教育扶助よりも住宅扶助の方が多い。

整 理 し て お こ う ！

生活保護の動向（被保護実人員及び保護率）

2022年度（令和4年度）の1か月平均の被保護実人員は202万4586人で，前年度と比べ1万3971人（0.7%）減少している。

保護の種類別に扶助人員をみると，生活扶助が176万7591人と最も多く，住宅扶助が173万6256人，医療扶助が170万6665人となっている。

また，保護率（人口百人当）は1.62%となっている。

✕ 2022年度（令和4年度）の保護率は1.62%である。なお，保護率が過去最低であったのは1995年度（平成7年度）で0.70%，過去最高であったのは1947年度（昭和22年度）で3.77%である。▶4

▶4
保護率
保護率とは，「被保護実人員（1か月平均）」÷「各年10月1日現在総務省推計人口（総人口）」で算出したものである。

✕ 2022年度（令和4年度）の1か月平均の被保護実人員数は，202万4586人である。

✕ 2022年度（令和4年度）の保護の種類別の扶助人員（1か月平均）は，①生活扶助（176万7591人），②住宅扶助（173万6256人），③医療扶助（170万6665人）の順であった。

◯ 保護の種類別扶助人員は多い順に，①生活扶助，②住宅扶助，③医療扶助，④介護扶助，⑤教育扶助となっている。

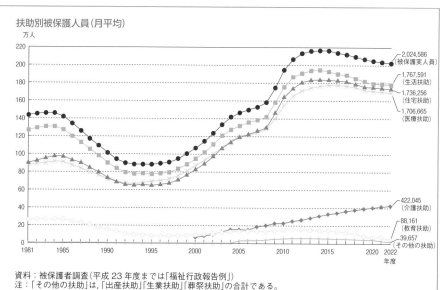

扶助別被保護人員（月平均）

万人

資料：被保護者調査（平成23年度までは「福祉行政報告例」）
注：「その他の扶助」は，「出産扶助」「生業扶助」「葬祭扶助」の合計である。

☐ **9** 2000年度（平成12年度）の創設以降，介護扶助人員は一貫して増加している。
☐ 32回63改変

☐ **10** 世帯類型別にみた被保護世帯の構成比をみると，2000年度（平成12年度）以降，
☐ 32回63 「母子世帯」の割合は一貫して増加している。

☐ **11** 「生活保護の被保護者調査（令和4年度（月次調査確定値））」（厚生労働省）による
☐ 35回63改変 と，保護開始世帯の主な理由別構成割合をみると，「貯金等の減少・喪失」が最も多い。

☐ **12** 保護の開始理由別の被保護世帯数の推移をみると，「傷病」が一貫して増加している。
☐ 32回63

☐ **13** 「生活保護の被保護者調査（令和4年度（月次調査確定値））」（厚生労働省）による
☐ 35回63改変 と，保護廃止世帯の主な理由別構成割合をみると，「死亡」が最も多い。

☐ **14** 住宅扶助費の生活保護費全体に占める割合は，2000年度（平成12年度）以降，一
☐ 32回63 貫して減少している。

貧困状態にある人を取り巻く社会環境

☐ **15** 「生活困窮者自立支援制度における支援状況調査集計結果（令和4年度）」（厚生労
☐ 31回63改変 働省）によると，新規相談受付件数は年間35万件を超えている。

☐ **16** 「令和4年度医療扶助実態統計」（厚生労働省）によると，医療扶助受給者の入院に
☐ 31回63改変 係る傷病分類別構成割合のうち最も多いのは精神・行動の障害である。

貧困の歴史

貧困に対する制度の発展過程

☐ **17** 救護法（1929年（昭和4年））における扶助の種類は，生活扶助，生業扶助，助産
☐ 28回63 の3種類であった。

○ 介護扶助人員は，増加し続けている。2022年度（令和4年度）の介護扶助人員は，42万2045人である。

✕ 厚生労働省「生活保護の被保護者調査」（月次調査確定値）の，世帯類型別にみた被保護世帯の構成比をみると，「母子世帯」の割合は2005年（平成17年）以降減少している。一方，「高齢者世帯」は1990年（平成2年）以降，増加傾向にある。

○ 保護開始世帯の主な理由別構成割合をみると，「貯金等の減少・喪失」（46.1％）が最も多く，次いで「傷病による」（18.8％），「働きによる収入の減少・喪失」（18.1％）となっている。

✕ 厚生労働省「生活保護の被保護者調査」（月次調査確定値）の，保護の開始理由別の被保護世帯数をみると，「傷病」は，2007年（平成19年）までは増加傾向にあったが，2008年（平成20年）からは減少している。

○ 保護廃止世帯の主な理由別構成割合をみると，「死亡」（50.6％）が最も多く，次いで「その他」（16.0％），「働きによる収入の増加・取得・働き手の転入」（14.3％）となっている。

✕ 住宅扶助費の生活保護費全体に占める割合は増加している。

○ 令和4年度の新規相談受付件数は年間35万3095件である。

○ 医療扶助受給者の入院に係る傷病分類別構成割合のうち，最も多いのは「精神・行動の障害」の3万4043件で37.6％である。

✕ 救護法においては，救護の種類を，生活扶助，医療，助産，生業扶助と規定しており，このほかに埋葬費の支給も行われた。

▶5
世帯類型別被保護世帯の割合
2022年度（令和4年度）では，構成比は①高齢者世帯（55.6％），②障害者・傷病者世帯（24.9％），③母子世帯（4.1％），④その他の世帯（15.5％）。

□ **18**
28回63

旧生活保護法（1946年（昭和21年））は，勤労を怠る者は保護の対象としなかった。

貧困に対する法制度

生活保護法

●生活保護法の原理原則と概要

□ **19**
35回64改変

生活保護は，日本国憲法第25条が規定する理念に基づいて行われる。

□ **20**
36回63

最低限度の生活を保障することを目的としている。

□ **21**
36回63

自立を助長することを目的としている。

□ **22**
35回64

生活保護が目的とする自立とは，経済的自立のみを指している。

□ **23**
36回63

保護は，生活困窮に陥った原因に基づいて決定される。

整理しておこう！

生活保護法の基本原理と基本原則

　生活保護は，日本国憲法第25条に規定する理念に基づき，生存権の保障を具体的に実現する制度である。生活保護法の目的及び基本的な考え方は「基本原理」と呼ばれている。

　また，保護を実施する場合の「基本原則」が定められている。

○ 旧生活保護法は，無差別平等原則を規定したが，保護請求権は明記
されず，また労働能力のある者，扶養義務者のある者を保護から排
除する制限扶助主義を残した。

○ 設問のとおり。「国家責任の原理」を定めた生活保護法第1条では，
生活保護が日本国憲法第25条に規定する理念に基づくことを明記
している。

○ 生活保護法は，日本国憲法第25条に規定する理念に基づき，国が
生活に困窮するすべての国民に対し，その最低限度の生活の保障と
自立の助長を目的としている（第1条）。

○ 生活保護法は，日本国憲法第25条に規定する理念に基づき，国が
生活に困窮するすべての国民に対し，その最低限度の生活の保障と
自立の助長を目的としている（第1条）。

✕ 厚生労働省より発出された通知「平成17年度における自立支援プロ
グラムの基本方針について」で示されているように，生活保護が目
的とする自立は，経済的自立，日常生活自立，社会生活自立の三つである。

✕ 保護は法律の定める要件を満たす限り，無差別平等に受けることが
できる（生活保護法第2条）。

▶6
旧生活保護法の保護
の範囲
能力があるにもかかわ
らず，勤労の意思のな
い者，勤労を怠る者，
生計の維持に努めな
い者，素行不良な者
に対して保護は行われ
ない。一方，扶養義
務者が扶養できる場合
には，救護法同様に，
「急迫した状況にある
場合を除き」保護をし
ないこととしている。

貧困に対する支援

基本原理	基本原則
①国家責任の原理（法第1条）	①申請保護の原則（法第7条）
②無差別平等の原理（法第2条）	②基準及び程度の原則（法第8条）
③最低生活の原理（法第3条）	③必要即応の原則（法第9条）
④保護の補足性の原理（法第4条）	④世帯単位の原則（法第10条）

123

24 33回64改変　すべて国民は，生活保護法の定める要件を満たす限り，この法律による保護を受けることができる。

25 33回64　保護の決定は，生活困窮に陥った原因に基づいて定められている。

26 32回64　保障される最低限度の生活とは，肉体的に生存を続けることが可能な程度のものである。

27 36回63　自立の見込みがあることを要件として，保護を受けることができる。

28 34回63　生活保護法により保障される最低限度の生活は，国民一般の平均的な資産基準によって決定される。

29 35回64　補足性の原理によって，扶養義務者のいる者は保護の受給資格を欠くとされている。

30 33回64　民法に定める扶養義務者の扶養及び他の法律に定める扶助は，すべて生活保護法による保護に優先して行われる。

31 34回63　保護を申請できるのは，要保護者及びその扶養義務者に限られている。

32 36回63　保護が実施機関の職権によって開始されることはない。

⭕ 生活保護法第2条において，「すべて国民は，この法律の定める要件を満たす限り，この法律による保護を，無差別平等に受けることができる」と無差別平等の原理が規定されている。

❌ 生活保護法第2条で無差別平等の原理を定めており，生活困窮者の信条，性別，社会的身分等により優先的又は差別的な取扱いを行うことを否定するとともに，生活困窮に陥った原因による差別を否定している。

❌ 生活保護法第3条において，「この法律により保障される最低限度の生活は，健康で文化的な生活水準を維持することができるものでなければならない」と規定されている。

❌ 保護は，生活に困窮する者が，利用し得る資産，能力その他あらゆるものを，最低限度の生活の維持のために活用することを要件として行われる（生活保護法第4条第1項）。

❌ 生活保護において保障すべき最低生活の水準は，一般国民生活における消費水準との比較における相対的なものとして設定されている。

❌ 「保護の補足性の原理」では，扶養義務者の扶養は，保護に優先して行われるものとしている（生活保護法第4条第2項）。これは，扶養義務者のいる者が直ちに保護の受給資格を欠くというものではない。

⭕ 生活保護法第4条第2項において，「民法に定める扶養義務者の扶養及び他の法律に定める扶助は，すべてこの法律による保護に優先して行われるものとする」と規定されている。

❌ 保護は，要保護者，その扶養義務者又はその他の同居の親族の申請に基づいて開始する（生活保護法第7条）。保護申請権は一身専属権であるが，本人が申請できない場合を想定して，扶養義務者と事情を知り得る同居の親族の範囲で申請ができるように定めている。

❌ 保護は，要保護者，扶養義務者，その他の同居の親族の申請に基づいて開始されるが，要保護者が急迫した状況にあるときは，保護の申請がなくても，実施機関によって必要な保護を行うことができる（生活保護法第7条）。 (関連キーワード▶10参照)

▶7
保護の補足性の原理
保護は，生活困窮者が利用し得る資産，能力その他あらゆるものの活用を要件とする。また，扶養義務，他法他施策を優先させる。なお，民法の扶養義務者とは，直系血族及び兄弟姉妹である絶対的扶養義務者と，特別の事情があるときの三親等内の親族間である相対的扶養義務者を指す。

▶8
他の法律に定める扶助
他の法律については一般的に，健康保険法や災害救助法，雇用保険法，国民年金法，介護保険法等各法の適用が生活保護法よりも優先する。

▶9
申請保護の原則
保護は，要保護者，その扶養義務者又はその他の同居の親族の申請に基づいて開始する。急迫の場合には職権により必要な保護を行う。

▶10
職権保護
要保護者が急迫した状況にある場合に，申請がなくとも，保護の実施機関が職権で必要な保護を行うこと。

125

33 27回64 急迫の状況の場合でも，申請の手続きをとらなければ保護を行うことはできない。

34 35回64 能力に応じて勤労に励み，支出の節約を図り，生活の維持及び向上に努めなければ，保護を申請できない。

35 34回68改変 保護の実施機関は，要保護者が急迫した状況にあるときは，職権を用いて保護を開始することができる。

36 34回63 保護は，厚生労働大臣の定める基準により測定した要保護者の需要を基とし，そのうち金銭又は物品で満たすことのできない不足分を補う程度において行う。

37 32回64改変 生活保護の基準は，厚生労働大臣が定める。

38 35回64 保護の基準は，保護の種類に応じて必要な事情を考慮した最低限度の生活の需要を満たすに十分なものであって，これを超えないものでなければならない。

39 31回64 生活保護に係る施策との整合性に配慮して，地域別最低賃金が決定される。

40 33回64 必要即応の原則とは，要保護者の需要を基とし，そのうち，その者の金銭又は物品で満たすことのできない不足分を補う程度において保護を行うことをいう。

41 34回63 保護は，要保護者の年齢別，性別，健康状態等に関して，世帯の実際の相違を考慮することなく一定の必要の基準に当てはめて行う。

× 保護は申請に基づいて開始することが運営上の原則であるが，急迫した状況の場合は，要保護者の申請がなくても，保護の実施機関の職権で保護を行うことができる。

× 生活保護法第60条において，被保護者（現に保護を受けている者）は，能力に応じて勤労に励み，支出の節約を図り，その他生活の維持及び向上に努めなければならないと規定されているが，保護を受ける前の保護申請の要件とはなっていない。

○ 保護は本人などの申請から開始するとされる申請保護が原則であるが，急迫状況にあるときなど，保護の申請がなくても職権保護により保護することができると定められている（生活保護法第7条ただし書き）。

○ 生活保護法第8条「基準及び程度の原則」に規定されている。厚生労働大臣は，毎年，厚生労働省告示として具体的な基準を示している。

○ 設問のとおり。保護は厚生労働大臣の定める基準により測定した要保護者の需要を基として，その者の金銭，物品で満たすことのできない不足分を補う程度に行う（生活保護法第8条）。

○ 生活保護法第8条において，保護の基準は「要保護者の年齢別，性別，世帯構成別，所在地域別その他の保護の種類に応じて必要な事情を考慮した最低限度の生活の需要を満たすに十分なものであって，かつ，これを超えないものでなければならない」と規定されている。

○ 地域別最低賃金は，地域における労働者の生計費[11]及び賃金並びに通常の事業の賃金支払い能力を考慮して定められなければならない（最低賃金法第9条第2項）。

× 設問は，基準及び程度の原則の説明である（生活保護法第8条）。（関連キーワード▶12参照）

× 生活保護法第9条に，必要即応の原則として，保護は，要保護者の年齢別，性別，健康状態等その個人又は世帯の実際の必要の相違を考慮して，有効かつ適切に行われる旨が明示されている。

▶11
労働者の生計費
労働者の生計費を考慮するに当たっては，労働者が健康で文化的な最低限度の生活を営むことができるよう，生活保護に係る施策との整合性に配慮するものとすると，最低賃金法第9条第3項に規定されている。

▶12
必要即応の原則
「保護は，要保護者の年齢別，性別，健康状態等その個人又は世帯の実際の必要の相違を考慮して，有効且つ適切に行うものとする」と規定されている（生活保護法第9条）。

	42 32回64	保護は，世帯を単位としてその要否及び程度を定めるものとする。
	43 34回68	保護の実施機関は，被保護者が保護を必要としなくなったときは，速やかに，保護の停止又は廃止を決定しなければならない。
	44 29回65	保護の実施機関は，被保護者に対して生活の維持のための指導をしてはならない。

●保護の種類と内容

	45 32回65	生活扶助は，衣料品費，食料品費，葬祭費などを給付する。
	46 35回65	生活扶助は，衣食住その他日常生活の需要を満たすために必要なものを給付する。
	47 29回66	生活扶助基準第一類は，所在地域によらず設定されている。
	48 36回65	生活扶助の第一類の経費は，世帯共通の費用とされている。
	49 29回66	生活扶助基準第二類は，世帯人員別に設定されている。
	50 36回65改変	生活扶助には，介護保険の保険料が含まれる。
	51 35回66	生活扶助基準における標準生計費方式とは，現行の生活保護法の下で，栄養審議会の答申に基づく栄養所要量を満たし得る食品を理論的に積み上げて最低生活費を計算する方式である。

生活保護法第10条において，「保護は，世帯を単位としてその要否及び程度を定めるものとする」と世帯単位の原則が規定されている。
(関連キーワード▶13参照)

⭕ 選択肢のとおり。保護の停止又は廃止の決定をしたときは，書面をもって被保護者に通知しなければならない（生活保護法第26条）。

❌ 保護の実施機関は，被保護者に対して生活の維持，向上その他保護の目的達成に必要な指導又は指示をすることができる（生活保護法第27条第1項）。ただし，この指導・指示は，必要最小限にとどめなければならず，被保護者の意に反して強制し得るものと解釈してはならない。

❌ 生活扶助は，食料品費，衣料品費，光熱水費，家具什器費などの日常生活の需要を満たすための給付が中心である。葬祭費は葬祭扶助から給付される。

❌ 生活扶助は，「衣食その他日常生活の需要を満たすために必要なもの」等を支給する。そのため，住（住居）については，住宅扶助で支給される。

❌ 第一類は級地制をとっており，所在地域によって3級地6区分で設定されている。

❌ 生活扶助の第一類の経費は，個人単位で消費する飲食物費・被服費等であり，年齢別，居住地域別で設定されている。

⭕ 第二類は，世帯の経常的な需要を満たすものであり，世帯人員別，市町村を単位とする級地別に設定されている。

⭕ 介護保険料加算とは，介護保険第1号被保険者で普通徴収の方法によって保険料を納付する義務を負う者に加算される。（関連キーワード▶18参照）

❌ 標準生計費方式とは，旧生活保護法の下で，経済安定本部（当時）が定めた世帯人員別の標準生計費を基に算出し，生活扶助基準とする方式である。

▶13
世帯分離
世帯単位の原則の例外として世帯分離について定めている。これは，同一の世帯にいる世帯員を一定の要件を満たす場合に世帯から切り離して取り扱うことを指す。

▶14
指導及び指示
生活保護法第27条に規定する「指導及び指示」は保護の実施機関によって行われ，被保護者がこれを遵守しない場合は同法第62条の規定により保護の停止又は廃止の処分を行うこともある。

▶15
生活扶助
被保護者にとっての日常の生活費にあたるもので，最も基本的な扶助である。

▶16
級地制
地域ごとの生活様式や立地特性などから生じる物価や生活水準の差を生活保護基準に反映させることを目的とするものである。

▶17
生活扶助の第二類
第二類は，光熱水費・家具什器費など世帯共通経費で世帯人員別。地区別冬季加算あり。

▶18
生活扶助の各種加算
生活扶助には，介護保険料加算，妊産婦加算，障害者加算，介護施設入所者加算，在宅患者加算，放射線障害者加算，児童養育加算，母子加算があり，特別な需要を充足するために設けられている。

貧困に対する支援

129

□ □	52 35回66	生活扶助基準におけるマーケット・バスケット方式とは，最低生活を営むために必要な個々の費目を一つひとつ積み上げて最低生活費を算出する方式である。
□ □	53 35回66	生活扶助基準におけるエンゲル方式とは，旧生活保護法の下で，経済安定本部が定めた世帯人員別の標準生計費を基に算出し，生活扶助基準とした方式である。
□ □	54 35回66	生活扶助基準における格差縮小方式とは，一般国民の消費水準の伸び率を超えない範囲で生活扶助基準を引き上げる方式である。
□ □	55 35回66	生活扶助基準における水準均衡方式とは，最低生活の水準を絶対的なものとして設定する方式である。
□ □	56 31回65	教育扶助には，小中学校への入学準備金が含まれる。
□ □	57 35回65改変	教育扶助は，原則として金銭給付によって行うものとする。
□ □	58 32回65	住宅扶助は，家賃等のほか，補修その他住宅の維持に必要なものを給付する。
□ □	59 36回65	住宅扶助には，住宅の補修その他住宅の維持のために必要な経費が含まれる。
□ □	60 27回65	住宅扶助は，宿所提供施設を利用する現物給付によって行うことを原則とする。
□ □	61 36回65	医療扶助によって，入院中の被保護者に対して入院患者日用品費が支給される。

○ 設問のとおり。マーケット・バスケット方式は，1948年(昭和23年)から1960年(昭和35年)までの生活扶助基準の設定方式である。

× エンゲル方式とは，栄養審議会の答申に基づく栄養所要量を満たし得る食品を理論的に積み上げて計算し，別に低所得世帯の実態調査から，この飲食物費を支出している世帯のエンゲル係数の理論値を求め，これから逆算して総生活費を算出する方式である。

× 格差縮小方式とは，一般国民の消費水準の伸び率以上に生活扶助基準を引き上げ，結果的に一般国民と被保護世帯との消費水準の格差を縮小させようとする方式である。

× 水準均衡方式とは，生活扶助基準は，当該年度に想定される一般国民の消費動向を踏まえると同時に，前年度までの一般国民の消費実態との調整を図るという方式である。水準均衡方式は，1984年(昭和59年)から現在までの生活扶助基準の方式である。

× 小中学校への入学準備金は，生活扶助のなかの一時扶助[19]として支給される。

▶19
一時扶助
最低生活の基盤となる物資購入，出生，入学，入退院などによる臨時的な特別需要が生じた場合に認定される。

○ 教育扶助は，原則，金銭給付によって行われる。ただし，これによることができないとき等は，現物給付によって行うことができる(生活保護法第32条第1項)。

○ 住宅扶助は，住居，補修その他住宅の維持のために必要なものを給付する(生活保護法第14条)。

○ 住宅扶助は，住居や補修その他住宅の維持に必要なものとされており，家賃や間代，地代等の費用と住宅の補修・維持に必要な費用とされている。

× 住宅扶助は，家賃等の金銭給付が原則である。ただし，これによることができないとき等は，現物給付によって行うことができる(生活保護法第33条第1項)。

▶20
住宅扶助の現物給付
宿所提供施設の利用，又は宿所提供施設に委託して行われる。

× 入院患者日用品費は，被保護者が病院又は診療所に入院している場合，生活扶助として支給される。

●生活保護施設の役割

整理しておこう！

保護の種類と給付方法

保護の種類	給付方法（原則）	範囲
生活扶助	金銭給付	・衣食その他日常生活の需要を満たすために必要なもの ・移送 基準生活費（第一類，第二類）と，各種加算を中心に構成されている。入院患者日用品費，介護施設入所者基本生活費，一時扶助も含まれる
教育扶助	金銭給付	・義務教育に伴って必要な教科書その他の学用品・通学用品 ・学校給食その他義務教育に伴って必要なもの（通学のための交通費，学習支援費）
住宅扶助	金銭給付	住居，補修その他住宅の維持のために必要なもの

○ 医療扶助は，現物給付によって行うものとする。ただし，これによることができないとき等は，金銭給付によって行うことができる（生活保護法第34条第1項）。

× 介護扶助は，指定介護機関を通じて，原則，現物給付される。ただし，これによることができないとき等は，金銭給付によって行うことができる（生活保護法第34条の2第1項）。

× 出産扶助は，原則，金銭給付である。ただし，これによることができないとき等は，現物給付によって行うことができる（生活保護法第35条第1項）。

○ 生業扶助は，生業費，技能修得費，就職支度費からなり，そのうちの技能修得費の中に，高等学校等就学費が設けられている。

× 葬祭扶助は，その葬祭を行う者に対して，原則，金銭給付される。ただし，これによることができないとき等は，現物給付によって行うことができる（生活保護法第37条第1項）。

× 保護施設は，救護施設，更生施設，医療保護施設，授産施設，宿所提供施設の5種類に分類される（生活保護法第38条第1項）。

▶21
出産扶助の現物給付
助産の給付は，都道府県知事の指定を受けた助産師に委託して行われる。

▶22
高等学校等就学費
基本額，教材代，授業料，入学料，入学考査料，通学のための交通費，学習支援費の支給がされる。

保護の種類	給付方法（原則）	範囲
医療扶助	現物給付	・診察 ・薬剤又は治療材料 ・医学的処置・手術及びその他の治療等 ・居宅における療養上の管理及びその療養に伴う世話その他の看護 ・病院又は診療所への入院及びその療養に伴う世話その他の看護 ・移送
介護扶助	現物給付	居宅介護，福祉用具，住宅改修，施設介護，介護予防，介護予防福祉用具，介護予防住宅改修，介護予防・日常生活支援，移送
出産扶助	金銭給付	分娩の介助，分娩前及び分娩後の処置，脱脂綿・ガーゼその他の衛生材料
生業扶助	金銭給付	・生業費（生業に必要な資金・器具又は資料） ・技能修得費（生業に必要な技能の修得に必要な費用，高等学校等就学費） ・就職支度費
葬祭扶助	金銭給付	検案，死体の運搬，火葬又は埋葬，納骨その他葬祭のために必要なもの

| | 68
 34回66改変 | 救護施設を経営する事業は，第一種社会福祉事業である。 |

| | 69
 34回66 | 救護施設は，身体上又は精神上著しい障害があるために日常生活を営むことが困難な要保護者を入所させて，生活扶助を行うことを目的とする保護施設である。 |

| | 70
 34回66 | 更生施設は，身体上又は精神上の理由により養護及び生活指導を必要とする要保護者を入所させて，生業扶助を行うことを目的とする保護施設である。 |

●被保護者の権利及び義務

| | 71
 34回65 | 被保護者は，保護金品を標準として租税その他の公課を課せられることがある。 |

整理しておこう！

被保護者の権利及び義務

被保護者の権利

① 不利益変更の禁止 （生活保護法第56条）	被保護者は，正当な理由がなければ，既に決定された保護を，不利益に変更されることがない。
② 公課禁止 （法第57条）	被保護者は，保護金品及び進学・就職準備給付金を標準として租税その他の公課を課せられることがない。
③ 差押禁止 （法第58条）	被保護者は，既に給与を受けた保護金品及び進学・就職準備給付金又はこれらを受ける権利を差し押さえられることがない。

救護施設は第一種社会福祉事業である（社会福祉法第2条第2項第1号）。第一種社会福祉事業は，被保護者・社会的弱者等の全生活を管理するものが多く，国民の生存権や生活権に影響を及ぼすところが大きいとされる。

○ 生活保護法第38条第2項に規定されている。

✕ 更生施設は，「身体上又は精神上の理由により養護及び生活指導を必要とする要保護者を入所させて，生活扶助を行うことを目的とする施設とする」と規定されている（生活保護法第38条第3項）。

✕ 生活保護法第57条の公課禁止では，「被保護者は，保護金品及び進学・就職準備給付金を標準として租税その他の公課を課せられることがない」と規定されている。

貧困に対する支援

被保護者の義務

① 譲渡禁止 （法第59条）	保護又は就労自立給付金若しくは進学・就職準備給付金の支給を受ける権利は，譲り渡すことができない。
② 生活上の義務 （法第60条）	被保護者は，常に，能力に応じて勤労に励み，自ら，健康の保持及び増進に努め，収入，支出その他生計の状況を適切に把握するとともに支出の節約を図り，その他生活の維持及び向上に努めなければならない。
③ 届出の義務 （法第61条）	被保護者は，収入，支出その他生計の状況について変動があったとき，又は居住地若しくは世帯の構成に異動があったときは，すみやかに，保護の実施機関又は福祉事務所長にその旨を届け出なければならない。
④ 指示等に従う義務 （法第62条）	保護の実施機関は，被保護者に対し，生活の維持向上その他保護の目的達成に必要な指導又は指示をすることができるが，被保護者は，保護の実施機関からこれらの指導又は指示を受けたときは，これに従わなければならない。
⑤ 費用返還義務 （法第63条）	被保護者が，急迫の場合等において資力があるにもかかわらず，保護を受けたときは，保護に要する費用を支弁した都道府県又は市町村に対して，すみやかに，その受けた保護金品に相当する金額の範囲内において保護の実施機関の定める額を返還しなければならない。

□ 72 34回65	被保護者は，既に給与を受けた保護金品を差し押さえられることがある。
□ 73 34回65改変	被保護者は，保護を受ける権利を譲り渡すことができない。
□ 74 34回65	被保護者が能力に応じて勤労に励むことを怠っていると認められる場合，被保護者は受けた保護金品に相当する金額の範囲内において保護の実施機関の定める額を返還しなければならない。
□ 75 28回68	被保護世帯の高校生のアルバイト収入は，届出の義務はない。
□ 76 34回65	急迫の場合等において資力があるにもかかわらず保護を受けた場合，被保護者は受けた保護金品に相当する金額の範囲内において保護の実施機関の定める額を返還しなければならない。

●不服申立て

□ 77 33回66	不服申立てが権利として認められたのは，旧生活保護法（1946年（昭和21年））制定時においてである。
□ 78 33回66	生活保護法に定める不服申立てにおいては，審査請求は，市町村長に対して行う。
□ 79 33回66	生活保護法に定める不服申立てにおいては，審査請求に対する裁決が50日以内に行われないときは，請求は認容されたものとみなされる。
□ 80 33回66	生活保護法に定める不服申立てにおいては，再審査請求は，厚生労働大臣に対して行う。
□ 81 33回66改変	生活保護法に定める不服申立てにおいては，当該処分についての審査請求を行わなければ，処分の取消しを求める訴訟を提起することができない。

✕ 生活保護法第58条の差押禁止では，「被保護者は，既に給与を受けた保護金品及び進学・就職準備給付金又はこれらを受ける権利を差し押さえられることがない」と規定されている。

◯ 生活保護法第59条の譲渡禁止では，「保護又は就労自立給付金若しくは進学・就職準備給付金の支給を受ける権利は，譲り渡すことができない」と規定されている。

✕ 生活保護法第60条で「支出の節約を図り，その他生活の維持及び向上に努めなければならない」と規定されているが，同条は訓示的規定とされており，直接的な制裁規定ではない。

✕ 届出の義務（生活保護法第61条）により，被保護世帯に属する高校生についても，アルバイト等によって収入が得られたときは，収入の申告をする必要がある。

◯ 生活保護法第63条で，「資力があるにもかかわらず，保護を受けたときは，保護に要する費用を支弁した都道府県又は市町村に対して，すみやかに，その受けた保護金品に相当する金額の範囲内において保護の実施機関の定める額を返還しなければならない」と規定されている。

✕ 不服申立てが権利として認められたのは，現行の生活保護法（1950年（昭和25年））においてである。

✕ 審査請求は，都道府県知事に対して行う（生活保護法第64条）。

✕ 設問の場合は，請求が棄却されたとみなすことができる。（関連キーワード▶24参照）

◯ 設問のとおり（生活保護法第66条第1項）。審査請求に対する都道府県知事の裁決に不服がある場合は，裁決があったことを知った日の翌日から起算して1か月以内に再審査請求を行うことができる。

◯ 処分の取消しを求める訴訟は，審査請求に対する裁決を経た後でなければ提起できない（生活保護法第69条）。

▶23
審査請求
審査請求は，処分があったことを知った日の翌日から起算して3か月以内に都道府県知事に対して行う。

▶24
審査請求の裁決
審査請求を受理した都道府県知事は，処分が違法又は不当でないかどうかを審理し，50日以内（第三者機関による諮問を受ける場合は70日以内）に裁決をしなければならない（生活保護法第65条第1項）。

▶25
再審査請求の裁決
再審査請求に対して，厚生労働大臣は，70日以内に裁決を行わなければならない（生活保護法第66条第2項）。

●自立支援，就労支援の考え方と自立支援プログラム

82
30回68
生活保護の自立支援プログラムは，各自治体の地域の実情に応じて設定されるものではない。

83
30回68
生活保護の自立支援プログラムは，就労による経済的自立のみならず，日常生活自立，社会生活自立など多様な課題に対応するものである。

生活困窮者自立支援法

84
35回67改変
生活困窮者自立支援法において，生活困窮者自立相談支援事業は，社会福祉法人等へ委託することができるとされている。

85
30回63
生活困窮者自立支援法では，住居の確保を目的とした給付金を支給する制度が設けられている。

86
35回67
生活困窮者自立支援法において，生活困窮者自立相談支援事業と生活困窮者家計改善支援事業は，必須事業である。

整理しておこう！

自立支援プログラムの概要

　2004年（平成16年）12月15日に「生活保護制度の在り方に関する専門委員会」が出した報告書を踏まえ，2005年（平成17年）4月1日より，自立支援プログラムを導入し，自立・就労支援施策の拡充を図ることとなっている。「自立支援プログラム」とは，①地方自治体が被保護世帯の問題を把握した上，自主性・独自性を生かして重層的かつ多様な支援メニューを整備し，問題に応じた自立支援プログラムを策定，②被保護者は状況に応じたプログラムに参加し，地方自治体はプログラムに沿った支援を実施，③地方自治体は被保護者の取組状況を定期的に評価し，必要に応じて参加すべきプログラムや支援内容の見直しを実施するというものである。

✕ 自立支援プログラムは，地方自治体が管内の被保護世帯全体の状況を把握し，支援の実施にあたっては地域の社会資源を活用するなど，地域の実情に応じて設定される。

▶26
自立支援プログラム
「平成17年度における自立支援プログラムの基本方針について」（平成17年3月31日社援発第0331003号厚生労働省社会・援護局長通知）に基づくものである。

◯ 自立支援プログラムでは，就労による経済的自立（就労自立）だけでなく，日常生活自立，社会生活自立の3つの自立が定義されている。自立支援プログラムは，これらの多様な課題に対応するものである。

◯ 生活困窮者自立相談支援事業は，社会福祉法人や特定非営利活動法人等へ委託することが可能である（生活困窮者自立支援法第5条第2項）。福祉事務所を設置する自治体が直営又は委託により実施している。

▶27
自立相談支援事業
就労その他の自立に関する相談支援，情報提供，事業利用のための計画の作成などを行い，生活困窮者の自立までを包括的・継続的に支えるもの。

◯ 生活困窮者自立支援制度の必須事業である住居確保給付金の支給は，離職等により住居を失った，又はそのおそれが高い生活困窮者に対し，家賃相当を有期で支給する制度である。

▶28
家計改善支援事業
家計の状況を適切に把握すること及び家計の改善の意欲を高めることを支援し，必要な資金の貸付けのあっせんを行う。

✕ 生活困窮者自立支援法の必須事業は，生活困窮者自立相談支援事業と生活困窮者住居確保給付金の支給である。生活困窮者家計改善支援事業の実施は努力義務となっている。

自立支援プログラムの概要

① 実施機関が管内の被保護世帯全体の状況を把握
② 被保護者の状況や自立阻害要因について類型化を図り，それぞれの類型ごとに取り組むべき自立支援の具体的内容と実施手順を定めた個別の支援プログラムを策定
③ これに基づき個々の被保護者に必要な支援を組織的に実施

自立の概念

◯経済的自立（就労自立）…就労による経済的自立
◯日常生活自立…身体や精神の健康を回復・維持し，自分で自分の健康・生活管理を行うなど日常生活において自立した生活を送ること
◯社会生活自立…社会的なつながりを回復・維持し，地域社会の一員として充実した生活を送ること

貧困に対する支援

87 35回67	生活困窮者自立支援法において，生活困窮者就労準備支援事業は，雇用による就業が著しく困難な生活困窮者に対し，就労に必要な知識及び能力の向上のために必要な訓練を行うものである。
88 35回67	生活困窮者自立支援法において，生活困窮者一時生活支援事業は，生活困窮者に対し，生活に必要な資金の貸付けのあっせんを行うものである。
89 32回69	生活困窮者一時生活支援事業は，生活保護の被保護者が利用する事業である。
90 35回67	生活困窮者自立支援法において，子どもの学習・生活支援事業は，全ての都道府県，市町村に実施の責務がある。

低所得者対策

●生活福祉資金貸付制度

91 33回69	生活福祉資金貸付制度では，資金貸付と併せて必要な相談支援を受ける。
92 34回69改変	生活福祉資金貸付制度による貸付けを受けるに当たって，公共職業安定所（ハローワーク）で求職活動を行うことが要件ではない。
93 34回69	生活福祉資金貸付制度の実施主体は，国である。
94 34回69	生活福祉資金貸付制度は，市町村社会福祉協議会を通じて借入れを申し込むことができる。
95 33回69	生活福祉資金の借入れの申込先は，福祉事務所である。

◯ 生活困窮者就労準備支援事業は，雇用による就業が著しく困難な生活困窮者に対し，一定の期間（原則1年以内），就労に必要な知識及び能力の向上のために必要な訓練を行うもので，実施は努力義務である。

✕ 生活困窮者一時生活支援事業は，一定の住居を持たない生活困窮者にあって，収入等が一定水準以下の者に対し，一定の期間にわたり，宿泊場所の供与や衣食の供与等を実施するもので，任意事業である。

✕ 生活困窮者一時生活支援事業は，生活困窮者自立支援法に基づく事業であり，生活保護の被保護者は，同法の生活困窮者には含まれない。

✕ 子どもの学習・生活支援事業^{▶29}は，都道府県，市（特別区を含む）及び福祉事務所を設置する町村が実施主体となるが，任意事業である。

▶29
子どもの学習・生活支援事業
貧困の連鎖を防止するため，生活困窮者世帯の子どもに対する学習支援や，保護者を含めた生活習慣・育成環境等の支援を行う。

◯ 生活福祉資金貸付制度は，低所得者，障害者又は高齢者に対し，資金の貸付と必要な相談支援を行うことにより，その経済的自立及び生活意欲の助長促進並びに在宅福祉及び社会参加の促進を図り，安定した生活を送れるようにすることを目的とする。

◯ 資金の貸付けを受けるに当たって，公共職業安定所（ハローワーク）で求職活動を行うことは要件となっていない。

✕ 生活福祉資金貸付制度の実施主体は，都道府県社会福祉協議会である（生活福祉資金貸付制度要綱第2の1）。

◯ 生活福祉資金貸付制度要綱第2の2では，「都道府県社協は，資金の貸付業務の一部を当該都道府県の区域内にある市町村社会福祉協議会に委託することができる」と定められているため，借入れの相談や申請書類の受付など直接利用者にかかわる業務は，市町村社会福祉協議会に委託して実施している。

✕ 生活福祉資金貸付制度の実施主体は都道府県社会福祉協議会であり，借入れの申込先は市区町村社会福祉協議会である。

<table>
<tr><td>☐
☐</td><td>**96**
33回69</td><td>生活福祉資金の借入れの申込みは，民生委員を介して行わなければならない。</td></tr>
</table>

<table>
<tr><td>☐
☐</td><td>**97**
35回68</td><td>生活福祉資金の貸付対象世帯は，高齢者世帯，傷病者・障害者世帯，ひとり親世帯とされている。</td></tr>
</table>

<table>
<tr><td>☐
☐</td><td>**98**
35回68改変</td><td>日本に居住する低所得の外国人世帯は，生活福祉資金の貸付対象に含まれる。</td></tr>
</table>

<table>
<tr><td>☐
☐</td><td>**99**
35回68</td><td>生活福祉資金の種類は，総合支援資金，緊急小口資金，教育支援資金の3種類である。</td></tr>
</table>

<table>
<tr><td>☐
☐</td><td>**100**
34回69</td><td>生活福祉資金貸付制度の総合支援資金については，貸付けを受けるに当たって，生活保護の申請をすることが要件とされている。</td></tr>
</table>

整理しておこう！

生活福祉資金貸付制度

　生活福祉資金貸付制度は，低所得世帯などに対し，低利または無利子で資金の貸付と民生委員による必要な援助指導を行うことにより，経済的自立や生活意欲の助長促進，在宅福祉や社会参加の促進を図り，その世帯の安定した生活を確保することを目的として，1955年(昭和30年)から全国の都道府県社会福祉協議会において実施している。

貸付対象

低所得者世帯	資金の貸付けにあわせて必要な支援を受けることにより独立自活でき，必要な資金を他から受けることが困難な世帯
障害者世帯	身体障害者手帳，療育手帳，精神障害者保健福祉手帳の交付を受けた者などの属する世帯
高齢者世帯	65歳以上の高齢者の属する世帯

× 生活福祉資金の借入れの申込みに，民生委員を介す必要はない。

× 貸付対象世帯は，必要な資金の融通を他から受けることが困難な「低所得者世帯」，身体障害者手帳，療育手帳，精神障害者保健福祉手帳の交付を受けた者が属する「障害者世帯」，65歳以上の高齢者の属する「高齢者世帯」とされている。

○ 生活福祉資金貸付制度には，いわゆる国籍条項は存在せず，外国籍の世帯員を含む世帯であっても貸付けの対象となる。

× 生活福祉資金の種類は，総合支援資金，福祉資金，教育支援資金，▶30 不動産担保型生活資金の4種類であり，さらにそれぞれが内容に応じて細分化されている。

× 総合支援資金の貸付けに当たっては，原則として自立相談支援事業等による支援を受けるとともに，実施主体及び関係機関から貸付け後の継続的な支援を受けることに同意していることが要件となっているが，生活保護の申請は要件となっていない（生活福祉資金貸付制度要綱第4の1）。

▶30
教育支援資金
教育支援費（高等学校，大学又は高等専門学校の就学費用）と就学支度費（高等学校，大学又は高等専門学校の入学費用）に区分され，無利子で連帯保証人が不要であるが，世帯内での連帯借受人が必要である。

貸付の種類

総合支援資金		教育支援資金	
	生活支援費		教育支援費
	住宅入居費		就学支度費
	一時生活再建費	不動産担保型生活資金	
福祉資金			不動産担保型生活資金
	福祉費	要保護世帯向け	
	緊急小口資金		不動産担保型生活資金

143

| □ 101 | 生活福祉資金の緊急小口資金の貸付金の利率は年1.5％である。 |
| 35回68 | |

| □ 102 | 生活福祉資金の総合支援資金は，連帯保証人を立てない場合でも，貸付けを受け |
| 33回69改変 | ることができる。 |

| □ 103 | 生活福祉資金貸付制度の緊急小口資金については，貸付けを受けるに当たって， |
| 34回69 | 連帯保証人を立てることが要件とされている。 |

| □ 104 | 生活福祉資金貸付制度では，複数の種類の資金を同時に貸し付けることができる。 |
| 35回68 | |

| □ 105 | 生活福祉資金は，償還の猶予はできない。 |
| 33回69 | |

●無料低額宿泊所

| □ 106 | 住宅を喪失した人への支援策として，無料低額宿泊所は全ての市町村が設置しな |
| 32回69 | ければならない。 |

| □ 107 | 無料低額宿泊所事業開始に当たっては，都道府県知事の許可を受けなければなら |
| 31回69 | ない。 |

| □ 108 | 無料低額宿泊所では，食事を提供することができる。 |
| 31回69改変 | |

✕ 緊急小口資金及び教育支援資金は，無利子である。総合福祉資金及び福祉費は，連帯保証人ありの場合は無利子，連帯保証人なしの場合は年1.5％の貸付利子がかかる。不動産担保型生活資金は，年3％又は長期プライムレートのいずれかの低い利率となる。

◯ 借入申込者は，原則として連帯保証人を立てることが必要であるが，連帯保証人を立てない場合も資金の貸付けを受けることができる。

✕ 緊急小口資金と要保護世帯向け不動産担保型生活資金[31]の貸付けについては，連帯保証人を必要としない（生活福祉資金貸付制度要綱第8の2）。

◯ 同一世帯に対し，資金の性格から判断して，複数の種類の資金（資金ごとに細分された経費の種類を含む）を同時に貸し付けることができる。

✕ 生活福祉資金の償還は，都道府県社会福祉協議会会長の判断により，一定の条件のもと猶予することができる。

✕ 無料低額宿泊所は，住宅喪失者への支援策ではなく，全ての市町村に設置義務があるものでもない。事業を行う場合は，都道府県知事に届出[32]をしなければならない。

✕ 無料低額宿泊所は第二種社会福祉事業であるため，事業開始に当たっては施設設置地の都道府県知事に届け出なければならない（社会福祉法第68条の2）。しかし，許可を受けなければならないという規定はない。

◯ 無料低額宿泊所事業[33]は，宿泊の場所の提供だけでなく，食事の提供や入居者への相談対応や就労指導などのサービス（生活支援サービス）を提供することもできる。

▶31
要保護世帯向け不動産担保型生活資金
要保護の高齢者世帯向けの資金で，一定の居住用不動産を担保として生活資金を貸し付ける。貸付利子の設定はあるが，連帯保証人は不要である。

▶32
無料低額宿泊所（社会福祉住居施設）の届出
国，都道府県，市町村，社会福祉法人以外の者が，無料低額宿泊所（社会福祉住居施設）を設置して，事業を経営しようとするときは，その事業の開始前に施設設置地の都道府県知事に届け出なければならない（社会福祉法第68条の2第2項）。

▶33
無料低額宿泊所事業
生活困窮者に無料又は低額な料金で，簡易住宅を貸し付け，又は宿泊所などの施設を利用させる事業（社会福祉法第2条第3項第8号）。

●求職者支援制度

☐☐ **109**
29回144
個人事業を廃業した者が企業に就職したい場合，求職者支援法の利用対象となり得る。

☐☐ **110**
34回145
求職者支援法に基づく求職者支援制度では，雇用保険の被保険者は対象としていない。

☐☐ **111**
29回144
雇用保険に加入できずに企業で働いていたが，現在失業している者が職業訓練を受講したい場合，求職者支援法の利用対象となり得る。

☐☐ **112**
34回145
求職者支援法に基づく求職者支援制度の申込みは福祉事務所で行わなければならない。

☐☐ **113**
34回145改変
求職者支援法に基づく求職者支援制度では，月10万円の訓練受講手当の支給を受けることができる。

☐☐ **114**
34回145
求職者支援法に基づく求職者支援制度は1990年代初めに若年者への失業対策として創設された。

☐☐ **115**
34回145
求職者支援法に基づく求職者支援制度の対象となる職業訓練は，長期的な就業安定を目的とするために期間が設けられていない。

○ 求職者支援法の利用にあたっては，雇用保険の被保険者や受給資格者ではないことが要件の1つとなっている。設問の場合は雇用保険の被保険者とはならず，受給資格者とはなり得ない。また，企業に就職したいという意思があるため，利用対象となり得る。

○ 求職者支援制度の利用には，①公共職業安定所（ハローワーク）に求職の申込みをしていること，②雇用保険被保険者や雇用保険受給資格者でないこと，③労働の意思と能力があること，④職業訓練などの支援を行う必要があると公共職業安定所長が認めたことの4要件を満たす必要がある。

○ 雇用保険に加入できずに企業で働いていたため，雇用保険の被保険者や受給資格者ではなく，また，失業し，職業訓練を受講したいと考えているため，就労意思があるとみなすことができることから，利用対象となり得る。

× 求職者支援制度の申込みは，ハローワークで行う。また，訓練開始前から訓練期間中，訓練終了後までハローワークが一貫して求職活動を支援する。

○ 求職者支援制度に基づく職業訓練を受講している期間は，月額10万円の訓練受講手当が支給される。そのほかに，通所手当や寄宿手当が支給される。

× 求職者支援法は，2008年（平成20年）の世界金融危機（リーマンショック）の影響を受けた大量の失業者の発生や，雇用保険の基本手当を受給できない非正規労働者の増加等を背景として制定され，2011年（平成23年）10月に求職者支援制度が創設された。

× 職業訓練には訓練コースによって期間が設けられている。標準的な訓練期間（2〜6か月）より長い公共職業訓練（最長2年）もある。

▶34
求職者支援法
正式名称は，「職業訓練の実施等による特定求職者の就職の支援に関する法律」である。求職者支援法は，公共職業安定所（ハローワーク）が実施する求職者支援制度の根拠法となっており，2011年（平成23年）10月に施行された。求職者支援制度とは，雇用保険を受給できない求職者が，職業訓練によるスキルアップを通じて，早期就職を目指す制度であるが，①公共職業安定所に求職の申込みをしていること，②雇用保険被保険者や雇用保険受給資格者でないこと，③労働の意思と能力があること，④職業訓練などの支援を行う必要があると公共職業安定所長が認めたこと，のすべての要件を満たすものが制度の対象となる。

貧困に対する支援

ホームレス対策

●ホームレス自立支援法の概要

☐ **116**
☐ 28回69 「ホームレス自立支援法」による支援を受けている者は，生活保護法による保護を受けることはできない。

☐ **117**
☐ 28回69 「ホームレス自立支援基本方針」（厚生労働省，国土交通省）に基づき，国は，ホームレスの支援に向けて実施計画を策定しなければならない。

●ホームレスの動向

☐ **118**
☐ 36回69改変 「ホームレスの実態に関する全国調査（概数調査）」（2024年（令和6年））によれば，全国のホームレス数は2023年に比べて増加している。

☐ **119**
☐ 36回69改変 「ホームレスの実態に関する全国調査（概数調査）」（2024年（令和6年））によれば，性別人数では女性より男性が多数を占めている。

☐ **120**
☐ 36回69 「ホームレスの実態に関する全国調査（生活実態調査）」（2021年（令和3年））によれば，ホームレスの平均年齢は2016年調査に比べて低下している。

☐ **121**
☐ 36回69 「ホームレスの実態に関する全国調査（生活実態調査）」（2021年（令和3年））によれば，路上生活期間「10年以上」は2016年調査に比べて増加している。

☐ **122**
☐ 36回69 「ホームレスの実態に関する全国調査（生活実態調査）」（2021年（令和3年））によれば，「生活保護を利用したことがある」と回答した人は全体の約7割程度である。

✕ ホームレス自立支援法による支援を受けている者が，生活保護を受けることができないという規定はない。ホームレス施策を利用した者で，就労による自立が困難な者等については福祉事務所につなぎ，生活保護等による自立を図ることとされている。

▶35
ホームレス自立支援法
正式名称は，「ホームレスの自立の支援等に関する特別措置法」である。

✕ 都道府県は，ホームレスに関する問題の実情に応じた施策を実施するため必要があると認められるとき，「ホームレス自立支援基本方針」に即し，実施計画を策定しなければならない（ホームレス自立支援法第9条第1項）。

▶36
ホームレス自立支援基本方針
正式名称は，「ホームレスの自立の支援等に関する基本方針」（令和5年7月）である。

✕ 2024年（令和6年）の全国のホームレス数は2820人であり，2023年（令和5年）の3065人と比べて245人減少している。

◯ 2024年（令和6年）の全国のホームレス数は，男性が2575人，女性が172人，不明が73人となっており，男性が9割以上を占めている。

✕ ホームレスの平均年齢は，2016年調査では61.5歳，2021年調査では63.6歳と平均年齢は上昇しており，高齢化が進んでいる。

◯ 路上生活期間が「10年以上」のホームレスの割合は，2016年調査では34.6％，2021年調査では40.0％と，路上生活期間の長期化が進んでいる。

✕ 「生活保護制度を利用したことがある」と回答した人は32.7％，全体の約3割程度であった。

貧困に対する支援における関係機関と専門職の役割

国，都道府県，市町村の役割

●国の役割

| 123
29回63改変 | 厚生労働大臣以外の者でも，生活保護法に基づく医療機関を指定することができる。 |

●都道府県の役割

| 124
36回66 | 都道府県は，福祉事務所を任意に設置できる。 |

| 125
36回66 | 都道府県知事は，地域の実情を踏まえて生活保護法上の保護基準を変更することができる。 |

| 126
36回66 | 都道府県は，町村が福祉事務所を設置する場合，その保護費の一部を負担する。 |

| 127
36回66改変 | 都道府県知事は，保護施設の設備及び運営について，基準を定めなければならないとされている。 |

| 128
36回66 | 都道府県知事は，生活保護法に定めるその職権の一部を，その管理に属する行政庁に委任することができる。 |

| 129
33回68 | 都道府県知事は，生活保護法に定める職権の一部を，社会福祉主事に委任することができる。 |

●市町村の役割

| 130
30回66 | 保護の開始の申請は，福祉事務所を設置していない町村を経由して行うことができない。 |

◯ 医療機関の指定については，厚生労働大臣が国の開設した病院，診療所，薬局について指定し，都道府県知事がその他の病院，診療所（これらに準ずるものとして政令で定めるものを含む），薬局を指定する（生活保護法第49条）。 ▶37

✕ 都道府県及び市（特別区を含む）は，条例で，福祉事務所（福祉に関する事務所）を設置しなければならない（社会福祉法第14条第1項）。

✕ 生活保護法における保護基準は，厚生労働大臣が定める（生活保護法第8条）。

✕ 町村が福祉事務所を設置する場合，福祉事務所を設置した町村がその保護費を支弁しなければならない（生活保護法第70条）。

◯ 保護施設の設備及び運営について，都道府県は条例で基準を定めなければならない（生活保護法第39条第1項）。

◯ 都道府県知事は，「この法律に定めるその職権の一部を，その管理に属する行政庁に委任することができる」とされている（生活保護法第20条）。

✕ 都道府県知事は，生活保護法に定めるその職権の一部を，その管理に属する行政庁に委任することができる（生活保護法第20条）。

✕ 保護の開始の申請は福祉事務所を設置していない町村を経由して行うことができる（生活保護法第24条第10項）。

▶37
指定医療機関
生活保護法では，指定医療機関は，懇切丁寧に被保護者の医療を担当し，被保護者の医療について厚生労働大臣又は都道府県知事の行う指導に従う義務があること，診療方針及び診療報酬は，原則として国民健康保険の例によることなどが規定されている。

□ **131** 福祉事務所未設置町村は，生活困窮者及びその家族等からの相談に応じ，生活困
□ 32回69 窮者自立相談支援事業の利用勧奨等を行う事業を行うことができる。

福祉事務所の役割

□ **132** 都道府県及び市（特別区を含む）は，条例で，福祉事務所を設置しなければならな
□ 33回68 い。

□ **133** 福祉事務所の長は，都道府県知事又は市町村長（特別区の区長を含む）の指揮監督
□ 32回67改変 を受けて，所務を掌理する。

□ **134** 福祉事務所の長は，高度な判断が求められるため社会福祉士でなければならない。
□ 33回68

□ **135** 福祉事務所に置かれている社会福祉主事は，25歳以上の者でなければならない。
□ 32回67

□ **136** 市が設置する福祉事務所の社会福祉主事は，生活保護法の施行について，市長の
□ 32回67 事務の執行を補助する。

□ **137** 社会福祉主事は，生活保護法の施行について，都道府県知事又は市町村長の事務
□ 34回68 の執行を代理する。

□ **138** 福祉事務所の就労支援員の業務として，公共職業安定所（ハローワーク）への同行
□ 32回145 支援があげられる。

○ 福祉事務所を設置していない町村（福祉事務所未設置町村）は，生活困窮者に対する自立の支援について，生活困窮者や家族その他の関係者からの相談に応じ，情報提供及び助言，都道府県との連絡調整，生活困窮者自立相談支援事業の利用の勧奨などの必要な援助を行う事業を行うことができる（生活困窮者自立支援法第11条第1項）。

○ 「都道府県及び市（特別区を含む。）は，条例で，福祉に関する事務所を設置しなければならない」と定められている（社会福祉法第14条第1項）。町村は任意で設置することができる（同条第3項）。（関連キーワード▶38参照）

○ 福祉事務所の長は，都道府県知事又は市町村長（特別区の区長を含む）の指揮監督を受けて，所務を掌理する（社会福祉法第15条第2項）。

✕ 福祉事務所の長については，社会福祉士でなければならないという決まりはない。

✕ 社会福祉主事は，18歳以上の者であって，人格が高潔で，思慮が円熟し，社会福祉の増進に熱意があるものとされている（社会福祉法第19条）。

○ 社会福祉主事については，生活保護法第21条において，「都道府県知事又は市町村長の事務の執行を補助する」と規定されている。また，社会福祉法第19条において，「都道府県知事又は市町村長の補助機関である職員」として規定されている。

✕ 社会福祉主事は，生活保護法第21条において，「都道府県知事又は市町村長の事務の執行を補助するもの」と規定されており，社会福祉法第19条においては，「都道府県知事又は市町村長の補助機関である職員」と規定されているため，代理をするものではない。

○ 就労支援員は，相談支援を通して，就労意欲の喚起やハローワークへの同行，履歴書の書き方や面接練習，アフターフォロー等を行うことが主な業務である。

▶38
市町村の設置する福祉事務所
福祉六法に関する事務をつかさどる第一線の社会福祉行政機関であり，生活保護法その他社会福祉各法にかかわる相談や申請の窓口となっている。

▶39
社会福祉主事
通常，福祉業務に携わるケースワーカーのことを指し，福祉事務所には必置義務，福祉事務所のない町村は任意設置となる（社会福祉法第18条第1項・第2項）。

| | 139 32回145 | 福祉事務所の就労支援員の業務として，健康管理の指導があげられる。 |

| | 140 32回145 | 福祉事務所の就労支援員の業務として，職業能力開発促進法に基づく公共職業訓練があげられる。 |

| | 141 32回145 | 福祉事務所の就労支援員の業務として，職場適応のためのジョブコーチ支援計画の策定があげられる。 |

| | 142 28回144 | 福祉事務所の就労支援員の役割の1つとして，面接の受け方についての支援があげられる。 |

| | 143 28回144 | 福祉事務所において，就労支援員は，職業紹介を担う。 |

その他の貧困に対する支援における関係機関の役割

●ハローワーク

| | **144** 29回145 | 公共職業安定所(ハローワーク)は，各市町村にその設置が義務づけられている。 |

| | **145** 29回145 | 公共職業安定所(ハローワーク)は，生活保護のうち，生業扶助の支給に関する事務を行っている。 |

関連する専門職等の役割

●現業員

| | 146 33回68 | 生活保護の現業を行う所員(現業員)は，保護を決定し実施することができる。 |

✗ 健康管理を含む生活面に対する助言や指導は，福祉事務所の現業員（ケースワーカー）のほか，保健師，管理栄養士，精神保健福祉士等の保健医療福祉に専門的知識を有する者が行う。

✗ 公共職業訓練を実施するのは，国及び地方公共団体の役割であり，公共職業能力開発施設[▶40]を設置して，新規高卒者や在職者，雇用保険を受給している求職者に対して職業訓練を行う。

✗ ジョブコーチ支援計画の策定は，職場適応援助者（ジョブコーチ）[▶41]の業務である。ジョブコーチ支援計画は，対象者の職業能力や職場における環境設定，支援体制の有無等の状況を把握し，課題に対する支援内容や頻度や期間を検討して立案・作成する。

○ 面接の受け方についての支援は，「被保護者就労支援事業実施要領」において福祉事務所の就労支援員の役割の１つである「求職活動の支援」として規定されている。

✗ 福祉事務所の就労支援員が，職業紹介をするという規定はない。職業紹介を担うのは，公共職業安定所（ハローワーク）の職員等である。

✗ 公共職業安定所（ハローワーク）は，国の行政機関であり，各市町村に設置することは義務づけられてはいない。

✗ 生業扶助の支給に関する事務を含む，生活保護法に規定する保護の決定及び実施に関する事務に関しては，福祉事務所の業務である。

✗ 生活保護法第19条において，「都道府県知事，市長及び社会福祉法に規定する福祉に関する事務所（以下，「福祉事務所」という。）を管理する町村長は，（中略）この法律の定めるところにより，保護を決定し，かつ，実施しなければならない」と定めている。

▶40
公共職業能力開発施設
職業能力開発校，職業能力開発短期大学校，職業能力開発大学校，職業能力開発促進センター，障害者職業能力開発校がある。

▶41
職場適応援助者（ジョブコーチ）
①地域障害者職業センターに配置される配置型ジョブコーチ，②障害者の就労支援を行う社会福祉法人等に雇用される訪問型ジョブコーチ，③障害者を雇用する企業に雇用される企業在籍型ジョブコーチがある。

貧困に対する支援

155

| □ 147 | 生活保護の現業を行う所員(地区担当員)は，保護の開始，変更，停止，廃止，被 |
| 27回67 | 保護者への指導又は指示に関する権限を委任されている。 |

| □ 148 | 生活保護の現業を行う所員(地区担当員)は，生活保護の適切な運営が行えるよう， |
| 27回67 | 文書担当，庶務担当，経理担当などを担う職員として配置されている。 |

| □ 149 | 福祉事務所の現業を行う所員(現業員)の定数については，生活保護法で定めてい |
| 32回67 | る。 |

| □ 150 | 市の設置する福祉事務所にあっては，被保護世帯数80世帯に対して1人の現業を |
| 27回67改変 | 行う所員(地区担当員)を配置することが標準とされている。 |

| □ 151 | 現業を行う所員は，援護，育成又は更生の措置を要する者の家庭を訪問するなど |
| 31回67 | して，生活指導を行う事務をつかさどる。 |

●査察指導員

| □ 152 | 生活保護の指導監督を行う所員(査察指導員)は，都道府県知事又は市町村長の指 |
| 27回67 | 揮監督を受けて福祉事務所の所務を掌理する。 |

| □ 153 | 福祉事務所の指導監督を行う所員(査察指導員)及び現業を行う所員(現業員)は， |
| 33回68改変 | 生活保護法以外の業務に従事することができる。 |

□ 154	生活保護の指導監督を行う所員(査察指導員)は，生活保護業務における管理的機
27回67	能と現業を行う所員(地区担当員)に対する教育的機能と支持的機能を果たすこと
	が求められている。

| □ 155 | 福祉事務所の指導監督を行う所員及び現業を行う所員は，社会福祉主事でなけれ |
| 31回67改変 | ばならない。 |

●相談支援員

| □ 156 | 生活困窮者自立相談支援事業の相談支援員は，社会福祉主事でなければならない |
| 32回69 | と社会福祉法に定められている。 |

✖ 保護の開始，変更，停止，廃止，被保護者への指導又は指示に関する権限を委任されているのは福祉事務所長である。

✖ 文書担当，庶務担当，経理担当などを担う職員は事務を行う所員である。

✖ 社会福祉法第16条では，「所員の定数は，条例で定める。ただし，現業を行う所員の数は，各事務所につき，それぞれ次の各号に掲げる数を標準として定めるものとする」と規定されている。ただし，あくまでも標準定数であるため定数を満たさなくても罰則はない。

⭕ 設問のとおり。なお，都道府県（郡部）福祉事務所では被保護世帯65世帯に1人，町村の設置する福祉事務所では被保護世帯80世帯に1人の現業を行う所員を配置することが標準とされている。

⭕ 現業を行う所員は，生活指導として訪問活動における世帯状況の把握や援助方針に基づく支援を行う。

✖ 都道府県知事又は市町村長の指揮監督を受けて福祉事務所の所務を掌理するのは福祉事務所長である（社会福祉法第15条第2項）。

⭕ 査察指導員及び現業員は，生活保護に関する職務の遂行に支障がない場合に，他の社会福祉又は保健医療に関する事務を行うことができる（社会福祉法第17条）。

⭕ 設問のとおり。指導監督を行う所員は，現業を行う所員に対するスーパーバイザーとして，知識や技術の伝達（教育的機能），悩みや困難ケースに対する支援（支持的機能），業務の状況把握（管理的機能）といった役割が求められている。

⭕ 指導監督を行う所員及び現業を行う所員は，社会福祉主事でなければならない（社会福祉法第15条第6項）。

✖ 社会福祉法に，相談支援員についての資格要件の規定はない。

▶42
事務を行う所員
福祉事務所長の指揮監督を受けて，福祉事務所の庶務をつかさどる（社会福祉法第15条第5項）。

▶43
現業を行う所員（現業員）
福祉事務所長の指揮監督を受けて，援護，育成又は更生の措置を要する者等の家庭を訪問し，又は訪問しないで，これらの者に面接し，本人の資産，環境等を調査し，保護その他の措置の必要の有無及び種類を判断し，生活指導を行う等の事務をつかさどる（社会福祉法第15条第4項）。

▶44
指導監督を行う所員（査察指導員）
福祉事務所長の指揮監督を受けて，現業事務の指導監督をつかさどる（社会福祉法第15条第3項）。

貧困に対する支援

●民生委員

□
□ **157**
32回69

民生委員は，地域の低所得者を発見し，福祉事務所につなぐために市長から委嘱され，社会奉仕の精神で住民の相談に応じる者である。

□
□ **158**
34回68

民生委員は，生活保護法の施行について，市町村の補助機関として位置づけられている。

貧困に対する支援の実際

貧困に対する支援の実際（多職種連携を含む）

●生活保護制度及び生活保護施設における就労支援

□
□ **159**
27回144

生活保護受給者に対する就労支援では，就労意欲の低い者は対象としない。

□
□ **160**
27回144改変

就労支援を受けることは，生活保護受給を継続する条件ではない。

□
□ **161**
27回144

生活保護受給者に対する就労支援では，本人の同意を得て自立活動確認書の作成を求める。

□
□ **162**
31回144改変

被保護者就労準備支援事業（一般事業分）には，日常生活自立に関する支援が含まれている。

✕ 民生委員は，厚生労働大臣の委嘱を受けて社会奉仕の精神で住民の相談に応じる者である。その職務は民生委員法第14条に規定されており，地域の低所得者等を発見し，福祉事務所につなぐことも職務内容に含まれる。

✕ 民生委員は，運営実施に当たって，市町村長，福祉事務所長又は社会福祉主事の事務の執行に協力することとされているため，協力機関となる（生活保護法第22条，民生委員法第14条第1項第5号）。

✕ 生活保護受給者の就労意欲を喚起する代表的な事業である自立支援プログラム[45]は，就労意欲等が低いなどの課題を抱えた被保護者に対して，就労意欲の喚起等を図るための支援を行う。

◯ わが国においては，ワークフェア(workfare)[46]の政策をかならずしも積極的に行っておらず，就労支援を受けることが生活保護受給継続の条件ではない。稼働能力のない生活保護受給者も生活保護を継続して受給できる。

◯ 保護の実施機関が就労可能と判断する被保護者を対象に，本人の同意を得て，求職活動の具体的な目標，内容を決定し，本人との共通認識のもと，適切な就労活動及び的確な就労支援を行うために作成が求められる。

◯ 適切な生活習慣の形成を促すことを目的に，電話や自宅訪問等による起床や定時通所の促し，適切な身だしなみや食事の摂取に関する助言や指導等の日常生活自立に関する支援が行われる。

▶45
自立支援プログラム
就労意欲等が低い等の課題を多く抱えている者について，公共職業安定所と福祉事務所が連携して設置する就労支援チームの福祉部門担当コーディネーター等と調整し，福祉事務所等が実施する自立支援プログラム等を活用して，就労に向けた問題解決を図る。

▶46
ワークフェア
就労支援を受けることが生活保護の受給要件となっており，そのような支援プログラムを受けないと，生活保護の継続を打ち切るような福祉政策のことをいう。

163 31回144 被保護者就労準備支援事業(一般事業分)には,社会生活自立に関する支援が含まれている。

164 31回144 被保護者就労準備支援事業(一般事業分)の対象者には,公共職業安定所(ハローワーク)に求職の申込みをすることが義務づけられている。

社会的能力の形成を促すことを目的に，対象者が不安やストレスを感じる場面や状況への対応に関する助言や，挨拶の励行等の基本的なコミュニケーション能力の形成，地域の事業所での職場見学や地域のイベント等の準備手伝い等の地域活動への参加などの社会生活自立に関する支援が行われる。

✕ 対象者にハローワークへの求職の申込みは義務づけられていない。

(関連キーワード▶47参照)

▶47
被保護者就労準備支援事業の対象者
就労に向けた複合的な課題を抱え，直ちに就職することが困難な被保護者であって，生活習慣の形成・改善を行い，社会参加に必要な基礎技能等を習得することにより就労が見込まれる者のうち，事業への参加を希望する者とされている。

貧困に対する支援

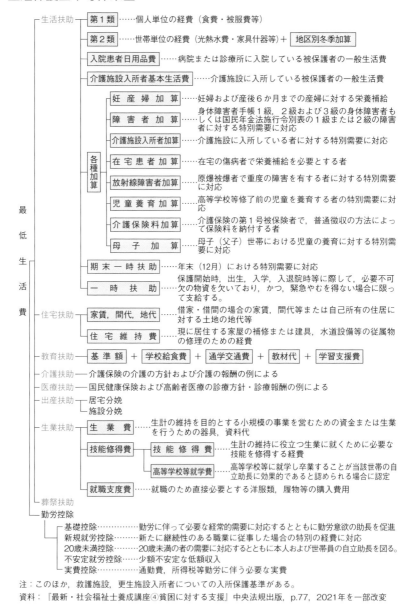

整理しておこう！

生活保護基準等体系図

最低生活費

生活扶助

第1類 ……個人単位の経費（食費・被服費等）

第2類 ……世帯単位の経費（光熱水費・家具什器費等）＋ **地区別冬季加算**

入院患者日用品費 ……病院または診療所に入院している被保護者の一般生活費

介護施設入所者基本生活費 ……介護施設に入所している被保護者の一般生活費

各種加算

妊産婦加算 ……妊婦および産後6か月までの産婦に対する栄養補給

障害者加算 ……身体障害者手帳1級，2級および3級の身体障害者もしくは国民年金法施行令別表の1級または2級の障害者に対する特別需要に対応

介護施設入所者加算 ……介護施設に入所している者に対する特別需要に対応

在宅患者加算 ……在宅の傷病者で栄養補給を必要とする者

放射線障害者加算 ……原爆被爆者で重度の障害を有する者に対する特別需要に対応

児童養育加算 ……高等学校等修了前の児童を養育する者の特別需要に対応

介護保険料加算 ……介護保険の第1号被保険者で，普通徴収の方法によって保険料を納付する者

母子加算 ……母子（父子）世帯における児童の養育に対する特別需要に対応

期末一時扶助 ……年末（12月）における特別需要に対応

一時扶助 ……保護開始時，出生，入学，入退院時等に際して，必要不可欠の物資を欠いており，かつ，緊急やむを得ない場合に限って支給する。

住宅扶助

家賃，間代，地代 ……借家・借間の場合の家賃，間代等または自己所有の住居に対する土地の地代等

住宅維持費 ……現に居住する家屋の補修または建具，水道設備等の従属物の修理のための経費

教育扶助 — **基準額** ＋ **学校給食費** ＋ **通学交通費** ＋ **教材代** ＋ **学習支援費**

介護扶助 — 介護保険の介護の方針および介護の報酬の例による

医療扶助 — 国民健康保険および高齢者医療の診療方針・診療報酬の例による

出産扶助 — 居宅分娩／施設分娩

生業扶助

生業費 ……生計の維持を目的とする小規模の事業を営むための資金または生業を行うための器具，資料代

技能修得費

技能修得費 ……生計の維持に役立つ生業に就くために必要な技能を修得する経費

高等学校等就学費 ……高等学校等に就学し卒業することが当該世帯の自立助長に効果的であると認められる場合に認定

就職支度費 ……就職のため直接必要とする洋服類，履物等の購入費用

葬祭扶助

勤労控除

基礎控除……………勤労に伴って必要な経常的需要に対応するとともに勤労意欲の助長を促進

新規就労控除………新たに継続性のある職業に従事した場合の特別の経費に対応

20歳未満控除………20歳未満の者の需要に対応するとともに本人および世帯員の自立助長を図る。

不安定就労控除……少額不安定な低額収入

実費控除……………通勤費，所得税等勤労に伴う必要な実費

注：このほか，救護施設，更生施設入所者についての入所保護基準がある。

資料：『最新・社会福祉士養成講座④貧困に対する支援』中央法規出版，p.77，2021年を一部改変

保健医療と福祉

保健医療に係る政策・制度・サービスの概要

医療保険制度の概要

1 33回70
健康保険の保険者には，全国健康保険協会が含まれる。

2 35回70
健康保険組合が設立された適用事業所に使用される被保険者は，当該健康保険組合に加入する。

3 35回70
週所定労働時間が10時間未満の短時間労働者は，健康保険の被保険者となる。

4 33回70
船員保険の保険者は，健康保険組合である。

5 33回70
日雇特例被保険者の保険の保険者は，国民健康保険組合である。

6 33回70改変
国民健康保険の被保険者には，国家公務員共済組合の組合員は含まれない。

7 35回70
国民健康保険の被保険者に扶養されている者は，被扶養者として，給付を受けることができる。

8 35回70改変
国民健康保険は，後期高齢者医療制度の被保険者には適用されない。

○ 健康保険の保険者は,全国健康保険協会及び健康保険組合である(健康保険法第4条)。

▶1
健康保険組合設立の基準
1つの企業による単一健康保険組合の場合は被保険者数が700人以上,同種の事業を行う2つ以上の事業所が共同設立する総合組合の場合は被保険者数が3000人以上である。

○ 設問のとおり。健康保険は,事業所単位で適用され,健康保険の適用を受ける事業所を適用事業所という。適用事業所のうち,常時5人以上の従業員を使用する事業所を強制適用事業所といい,法律により事業主や従業員の意思に関係なく,健康保険への加入が定められている。

✕ 短時間労働者の健康保険の加入要件については,週所定労働時間が20時間以上であることが定められている。そのほかの要件として,雇用期間が2か月を超えて見込まれること,賃金の月額が8万8000円以上であること,学生でないこと等が示されている。

✕ 船員保険の保険者は,健康保険法による全国健康保険協会である(船員保険法第4条)。

▶2
船員保険
船員又はその被扶養者の職務外の事由による疾病,負傷若しくは死亡又は出産に関して保険給付を行うとともに,労働者災害補償保険による保険給付と併せて船員の職務上の事由又は通勤による疾病,負傷,障害又は死亡に関して保険給付を行うこと等により,船員の生活の安定と福祉の向上に寄与することを目的としている(船員保険法第1条)。

✕ 日雇特例被保険者の保険の保険者は,全国健康保険協会である(健康保険法第123条)。

○ 国民健康保険の被保険者は,都道府県の区域内に住所を有する者である(国民健康保険法第5条)。ただし,健康保険法の規定による被保険者(日雇特例被保険者を除く),国家公務員共済組合法又は地方公務員等共済組合法に基づく共済組合の組合員等は,国民健康保険法における被保険者には含まれない(同法第6条)。

✕ 国民健康保険制度は,原則として被用者保険等に加入していない国民すべてを被保険者とした医療保険制度である。国民健康保険では「扶養」という考え方はなく,世帯の対象となる者すべてが加入者の扱いとなっている。

○ 後期高齢者医療制度の被保険者の要件を満たした者は,国民健康保険及び健康保険等の各医療保険制度の被保険者・被扶養者から除外される。

| | 9
 35回74 | 後期高齢者医療制度の保険者は都道府県である。 |

| | 10
 35回74 | 後期高齢者医療制度の被保険者は，60歳以上の者が対象である。 |

| | 11
 35回74 | 後期高齢者医療制度の保険料の算定は，世帯単位でされる。 |

| | 12
 35回74 | 後期高齢者医療制度の各被保険者の保険料は同一である。 |

整 理 し て お こ う ！

日本の医療保険制度

　日本の医療保険制度は，1961年(昭和36年)に年金とともに国民皆保険の体制が整った。

　以来，医療保険は職業別の制度体系を維持してきたが，2008年(平成20年) 4月に後期高齢者医療制度が創設されたのに伴い，年齢別・職業別の制度体系となった。ただし，75歳未満が対象となる従前からの医療保険は，職業別の体系を維持していて，民間企業のサラリーマンや公務員が加入する制度は被用者保険又は職域保険と，農業者や自営業者が加入する国民健康保険は地域保険と称されている。

✕ 後期高齢者医療制度の保険者は，都道府県ではなく，**各都道府県の**
すべての市町村が加入する後期高齢者医療広域連合である。保険料
の徴収，被保険者資格の管理，医療給付申請の受付等の業務は市町村にな
るので，各都道府県にある後期高齢者医療広域連合と市町村が保険業務を
共同して行っている。

✕ 後期高齢者医療制度の被保険者は，後期高齢者医療広域連合の区域
内に住所を有する①75歳以上の者と②65歳以上75歳未満で，**一定**
の障害があると後期高齢者医療広域連合の認定を受けた者である（高齢者
の医療の確保に関する法律第50条）。

✕ 後期高齢者医療制度では，保険料は被保険者一人ひとりに対し課せ
られている。

✕ 後期高齢者医療制度の被保険者の保険料は，被保険者全員が同じ金
額である均等割額と所得に応じて決められた金額である所得割額の
合計となる。そのため，被保険者の保険料は同一ではなく，所得に応じて
異なる。

医療保険の種類と対象者

75歳未満	被用者保険	健康保険	協会けんぽ	健保組合を設立していない事業所
			組合健保	健保組合を設立している事業所
		船員保険		大型船舶乗組員
		国家公務員共済組合		国家公務員
		地方公務員等共済組合		地方公務員
		私立学校教職員共済		私立学校の教職員
	地域保険	国民健康保険	市（区）町村	被用者保険と国民健康保険組合に該当しない国民
			国保組合	国民健康保険組合を設立している業種の自営業者
75歳以上	後期高齢者医療制度			75歳以上（障害者は65歳以上）の国民

注：「協会けんぽ」とは全国健康保険協会管掌健康保険のことであり，「組合健保」とは健康保険組合管掌健康保険のことであり，「国保組合」とは国民健康保険組合のことである。

☐	**13**	後期高齢者医療制度では，各医療保険者から拠出される後期高齢者支援金が財源
☐	35回74	の一部となっている。

☐	**14**	医療保険の保険給付は，現物給付に限られる。
☐	33回71	

☐	**15**	「難病法」の適用を受ける者は，いずれの医療保険の適用も受けない。
☐	35回70	

☐	**16**	療養の給付は，保険医の保険診療を受けた場合に受けられる。
☐	33回71	

☐	**17**	療養の給付に要した費用の一部負担金の割合は，一律3割である。
☐	36回70	

☐	**18**	被用者保険に加入中の生活保護の被保護者は，一部負担金のみが医療扶助の対象
☐	36回70	となる。

☐	**19**	正常な分娩による出産費用の一部負担金の割合は，3割である。
☐	36回70	

☐	**20**	入院時の食事提供の費用は，全額自己負担である。
☐	36回70	

○ 後期高齢者医療制度の財源は，公費（国・都道府県・市町村）約5割，現役世代からの支援金（後期高齢者支援金[3]）約4割，被保険者の保険料約1割となっている。後期高齢者医療制度は75歳以上の高齢者を対象とした独立した保険制度であるが，その費用負担は公費と現役世代からの支援金で支えられている。

× 医療保険の保険給付は，現物給付だけではなく現金給付もある。

× 難病法[4]に基づく医療費助成制度には，医療保険等の適用を受けた後の自己負担部分に対する助成（公費負担）がある。原則として，国民健康保険や健康保険等の公的医療保険に加入していることや，指定難病の認定基準を満たしていること等が適用の条件となる。

○ 療養の給付が受けられるのは，厚生労働大臣が指定した保険医療機関等で（健康保険法第63条第3項），保険医療機関において健康保険の診療に従事する医師若しくは歯科医師は，保険医でなければならない（同法第64条）。（関連キーワード▶5参照）

× 療養の給付に要した自己負担の額は医療費の一定割合とされており，義務教育就学前は2割負担，義務教育就学後から70歳未満は3割負担となっている。また70歳以上75歳未満では一般所得者等が2割負担であるが，現役並み所得者は3割負担となっている。さらに75歳以上では，一般所得者等が1割負担，一定以上所得者が2割負担，現役並み所得者が3割負担と，3区分が設定されている。（関連キーワード▶6参照）

○ 被保護者が国民健康保険や後期高齢者医療制度の被保険者であった場合，保護を受けるとその資格を喪失し，医療費全体が医療扶助の対象となる。一方，被用者保険の場合は，被保険者資格は失われず，一部負担金のみが医療扶助の対象となる（保険優先）。

× 医療保険の対象となる給付は，疾病等に対する有効性・安全性が認められる治療に限られており，治療でないもの（正常な妊娠・分娩の費用，健康診断，予防接種，美容整形など）は医療保険の給付対象とならない。

× 入院時食事療養費は，医療給付の中の療養費として位置づけられ，療養の給付と併せて入院時に食事療養を受けた場合に給付される医療保険の保険給付である。

▶3
後期高齢者支援金
75歳未満の者が加入している各種健康保険からの支援金のことである。

▶4
難病法
正式名称は，「難病の患者に対する医療等に関する法律」である。

▶5
療養費
被保険者が保険医療機関等以外で診療等を受けた場合，保険者がやむを得ないものと認めるときは，療養の給付等に代えて療養費を支給することができる（健康保険法第87条）。

▶6
後期高齢者医療制度
75歳になると，原則として，加入していた健康保険を脱退し，後期高齢者医療制度に加入する。

保健医療と福祉

☐	**21** 33回71	入院時生活療養費は，特別の病室に入院した場合に限り支給される。
☐	**22** 31回70	食事療養に要した費用については，入院時食事療養費が給付される。
☐	**23** 31回70	傷病手当金は，被保険者が業務上のケガで労務不能となった場合に給付される。
☐	**24** 33回71改変	出産手当金は，女子被保険者が出産した場合に支給される。

●高額療養費制度

☐	**25** 33回71	高額療養費の給付は，国民健康保険を除く公的医療保険で受けられる。
☐	**26** 27回70	高額療養費の支給申請を忘れていても，消滅時効はなく，いつでも支給を申請できる。
☐	**27** 32回70	食費，居住費，差額ベッド代は高額療養費制度の支給の対象とはならない。
☐	**28** 36回70	1か月の医療費の一部負担金が限度額を超えた場合，保険外併用療養費制度により払戻しが行われる。
☐	**29** 32回70改変	医療保険加入者が70歳未満である場合，二人以上の同一世帯で合算した同一月内の医療費の自己負担限度額が定められている。
☐	**30** 32回70	医療保険加入者が医療保険と介護保険を共に利用した場合，それらの費用を世帯で合算した月額の自己負担限度額が定められている。

✕ 特別の病室に入院した場合に支給されるのは，保険外併用療養費である。（関連キーワード▶7参照）

▶7
入院時生活療養費
入院中の食費及び光熱費に当たる居住費の合計であり，患者の標準負担額以外は医療保険から給付される。

○ 食事療養に要した費用については，一般の場合1食当たり490円の標準負担額を支払い，残りは入院時食事療養費が給付される。

✕ 傷病手当金は，業務外の事由による病気やケガの療養のため労務不能となった場合に給付される。

▶8
傷病手当金
傷病手当金の額は標準報酬日額の3分の2相当で，支給期間は同一傷病について通算して最長1年6か月間，休業開始4日目から支給される。

○ 被保険者が出産したとき，出産の日以前42日から出産の日後56日までの間において労務に服さなかった期間，出産手当金が支給される（健康保険法第102条）。

✕ 高額療養費の給付は，被用者保険，国民健康保険，後期高齢者医療制度とすべての公的医療保険で受けられる。

▶9
高額療養費制度
家計に対する医療費の自己負担が過重なものとならないよう，月ごとの自己負担限度額を超えた場合，その超えた金額を支給する制度である。

✕ 高額療養費の支給を受ける権利の消滅時効は，診療月の翌月の1日から（ただし診療費の自己負担分を診療月の翌月以降に支払ったときは支払った日の翌日から）2年間である。

○ 食費，居住費，差額ベッド代は保険診療の対象とならないため，高額療養費制度の支給対象から除外される。

✕ 設問は高額療養費制度である。なお，保険外併用療養費制度は，保険医療機関等で提供される評価療養や選定療養，患者申出療養について，保険外診療であっても保険診療との併用を例外的に認める制度である。

○ 70歳未満の場合，同一月内に同一世帯の者に2万1000円以上の自己負担が複数ある場合にそれらを合算することができ，合算額が自己負担限度額を超えた分について高額療養費として支給される。

✕ 高額医療・高額介護合算療養費における自己負担限度額は所得区分ごとに年額（毎年8月1日から始まり翌年7月31日までの1年間）で定められており，その自己負担限度額を超えた場合に支給される。

▶10
高額医療・高額介護合算療養費
医療保険と介護保険の自己負担額が著しく高額であった場合に，その負担を軽減することを目的としている。

31	医療保険加入者が70歳以上である場合，入院の費用に限り世帯単位での医療費
32回70	の自己負担限度額が定められている。

32	医療保険加入者が高額長期疾病（特定疾病）の患者である場合，医療費の自己負担
32回70	を免除することが定められている。

整 理 し て お こ う ！

保険外併用療養費制度

●保険診療との併用が認められている療養

① 評価療養　⎫
② 患者申出療養　⎬ 保険導入のための評価を行うもの
③ 選定療養 ──→ 保険導入を前提としないもの

保険外併用療養費の仕組み
[評価療養の場合]

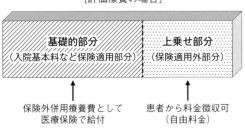

※ 保険外併用療養費においては，患者から料金徴収する際の要件（料金の掲示等）を明確に定めて
いる。

入院費用に限らず世帯内における外来の自己負担額も合算（世帯単位）した自己負担限度額が定められている。

 高額長期疾病（特定疾病）の患者の自己負担限度額は1万円（人工腎臓を実施している慢性腎不全の70歳未満の上位所得者は2万円）とされている。

▶11
高額長期疾病（特定疾病）にかかる高額療養費の支給特例
長期間にわたって継続しなければならず，著しく高額な医療費が必要となる疾病（血友病，人工腎臓を実施している慢性腎不全，抗ウイルス剤を投与している後天性免疫不全症候群）について，自己負担限度額を通常の場合より引き下げ，医療費の自己負担の軽減を図る特例制度である。

保健医療と福祉

●評価療養
・先進医療
・医薬品，医療機器，再生医療等製品の治験に係る診療
・医薬品，医療機器等の品質，有効性及び安全性の確保等に関する法律承認後で保険収載前の医薬品，医療機器，再生医療等製品の使用
・薬価基準収載医薬品の適応外使用
　（用法・用量・効能・効果の一部変更の承認申請がなされたもの）
・保険適用医療機器，再生医療等製品の適応外使用
　（使用目的・効能・効果等の一部変更の承認申請がなされたもの）

●患者申出療養

●選定療養
・特別の療養環境（差額ベッド）
・歯科の金合金等
・金属床総義歯
・予約診療
・時間外診療
・大病院の初診
・大病院の再診
・小児う蝕の指導管理
・180日以上の入院
・制限回数を超える医療行為

●医療費の動向

□ | **33**
28回71

国民医療費には，特定健康診査・特定保健指導の費用が含まれる。

□ | **34**
36回71改変

「令和3（2021）年度国民医療費の概況」（厚生労働省）によると，国民医療費の総額は40兆円を超えている。

□ | **35**
36回71改変

「令和3（2021）年度国民医療費の概況」（厚生労働省）によると，人口一人当たりの国民医療費は30万円を超えている。

□ | **36**
36回71改変

「令和3（2021）年度国民医療費の概況」（厚生労働省）によると，国民医療費に占める薬局調剤医療費の割合は，入院医療費の割合よりも高い。

□ | **37**
36回71改変

「令和3（2021）年度国民医療費の概況」（厚生労働省）によると，国民医療費の財源に占める保険料の割合は，公費の割合よりも高い。

□ | **38**
36回71改変

「令和3（2021）年度国民医療費の概況」（厚生労働省）によると，国民医療費に占める歯科診療医療費の割合は，入院外医療費の割合より高い。

診療報酬制度の概要

□ | **39**
36回72

診療報酬の請求は，各月分について行わなければならない。

□ | **40**
36回72

請求された診療報酬は，中央社会保険医療協議会が審査する。

□ | **41**
36回72

医療機関が診療報酬を請求してから報酬を受け取るまで約6か月掛かる。

□ | **42**
36回72改変

診療報酬点数表には，医科，歯科，調剤の点数表がある。

✕ 国民医療費の範囲は，保険診療の対象となり得る傷病の治療費に限られており，健康の維持・増進を目的とした健康診断・予防接種等に要する費用は含まれない。

○ 2021年度（令和3年度）の国民医療費は45兆359億円であり，40兆円を超えている。

○ 人口一人当たりの国民医療費は35万8800円であり，30万円を超えている。

✕ 医科診療医療費の内訳は，入院医療費が37.4％，薬局調剤医療費の割合は17.5％であり，入院医療費よりも割合は低い。

○ 財源別国民医療費では，財源に占める保険料は50.0％，公費の割合は38.0％となっており，保険料の割合が最も高くなっている。

✕ 診療種類別国民医療費のうち歯科診療医療費の構成割合は7.0％であり，入院外医療費の構成割合34.5％と比べると，歯科診療医療費の割合のほうが低い。

○ 保険診療を行った医療機関は，診療を行った月ごとに，当該月の診療報酬明細書（レセプト）と診療報酬請求書を翌月の10日までに審査支払機関に提出することとなっている。

✕ 医療機関が請求する診療報酬は，保険者から審査支払事務の委託を受けた社会保険診療報酬支払基金や国民健康保険団体連合会といった審査支払機関によって審査される。

✕ 医療機関は診療報酬を請求した翌々月の原則21日に報酬を受け取ることとなっているため約2か月掛かる。

○ 設問のとおり。医療保険で使われる技術やサービスの料金を定める診療報酬点数表は，医科，歯科，調剤の3種類が設けられている。

▶12
診療報酬点数表
診療報酬点数表において，1点単価は10円とされている。

43 36回72改変 診療報酬点数は，1点の単価が10円とされている。

44 35回72 診療報酬の点数は，通常3年に1度改定される。

45 31回73 DPC／PDPSは，分類ごとに月ごとの入院費用を定めている。

46 35回72 療養病棟入院基本料の算定は，出来高払い方式がとられている。

47 35回72 地域包括ケア病棟入院料の算定は，1日当たりの包括払い方式がとられている。

48 35回72 診療報酬には，選定療養の対象となる特別室の料金が設けられている。

49 30回71 一般病棟入院基本料で算定される一般病棟には，療養病床の病棟が含まれる。

50 30回72 在宅療養支援病院は，在宅での療養を行う患者が緊急時を除いて入院できる病床を確保する病院である。

51 30回73 かかりつけ歯科医機能強化型歯科診療所は，口腔機能の管理を行う。

52 30回73 在宅医療専門の診療所は，訪問診療に特化しているため，外来応需体制を有していなくてもよい。

○ 診療報酬の点数は，1点の単価が10円で，全国一律となっている。なお，介護保険の介護報酬は，人件費など地域の事情に応じて金額が異なっている。

✕ 診療報酬の点数は，通常2年に1度改定される。診療報酬の決定は，厚生労働省の社会保障審議会がまとめた基本方針に基づき，中央社会保険医療協議会への諮問や答申を経て，厚生労働大臣が行う。

✕ DPC／PDPS とは，診断群分類別包括支払制度であり，治療内容にかかわらず，疾病別(診断群分類別)に入院1日当たりの金額が定められている。[13]

✕ 療養病棟入院基本料は，厚生労働大臣が定める3段階の医療区分と3段階の ADL 区分をクロスする9つの区分(入院Aから入院I)に従い算定され，入院中の検査(画像診断・撮影)・投薬・注射・処置などは，本入院基本料に包括される包括払い方式となっている。(関連キーワード▶14参照)

○ 地域包括ケア病棟入院料の算定は，1日当たりの包括払い方式となっている。このほか，急性期入院医療において，診断群分類別包括評価(DPC/PDPS)による包括払いが導入されている。

✕ 診療報酬は保険適用医療(保険内)で使われる医科・歯科・調剤点数表によって構成されており，保険外の診療となる選定療養は含まれていない。

✕ 療養病床は，療養病棟入院基本料により算定される。

✕ 在宅療養支援病院は，在宅療養を行う患者が緊急時に入院できる病床を確保する病院である。[15]

○ かかりつけ歯科医機能強化型歯科診療所は，歯科疾患の管理が必要な患者に対し，定期的かつ継続的な口腔の管理を行う診療所のことである。

✕ 在宅医療専門診療所は，外来応需の体制を有していることが原則である。一定の要件等を満たす場合に，在宅医療を専門に実施する診療所の開設が認められる。[16]

▶13
包括支払制度
包括評価部分(入院基本料，検査，投薬，注射，画像診断等)を基本として，出来高評価部分(医学管理，手術，放射線治療等)を組み合わせて算定する。

▶14
出来高払い方式
個々の診療行為の点数を積み上げて算定する方法であり，診療報酬の支払いは出来高払いが原則である。

▶15
在宅療養支援病院の施設基準
①24時間連絡を受ける体制を確保している，②24時間往診や訪問看護が可能である，③緊急時に入院できる病床を確保している，④連携する保険医療機関，訪問看護ステーションに適切に患者の情報提供をしていることなどがあげられる。

▶16
在宅医療専門診療所の開設要件
無床診療所であること，往診や訪問診療を求められた場合，医学的に正当な理由等なく断ることがないことなどが示されている。

| | 53 32回71 | 回復期リハビリテーション病棟の利用は，高度急性期医療を受けた後，終末期と判断された者を対象としている。 |

| | 54 32回71 | 地域包括ケア病棟の利用は，病院で長期にわたり医療的ケアが必要である者を対象としている。 |

| | 55 30回71 | 地域包括ケア病棟入院料で算定される病院には，特定機能病院が含まれる。 |

医療施設の概要

●医療提供施設

| | 56 35回73 | 診療所は，最大30人の患者を入院させる施設であることとされている。 |

| | 57 32回71 | 療養病棟の利用は，急性期で医療的ケアが必要である者を対象としている。 |

| | 58 30回72 | 有床診療所は，地域の患者が48時間以内に退院できるように努める義務を負う診療所である。 |

| | 59 32回71 | 介護老人保健施設の利用は，高度で濃密な医療と介護が必要である者を対象としている。 |

✕ 回復期リハビリテーション病棟は，脳血管疾患又は大腿骨頸部骨折等の患者に対して，ADL（日常生活動作）の向上による寝たきりの防止と家庭復帰を目的としたリハビリテーションを集中的に行うための病棟である。

✕ 地域包括ケア病棟は，急性期治療を経過した患者及び在宅において療養を行っている患者等を受け入れ，患者の在宅・生活復帰支援を行う病棟である。

✕ 地域包括ケア病棟入院料の施設基準には，特定機能病院以外の保険医療機関であることが示されている。

▶17
▶17
地域包括ケア病棟入院料
地域包括ケア病棟入院料は，急性期治療を経過した患者及び在宅において療養を行っている患者等の受け入れ並びに患者の在宅復帰等を行う機能を有し，地域包括ケアシステムを支える役割を担う病棟又は病室が算定できる。

✕ 診療所とは,「医師又は歯科医師が，公衆又は特定多数人のため医業又は歯科医業を行う場所であって，患者を入院させるための施設を有しないもの又は19人以下の患者を入院させるための施設を有するものをいう」とされている（医療法第1条の5第2項）。

✕ 療養病棟を意味する療養病床は,「主として長期にわたり療養を必要とする患者を入院させるためのもの」として位置づけられ，急性期を脱した慢性期に至る長期入院患者に対する医療サービスの提供を担っているといえる。

✕ 有床診療所（一般病床）は，2006年（平成18年）の医療法改正により，48時間の入院時間の制限（いわゆる48時間制限）が廃止された。

✕ 介護保険法第8条第28項において「要介護者であって，主としてその心身の機能の維持回復を図り，居宅における生活を営むことができるようにするための支援が必要である者に対し，施設サービス計画に基づいて，看護，医学的管理の下における介護及び機能訓練その他必要な医療並びに日常生活上の世話を行うことを目的とする施設」と規定されている。

| | **60** 35回73 | 介護医療院は，主として長期の療養を必要とする要介護者に対し，療養上の管理，看護，医学的管理の下での介護，必要な医療及び日常生活上の世話を行う。 |

| | **61** 30回74 | 病院又は診療所の管理者は，入院時の治療計画の書面の作成及び交付を口頭での説明に代えることができる。 |

| | **62** 34回73 | 2014年(平成26年)の第六次医療法改正で，療養型病床群の設置が制度化された。 |

●特定機能病院

| | **63** 34回73 | 2014年(平成26年)の第六次医療法改正で，特定機能病院制度が創設された。 |

| | **64** 29回71改変 | 特定機能病院は，厚生労働大臣の承認を受けることとされている。 |

| | **65** 30回72改変 | 特定機能病院は，400床以上の病床を有し，かつ高度の医療を提供する病院である。 |

整理しておこう！

特定機能病院と地域医療支援病院

　病院は，一般病院，特定機能病院，地域医療支援病院などに機能的に大きく分類される。地域医療支援病院と特定機能病院について，機能や設置要件などをまとめておこう。

特定機能病院
　大学病院，国立がん研究センター中央病院，国立循環器病研究センターなど，一般の医療機関では実施困難な手術や高度医療などを行う病院として，厚生労働大臣が承認した病院である。設置のためには，次のような要件を満たす必要がある。

①高度医療の提供
②高度医療技術の開発・評価
③高度医療に関する研修
④内科，外科，小児科等16の診療科名の標榜

○ 設問のとおり。介護医療院は，介護保険法第8条第29項において「要介護者であって，主として長期にわたり療養が必要である者に対し，施設サービス計画に基づいて，療養上の管理，看護，医学的管理の下における介護及び機能訓練その他必要な医療並びに日常生活上の世話を行うことを目的とする施設」であると規定されている。

✕ 書面の作成及び交付が義務づけられているため，口頭での説明に代えることはできない（医療法第6条の4）。

✕ 療養型病床群の創設は，1992年（平成4年）の第二次医療法改正で制度化された。

✕ 特定機能病院制度は，1992年（平成4年）の第二次医療法改正で創設された。

○ 特定機能病院は，高度の医療の提供，高度の医療技術の開発及び高度の医療に関する研修を実施する能力等を備えた病院について，厚生労働大臣が承認する。

○ 特定機能病院の承認要件としては，その他に，高度の医療の提供，開発及び評価，並びに研修を実施する能力を有すること，ほかの病院又は診療所から紹介された患者に対し，医療を提供することなどがある。

---

⑤400床以上の病床
⑥医師，看護師，薬剤師等の一定数以上の配置

地域医療支援病院

　地域の第一線の医療機能を担うかかりつけ医等を支援し，地域医療の確保を図る病院として，都道府県知事が承認した病院である。設置のためには，次のような要件を満たす必要がある。

①紹介患者に対する医療提供体制の整備
②病床，医療機器等の共同利用のための体制の整備
③救急医療の提供
④地域の医療従事者の資質向上を図るための研修の実施
⑤200床以上の病床

●地域医療支援病院

66
35回73改変
地域医療支援病院は，第3次医療法の改正（1997年（平成9年））に基づき設置された。

67
30回72
地域医療支援病院は，その所在地の市町村長の承認を得て救急医療を提供する病院である。

●災害拠点病院

68
34回72改変
災害拠点病院では，24時間対応可能な救急体制が必要とされている。

69
34回72
災害発生時，被災地外の災害拠点病院の医療従事者は，被災地に入らず待機することになっている。

70
34回72
災害拠点病院は，各都道府県に1病院ずつ，全国に47病院が設置されている。

71
34回72
災害拠点病院では，重篤救急患者に対応できる高度な診療機能は求められていない。

72
34回72
災害拠点病院では，災害派遣医療チーム（DMAT）を保有することになっている。

○ 設問のとおり。なお，1985年（昭和60年）の第1次医療法のトピックスは，医療計画制度の導入と，都道府県における医療計画の策定並びに推進，医療法人に対する指導監督規定の整備などである。このほか，2014年（平成26年）の第6次医療法改正では，医療計画に地域医療構想の策定が位置づけられた。

× 地域医療支援病院は，その所在地の都道府県知事が承認するものである。

○ 災害拠点病院の指定要件では，「24時間緊急対応し，災害発生時に被災地内の傷病者等の受入れ及び搬出を行うことが可能な体制を有すること」とされている（平成24年3月21日医政発0321第2号厚生労働省医政局長通知）。

× 災害拠点病院の指定要件では，「災害派遣医療チーム（DMAT）を保有し，その派遣体制があること」とされている。また，「被災地の災害拠点病院と被災地外の災害拠点病院とのヘリコプターによる重症傷病者や医療物資等のピストン輸送を行える機能を有していること」とされている。待機することは指定要件に入っていない。

× 地域災害拠点病院については原則として二次医療圏ごとに1か所，基幹災害拠点病院については原則として都道府県ごとに1か所整備することとされている。

× 災害拠点病院の指定要件では，「多発外傷，挫滅症候群，広範囲熱傷等の災害時に多発する重篤救急患者の救命医療を行うための必要な診療設備を有し，被災地からとりあえずの重症傷病者の受入れ機能を有すること」とされている。

○ 災害拠点病院の指定要件では，「災害派遣医療チーム（DMAT）を保有し，その派遣体制があること。また，災害発生時に他の医療機関のDMATや医療チームの支援を受け入れる際の待機場所や対応の担当者を定めておく等の体制を整えていること」とされている。

●訪問看護ステーション

□ □	**73** 36回74	訪問看護は，看護師の指示で訪問看護サービスを開始する。

□ □	**74** 36回74	訪問看護ステーションには，栄養士を配置しなければならない。

□ □	**75** 36回74	訪問看護の対象は，65歳以上の者に限定されている。

□ □	**76** 36回74	訪問看護ステーションの管理者は，医師でなければならない。

□ □	**77** 36回74	訪問看護は，居宅において看護師等により行われる療養上の世話又は必要な診療の補助を行う。

□ □	**78** 33回75改変	訪問看護ステーションの訪問看護の対象は，65歳以上の高齢者である。

□ □	**79** 33回75改変	訪問看護ステーションの指定要件として，栄養士を配置していることが求められる。

□ □	**80** 33回75改変	訪問看護ステーションの指定要件として，特定行為研修を修了した看護師を配置していることが求められる。

✕ 訪問看護の提供には，主治医が発行する「訪問看護指示書」が必要になる。看護師ではなく，主治医の指示で訪問看護サービスは開始される（指定訪問看護の事業の人員及び運営に関する基準第16条第2項）。

✕ 栄養士の配置は必要としていない。訪問看護ステーションは，保健師，助産師，看護師，准看護師といった看護職員について，事業所に必要な員数を配置することになっている（指定訪問看護の事業の人員及び運営に関する基準第2条）。

✕ 医療保険に基づく訪問看護の対象者は「疾病又は負傷により，居宅において継続して療養を受ける状態にある者」であり（健康保険法第88条），一方，介護保険に基づく訪問看護の対象者は居宅要介護者である（介護保険法第8条第4項）。いずれの場合も，対象者は65歳以上の者に限定されているわけではない。

▶18
居宅要介護者
居宅において介護を受ける，要介護状態にある65歳以上の者（第1号被保険者）と40歳以上65歳未満の者（第2号被保険者）である。

✕ 訪問看護ステーションの管理者は，保健師，助産師，看護師でなければならない。指定訪問看護の事業の人員及び運営に関する基準第3条第2項では「ただし，やむを得ない理由がある場合は，この限りでない」としている。

◯ 設問のとおり。居宅要介護者の居宅において看護師その他厚生労働省令で定める者により行われる療養上の世話又は必要な診療の補助をいう（介護保険法第8条第4項）。

✕ 訪問看護の対象者は，居宅等において療養を必要とする状態にあり，訪問看護が必要と医師が判断した者であり，年齢，疾病や障害などの制限はない。

✕ 栄養士の配置は指定要件ではない。「指定訪問看護の事業の人員及び運営に関する基準」では，配置するものとして保健師，助産師，看護師又は准看護師等が規定されている。

▶19
看護師の特定行為研修
看護師が手順書により特定行為を行う場合に特に必要とされる実践的な理解力，思考力及び判断力並びに高度かつ専門的な知識及び技能の向上を図るための研修であり，特定行為区分ごとに特定行為研修の基準に適合するものである。

✕ 特定行為研修 ▶19 を修了した看護師の配置は指定要件ではない。

□ **81**
□ 33回75改変　訪問看護ステーション管理者は，医師でなければならない。

□ **82**
□ 33回75改変　機能強化型訪問看護ステーションでは，利用者や家族からの連絡及び相談を24時間受ける体制を整備していなければならない。

保健医療対策の概要

●保健所

□ **83**
□ 29回72　保健所が行うメンタルヘルスの相談では，精神障害者保健福祉手帳所持者は対象外である。

□ **84**
□ 29回72　保健所は，「感染症法」に基づき，結核患者の発生届を受理した場合には，治療に当たることが義務づけられている。

●医療計画

□ **85**
□ 36回73改変　医療法に基づく医療計画は，都道府県が，地域の実情に合わせて策定することになっている。

□ **86**
□ 36回73　医療法に基づく医療計画は，医療提供体制の確保を図るためのものである。

□ **87**
□ 36回73　医療計画における医療圏は，一次医療圏と二次医療圏の2つから構成されている。

□ **88**
□ 36回73　医療法に基づく医療計画は，病院の定義や人員，設備の基準を定めることになっている。

✕ 訪問看護ステーションの管理者は，保健師，助産師又は看護師でなければならないと定められている（「指定訪問看護の事業の人員及び運営に関する基準」第3条第2項）。

◯ 機能強化型訪問看護ステーションは，より手厚い訪問看護の提供体制を推進するもので，利用者や家族からの連絡及び相談を24時間（休・祝日含む）受ける体制を整備している。

✕ 保健所が行うメンタルヘルスの相談は，対人保健分野の業務では，「精神保健対策」に分類され，本対策では，精神保健福祉法を根拠法とする「精神保健に関する現状把握」「精神保健福祉相談」「精神保健訪問指導」などがあげられ，精神障害者保健福祉手帳所持者も対象となる。

▶20
精神保健福祉法
正式名称は，「精神保健及び精神障害者福祉に関する法律」である。

✕ 感染症法[21]に基づき，「健康診断，患者発生の報告等」「結核の定期外健康診断」「予防接種」「訪問指導」「管理検診等」などが実施されるが，結核患者への治療の義務はない。

▶21
感染症法
正式名称は，「感染症の予防及び感染症の患者に対する医療に関する法律」である。

◯ 医療法に規定される医療計画は，都道府県が策定義務を負っており，都道府県における医療提供体制の確保を図るために定めるものである。

◯ 医療計画は，地域の事情に応じた医療提供体制の確保を図るため策定されるもので，医療圏の設定をはじめ，5疾病6事業に関する事項，病床規制，地域医療構想など多岐にわたる。

✕ 医療計画で示される医療圏は，①日常的な疾病や外傷などの診療，疾病の予防や健康管理などのプライマリケアを提供する一次医療圏，②高度・特殊な専門医療以外の一般の入院医療を一体の区域として提供する二次医療圏，③高度・特殊な専門医療を提供する三次医療圏の3つから構成されている。

✕ 病院や診療所の定義，開設の許可や届出，病院の人員や整備の基準などを規定するのは医療法である。

| □ □ | **89**
36回73 | 医療法に基づく医療計画は，2年ごとに見直される。 |

| □ □ | **90**
28回73改変 | 医療計画における医療の確保に必要な事業の中に，災害時における医療が含まれている。 |

●地域医療構想

| □ □ | **91**
35回73 | 地域包括支援センターは，地域における高齢者医療の体制を整えるため，地域医療構想を策定する義務を負う。 |

整理しておこう！

医療計画

　医療機能の分化・連携を推進することを通じて，地域において切れ目のない医療の提供を実現し，良質かつ適切な医療を効率的に提供する体制の確保を図る。

疾病・事業及び在宅医療に係る医療連携体制	外来医療に係る医療提供体制の確保 （外来医療計画）	医師の確保 （医師確保計画）	医療従事者（医師を除く）の確保

5疾病	6事業	在宅医療
・がん ・脳卒中 ・心筋梗塞等の心血管疾患 ・糖尿病 ・精神疾患	・救急医療 ・災害時における医療 ・新興感染症発生・まん延時における医療 ・へき地の医療 ・周産期医療 ・小児医療 （小児救急医療を含む） ＊都道府県知事が特に必要と認める医療を含む	

地域の実情に応じ，事業ごとの圏域を設定

資料：厚生労働省編『厚生労働白書 令和4年版』資料編，p.49，2022年を一部改変

医療法に基づく医療計画については，原則6年ごとに改定される。なお，原則2年ごとに改定されるのは，診療報酬である。

医療計画における医療の確保に必要な事業は，①救急医療，②災害時における医療，③そのまん延により国民の生命および健康に重大な影響を与えるおそれがある感染症がまん延し，またはそのおそれがあるときにおける医療，④へき地の医療，⑤周産期医療，⑥小児医療（小児救急医療を含む），⑦都道府県知事が当該都道府県における疾病の発生の状況等に照らして特に必要と認める医療とされている（医療法第30条の4）。

▶22
地域医療構想は，医療計画の一部であることから都道府県が策定するものである。

▶22
地域医療構想
2014年（平成26年）の医療法改正により，2015年度（平成27年度）より都道府県は医療機関の病床機能報告等を活用し，医療計画の一部として二次医療圏単位で地域医療構想（地域の医療提供体制の将来のあるべき姿）を策定することになった。

保健医療と福祉

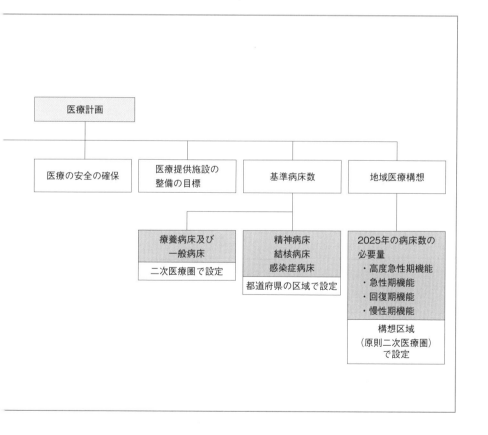

□ □	92 34回73	2014年(平成26年)の第六次医療法改正で，医療計画に地域医療構想の策定が位置づけられた。
□ □	**93** 33回73	地域医療構想では，地域における病床の機能分化と連携の推進が目指される。
□ □	94 33回73	地域医療構想における構想区域の設定については，三次医療圏を原則とする。
□ □	**95** 33回73改変	地域医療構想では，慢性期病床は，病床の必要量の推計の対象外とされている。
□ □	96 33回73改変	地域医療構想では，在宅医療は，医療需要の推計の対象外とされている。
□ □	97 33回73	都道府県は，構想区域等ごとに，診療に関する学識経験者の団体等(関係者)との協議の場を設けなければならない。
□ □	98 34回73	2014年(平成26年)の第六次医療法改正で，地域的単位として，新たに区域(医療圏)が創設された。

●病床機能報告制度

□ □	99 30回74改変	病床機能報告制度に規定された病床の機能は，高度急性期機能，急性期機能，回復期機能，慢性期機能の四つである。
□ □	100 30回74	一般病床，療養病床を有する病院又は診療所の管理者は，2年に1度，病床機能を報告しなければならない。

●へき地保健医療

□ □	101 31回74	へき地医療拠点病院では，遠隔医療等の各種診療支援を実施している。

○ 医療計画に地域医療構想の策定が位置づけられたのは，2014年（平成26年）の第六次医療法改正である。

○ 地域医療構想は，医療法第30条の4第2項第7号で「地域における病床の機能の分化及び連携を推進するため（以下略）」と規定されている。

✕ 構想区域の設定については，二次医療圏を原則とする。[▶23]

✕ 地域医療構想の中で医療機能は「高度急性期」「急性期」「回復期」「慢性期」の4つに分類されており，その医療機能ごとに将来の医療需要並びに病床の必要量を推計している。

✕ 地域医療構想では，在宅医療にかかる医療需要も推計の対象である。

○ 都道府県は，構想区域等ごとに協議の場（地域医療構想調整会議）を設け，関係者との連携を図りつつ，医療計画において定める将来の病床数の必要量を達成するための方策その他の地域医療構想の達成を推進するための必要な協議を行う（医療法第30条の14）。[▶24]

✕ 地域的単位として医療圏を創設したのは，1985年（昭和60年）の第一次医療法改正である。

○ 設問のとおり。一般病床，療養病床を有する病院又は診療所の管理者は，病床の担っている医療機能の現状と今後の方向を選択し，病棟単位で都道府県に報告しなければならない（医療法第30条の13）。

✕ 一般病床，療養病床を有する病院又は診療所の管理者は，毎年10月に病床機能について都道府県知事に報告しなければならない（医療法第30条の13）。

○ へき地医療拠点病院は，へき地医療支援機構の指導・調整の下に各種事業を行い，へき地における住民の医療の確保を目的としている。[▶25]

▶23
構想区域
人口構造の変化の見通しその他の医療の需要の動向並びに医療従事者及び医療提供施設の配置の状況の見通しその他の事情を考慮して，一体の区域として地域における病床の機能の分化と連携を推進することが相当であると認められる区域とされている（医療法第30条の4第2項第7号）。

▶24
関係者
診療に関する学識経験者の団体その他の医療関係者，医療保険者その他の関係者とされている。

▶25
へき地医療拠点病院の主な事業
①巡回診療等によるへき地住民の医療確保に関すること，②へき地診療所等への代診医等の派遣及び技術指導，援助に関すること，③特例措置許可病院への医師の派遣に関すること，④派遣医師等の確保に関すること，⑤へき地の医療従事者に対する研修及び研究施設の提供に関すること，⑥遠隔医療等の各種診療支援に関すること，⑦総合的な診療能力を有し，プライマリ・ケアを実践できる医師の育成に関すること等である。

| □ **102**
□ 31回74改変 | 全国の無医地区数を近年の年次推移でみると，減少している。 |

●特定健康診査及び特定保健指導

| □ **103**
□ 32回72 | 特定健康診査及び特定保健指導の対象年齢は，40歳以上60歳以下である。 |

| □ **104**
□ 32回72 | 特定健康診査の目的は，がんの早期発見である。 |

| □ **105**
□ 32回72 | 特定保健指導の目的は，糖尿病等の生活習慣病の予防である。 |

| □ **106**
□ 32回72 | 特定健康診査は，被用者が同じ内容の事業者健診を受けていても，改めて受けることが義務づけられている。 |

| □ **107**
□ 32回72改変 | 保険者は，特定健康診査の結果を受診者へ通知しなければならない。 |

●がん対策

| □ **108**
□ 33回72 | 都道府県は，健康増進法に基づき，がん検診を実施することが義務づけられている。 |

| □ **109**
□ 33回72 | 都道府県は，がん対策基本法に基づき，がん対策推進基本計画を策定することが義務づけられている。 |

| □ **110**
□ 33回72 | 地域がん診療連携拠点病院では，社会福祉士がキャンサーボードと呼ばれるカンファレンスを開催することが義務づけられている。 |

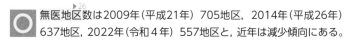

○ 無医地区数は2009年（平成21年）705地区，2014年（平成26年）637地区，2022年（令和４年）557地区と，近年は減少傾向にある。

▶26
無医地区
原則として，医療機関のない地域で，当該地区の中心的な場所を起点として，おおむね半径4キロメートルの区域内に50人以上が居住している地区であって，かつ容易に医療機関を利用することができない地区。

× 特定健康診査と特定保健指導の対象者はいずれも40～74歳である。

× 特定健康診査の目的は，糖尿病等の生活習慣病の発症や重症化を予防することである。

○ 特定保健指導は，内臓脂肪型肥満に着目し，糖尿病等の生活習慣病を予防することを目的として行われる。

× 高齢者医療確保法第21条において，「保険者は，加入者が，労働安全衛生法その他の法令に基づき行われる特定健康診査に相当する健康診断を受けた場合又は受けることができる場合は，（中略）特定健康診査の全部または一部を行ったものとする」と規定されている。（関連キーワード ▶28参照）

▶27
高齢者医療確保法
「高齢者の医療の確保に関する法律」のことである。

▶28
特定健康診査の追加実施
事業者健診の内容に特定健康診査の項目が欠損している場合，欠損分については保険者が追加実施する必要がある。

○ 高齢者医療確保法第23条において，「保険者は，（中略）特定健康診査を受けた加入者に対し，当該特定健康診査の結果を通知しなければならない」と規定されている。

× 健康増進法に基づき，がん検診を実施するのは，市町村である（健康増進法第19条の２）。

× がん対策基本法に基づき，がん対策推進基本計画を策定するのは，政府である（がん対策基本法第10条）。都道府県は，都道府県がん対策推進計画を策定しなければならない（同法第12条）。

▶29
キャンサーボード
手術，放射線診断，放射線治療，薬物療法，病理診断及び緩和ケアに携わる専門的な知識及び技能を有する医師その他の専門を異にする医師等によるがん患者の症状，状態及び治療方針等を意見交換・共有・検討・確認等するためのカンファレンスのこと。

× 社会福祉士が開催することは義務づけられていない。地域がん診療連携拠点病院は，がん患者の病態に応じたより適切ながん医療を提供できるよう，キャンサーボードを設置し，その実施主体を明らかにした上で，月１回以上開催する。

□□ **111**
33回72　地域がん診療連携拠点病院では，患者や家族に対して，必要に応じて，アドバンス・ケア・プランニング（ACP）を含めた意思決定支援を提供できる体制の整備が行われている。

□□ **112**
33回72　がん診療連携拠点病院では，相談支援を行う部門としてがん相談支援センターが設置されている。

保健医療に係る倫理

自己決定権の尊重

□□ **113**
34回74　肝臓がんとの診断を受けたAさん（66歳）は，インフォームドコンセントとして，検査結果の内容と今後の治療方針について医師から説明を受け，治療に同意した。

□□ **114**
34回74　終末期にあるBさん（52歳）の家族は，インフォームドチョイスとして，本人に気付かれないように主治医と治療方針を決定した。

□□ **115**
34回74　小児がん患者のCちゃん（11歳）の保護者は，インフォームドアセントとして，本人の意思を確認せずに終末期医療における延命医療の拒否を医師に伝えた。

□□ **116**
34回74　終末期にあるDさん（78歳）と家族と医療従事者は，パターナリズムモデルに従って，繰り返し治療選択について話し合い，意思決定を行った。

□□ **117**
34回74　E医師は，筋萎縮性側索硬化症（ALS）の進行したFさん（48歳）の意思を推測し，心肺停止時に心肺蘇生措置をしない旨をリビングウィルとしてカルテに記載した。

◯ 地域がん診療連携拠点病院は，緩和ケアの提供体制として，患者や家族に対し，必要に応じて，アドバンス・ケア・プランニングを含めた意思決定支援を提供できる体制を整備する。

◯ がん診療連携拠点病院は，相談支援を行う機能を有する部門としてがん相談支援センターを設置し，がん患者の療養生活に関する相談等の業務を行う。

◯ Aさんは検査結果の内容と今後の治療方針について医師から説明を受け，治療に同意しているので，インフォームドコンセント▶30に当てはまる。

✕ インフォームドチョイス▶31は，インフォームドコンセントを発展させた考え方になる。患者であるBさんではなく家族が主治医と治療方針を決定しているので，インフォームドチョイスには当てはまらない。

✕ 判断能力が不十分でも，家族などの同意をとるとともに，患者本人にも理解を得られるような配慮が求められる。Cちゃんの意思を確認しないで保護者が延命医療の拒否を医師に伝えているので，インフォームドアセント▶32には当てはまらない。

✕ 医療従事者は患者であるDさんと家族の両方と繰り返し話し合い，意思決定を行っているので，パターナリズム▶33には当てはまらない。

✕ Fさんの意思をE医師が推測しているので，リビングウィル▶34には当てはまらない。

▶30
インフォームドコンセント
患者が病気について十分な説明を受け，了解した上で，医師とともに治療法などを決定していくこと。「説明と同意」「説明に基づく同意」などと訳される。

▶31
インフォームドチョイス
医師から説明を受けた複数の治療方法の中からどの治療法を用いるか患者が選択することである。

▶32
インフォームドアセント
インフォームドコンセントと同様に「説明と同意」のことであるが，子ども等の判断能力が十分ではない者に対して行われる。

▶33
パターナリズム
父性的温情主義ともいわれ，患者の意向にかかわりなく，本人の利益のために家族等の周囲が治療方法などを決めていくことである。

▶34
リビングウィル
生前の意思のことであり，患者が自らの意思を表明できない状態になる前に，人生の最終段階（終末期）において自分に行われる医療への要望を前もって伝えておくことである。

保健医療と福祉

195

保健医療領域における専門職の役割と連携

保健医療領域における専門職

●医師

118
30回75
医師の名称は独占ではないが，医師の業務は独占である。

119
33回74
医師は診察治療の求めがあった場合には，事由のいかんにかかわらず，拒むことはできない。

120
30回75
医師は，処方せんの交付は薬剤師に委任できない。

121
30回75
患者の保健指導は医師の義務とはならない。

122
30回75改変
診療録の記載と保存は医師の義務である。

123
33回74
医師が正当な理由なく業務上知り得た秘密を漏らす行為は，刑法により罰せられる。

124
33回74
医師の養成機関に対する指定権者は，厚生労働大臣である。

125
33回74改変
医療施設に従事する医師の人口10万対の数を地域別にみると，近畿地方に比べて東北地方が少ない傾向にある。

126
33回74
医療施設に従事する医師数を施設種別にみると，診療所に従事する医師が最も多い。

✕ 医師は，業務独占及び名称独占の資格である。医師の業務独占については医師法第17条に，名称独占については同法第18条に定められている。

✕ 医師法第19条において，「診療に従事する医師は，診察治療の求があった場合には，正当な事由がなければ，これを拒んではならない」と定めている。

◯ 処方せんは，医師が患者を診察した上で交付しなければならず（医師法第20条），処方せんの交付は薬剤師に委任できない。

✕ 医師は，診療をしたときは，本人又はその保護者に対し，療養の方法その他保健の向上に必要な事項の指導をしなければならない（医師法第23条）。

◯ 診療録の記載及び保存は，医師の義務である（医師法第24条）。

◯ 医師の守秘義務については，刑法第134条第1項（秘密漏示）において「医師，（中略）が，正当な理由がないのに，その業務上取り扱ったことについて知り得た人の秘密を漏らしたときは，6月以下の懲役又は10万円以下の罰金に処する」と規定されている。

✕ 医師の養成機関に対する指定権者は，文部科学大臣である。養成形態は大学における6年を修業年限とする養成課程である。

◯ 「令和4（2022）年医師・歯科医師・薬剤師統計の概況」（厚生労働省）によると，近畿地方（滋賀，京都，大阪，兵庫，奈良，和歌山）に比べて東北地方（青森，岩手，宮城，秋田，山形，福島）が少ない傾向にある。

✕ 「令和4（2022）年医師・歯科医師・薬剤師統計の概況」（厚生労働省）によると，病院（医育機関附属の病院を除く）に従事する医師が最も多い。

●保健師，看護師等

127
32回73改変
「地域における保健師の保健活動に関する指針」では，市町村に所属する保健師は，地域住民に対して，生活習慣病の一次予防に重点を置いた指導を行うとされている。

128
32回73改変
「地域における保健師の保健活動に関する指針」では，市町村に所属する保健師は，産後に抑うつ状態の可能性が高いと判断される養育者に対して，受療指示を行うとされている。

129
32回73
「地域における保健師の保健活動に関する指針」では，地域住民に対して，保健師が主体となって地域の健康づくりを促進するとされている。

130
32回73改変
「地域における保健師の保健活動に関する指針」では，保健師は，担当地域の市町村地域防災計画を策定するとされている。

131
32回73改変
「地域における保健師の保健活動に関する指針」では，保健師は，地域診断を実施し，取り組むべき健康課題を明らかにするとされている。

132
27回74改変
看護師とは，厚生労働大臣の免許を受けて，傷病者もしくはじょく婦に対する療養上の世話又は診療の補助を行うことを業とするものをいう。

133
32回74改変
看護師は，人工呼吸器を装着した患者に対して，気管カニューレを交換する。

134
32回74改変
看護師は，中心静脈カテーテルが挿入された患者に対して，カテーテルを抜去する。

135
32回74改変
看護師は，高カロリー輸液を点滴中の患者に対して，輸液の投与量を調整する。

○ 「地域における保健師の保健活動に関する指針[▶35]」では，「生活習慣病の発症及び重症化を予防するため，一次予防に重点をおいた保健活動を実施するとともに，地域の健康課題に応じて，適切な対象者に対し，効果的な健康診査及び保健指導を実施すること」とされている。

× 指針では，保健師は，適切な受療に関する指導を行うこととされている。

× 指針では，保健師は「住民と協働し，住民の自助及び共助を支援して主体的かつ継続的な健康づくりを推進すること」とされている。

× 指針では，「保健師は地域の健康課題を解決するために，住民，関係者及び関係機関等と協働して各種保健医療福祉計画を策定する」とされている。 （関連キーワード▶36参照）

○ 地域診断を実施し，取り組むべき健康課題を明らかにするのは，保健師の保健活動の1つである。

○ 設問のとおり。保健師助産師看護師法第5条に規定されている。

○ 気管カニューレの交換は，特定行為[▶37]の1つであり，指定研修機関において特定行為研修を受けた看護師が，医師の指示の下，手順書により行う（保健師助産師看護師法第37条の2）。

○ 中心静脈カテーテルの抜去は，特定行為の1つであり，指定研修機関において特定行為研修を受けた看護師が，医師の指示の下，手順書により行う（保健師助産師看護師法第37条の2）。

○ 持続点滴中の高カロリー輸液の投与量の調整は，特定行為の1つであり，指定研修機関において特定行為研修を受けた看護師が，医師の指示の下，手順書により行うことができる（保健師助産師看護師法第37条の2）。

▶35
地域における保健師の保健活動に関する指針
「地域における保健師の保健活動について」（平成25年4月19日健発0419第1号厚生労働省健康局長通知）で示された指針。

▶36
市町村地域防災計画
市町村防災会議又は市町村長が作成する（災害対策基本法第42条）。

▶37
特定行為
特定行為とは，診療の補助であって，看護師が手順書により行う場合には，実践的な理解力，思考力，判断力，高度かつ専門的知識及び技能が特に必要とされる行為のことである（保健師助産師看護師法第37条の2第2項第1号）。

●理学療法士，作業療法士，言語聴覚士等

136
30回73改変
介護老人保健施設の理学療法士は，医師の指示の下リハビリテーションを実施する。

137
32回74改変
訪問リハビリテーションを行う際，理学療法士は脳梗塞後遺症による筋麻痺の患者に対して，医師の指示の下にマッサージをする。

138
31回75
臨床工学技士の業務の範囲に，生命維持管理装置の操作は含まれない。

139
32回74改変
薬剤師は，処方薬を服用する患者とその家族に対して，服用方法の指導をする。

140
34回75
理学療法士が，入院患者の生命維持管理装置を操作する。

141
34回75
理学療法士が，脳梗塞後遺症の患者に歩行訓練を行う。

142
34回75
作業療法士が，リハビリテーション中に気分不良を訴えた患者に点滴をする。

143
34回75
作業療法士が，看護師の指導の下で外来患者の採血をする。

144
34回75
言語聴覚士が，在宅患者の胃ろうチューブの交換を行う。

理学療法士は，医師の指示の下に，理学療法を行うことを業とする者である（理学療法士及び作業療法士法第2条第3項）。 （関連キーワード▶38参照）

▶38
機能訓練
介護老人保健施設の運営基準の中で，機能訓練は「入所者の心身の諸機能の維持回復を図り，日常生活の自立を助けるため，理学療法，作業療法その他必要なリハビリテーションを計画的に行わなければならない」とされている。

 理学療法士は，医師の指示の下に，理学療法（身体に障害のある者に対して，主としてその基本的動作能力の回復を図るため，治療体操その他の運動を行わせ，及び電気刺激，マッサージ，温熱その他の物理的手段を加えること）を行う。

 臨床工学技士は，医師の指示の下に，生命維持管理装置の操作及び保守点検を行うことを業とする者である（臨床工学技士法第2条第2項）。

▶39
生命維持管理装置
人の呼吸，循環又は代謝の一部を代替し，又は補助することが目的とされている装置。

 薬剤師法第25条の2において，「薬剤師は，調剤した薬剤の適正な使用のため，販売又は授与の目的で調剤したときは，患者又は現にその看護に当たっている者に対し，必要な情報を提供し，及び必要な薬学的知見に基づく指導を行わなければならない」と規定されている。

 入院患者の生命維持管理装置の操作は，臨床工学技士が医師の指示の下に行う。

 理学療法士及び作業療法士法第2条で，理学療法とは，「身体に障害のある者に対し，主としてその基本的動作能力の回復を図るため，治療体操その他の運動を行なわせ，及び電気刺激，マッサージ，温熱その他の物理的手段を加えること」と規定されている。

 患者に点滴を行うのは医行為になり，医師法第17条に「医師でなければ，医業をなしてはならない」と規定されている。

 採血は医行為となるため，医師の業務独占となり，作業療法士が行うことはできない。

 患者の胃ろうチューブの交換は医行為であり，言語聴覚士が行うことはできない。

保健医療と福祉

201

保健医療領域における連携・協働

□ **145** 地域連携クリティカルパスは，連携する機関の間で診療計画や診療情報を共有す
□ 29回76 る。

□ **146** 地域連携クリティカルパスは，患者が退院する病院の専門職が決定した診療方針
□ 29回76 に従い，地域の医療機関が診療を行う。

保健医療領域における支援の実際

社会福祉士の役割

●医療ソーシャルワーカーの業務指針

□ **147** 医療ソーシャルワーカー業務指針では，患者が医療上の指導を受け入れない場合
□ 28回75 には，その理由となっている心理的・社会的問題の解決に向けて援助を行うこと
とされている。

整理しておこう！

医療ソーシャルワーカー業務指針

　日本最初の医療ソーシャルワーカーの業務指針は，1958年（昭和33年）の保健所における医療社会事業の業務指針である。これは，当時アメリカで展開されていた医療ソーシャルワーカーの業務などに準拠し，日本の実情を踏まえて作成されたものであるが，日本の病院のソーシャルワーク業務にこの指針が活用されたとは言い難い状況であった。

　その後，医療ソーシャルワーカーの重要性が認識されるようになり，専門性を明確化するため，新たな指針の作成が必要となり，1989年（平成元年），医療ソーシャルワーカー業務指針が作成された。2002年（平成14年）に改正され，現在のかたちとなった。

○ 地域連携クリティカルパスは，急性期病院から回復期病院を経て早期に自宅に帰れるような診療計画を作成し，治療を受ける全ての医療機関で共有しているものである。

✕ 複数の医療機関から多職種が参加するシームレスケア研究会等で診療方針が検討・決定され共有される。

○ 医療ソーシャルワーカー業務指針[▶40]において，患者が診断や治療を拒否するなど医師等の医療上の指導を受け入れない場合，その理由となっている心理的・社会的問題について情報を収集し，問題の解決を援助する。

▶40
医療ソーシャルワーカー業務指針
医療ソーシャルワーカー業務指針は，医療ソーシャルワーカーが行う標準的業務を定めたものであり，指針に盛り込まれていない業務を行うことを妨げるものではない。

医療ソーシャルワーカー業務指針の構成

1. 趣旨	（略）	
2. 業務の範囲	(1)療養中の心理的・社会的問題の解決，調整援助 (2)退院援助 (3)社会復帰援助	(4)受診・受療援助 (5)経済的問題の解決，調整援助 (6)地域活動
3. 業務の方法等	(1)個別援助に係る業務の具体的展開 (2)患者の主体性の尊重 (3)プライバシーの保護 (4)他の保健医療スタッフ及び地域の関係機関との連携	(5)受診・受療援助と医師の指示 (6)問題の予測と計画的対応 (7)記録の作成等
4. その他	(1)組織上の位置付け (2)患者，家族等からの理解 (3)研修等	

ソーシャルワークの基盤と専門職（専門）

ソーシャルワークに係る専門職の概念と範囲

ソーシャルワーク専門職の概念と範囲

1 33回93
地域で生活する障害者のために,「地域生活定着促進事業」が創設され,地域生活定着支援センターにおいて相談支援業務が行われるようになった。

2 33回93改変
障害者及び障害児が,自立した日常生活及び社会生活を営むことができるように「地域生活支援事業」が創設された。

3 33回93
「スクールソーシャルワーカー活用事業」において,社会福祉士や精神保健福祉士等がその選考対象に明記されるようになった。

4 33回93
地域包括支援センターでは,社会福祉士等によって「自立相談支援事業」が行われるようになった。

5 33回93改変
地域包括支援センターの中核的事業として「総合相談支援業務」が行われるようになった。

6 34回94改変
カー - ソンダース(Carr-Saunders, A.)は,職業発展の過程から,ソーシャルワーク専門職が成立するプロセスを提示した。

7 34回94
グリーンウッド(Greenwood, E.)は,既に確立している専門職と,ソーシャルワーカーを比較することによって,準専門職の概念を提示した。

✕ 地域生活定着促進事業は，高齢又は障害により自立が困難な矯正施設退所者に対し，退所後直ちに福祉サービス等につなぎ，地域生活に定着を図るための事業である。本事業は各都道府県の地域生活定着支援センターと保護観察所が協働して進めている。

◯ 設問のとおり。地域生活支援事業は，障害者及び障害児の福祉の増進を図るとともに，障害の有無にかかわらず国民が相互に人格と個性を尊重し安心して暮らすことのできる地域社会の実現に寄与することを目的とするものである。

◯ 設問のとおり。スクールソーシャルワーカー活用事業は，社会福祉士や精神保健福祉士等の福祉に関する専門的な資格を有する者から実施主体が選考し，スクールソーシャルワーカーとして認めた者を，教育委員会・学校等に配属し，教育相談体制を整備する事業である。

✕ 自立相談支援事業は，自立相談支援機関の相談支援員等によって行われる。本事業は，生活困窮者自立支援法に基づき，生活困窮者や家族等からの相談に応じ，必要な情報提供及び助言等を行うことにより，自立の促進を図るものである。

◯ 設問のとおり。高齢者が地域で安心してその人らしい生活を継続していくことができるよう，高齢者の心身の状況や生活の実態，必要な支援等を幅広く把握し，相談を受け，地域における適切な保健・医療・福祉サービス，機関又は制度につなげる等の支援を実施している。

◯ カー‐ソンダースは，職業とは未熟な段階から成熟した段階に至るまで発展していくというプロセスでとらえようとした。すなわち職業というのは，発展のプロセスの中を流れていくものであり，ある基準で分類されるものではなく，連続していくものであると提唱した。

✕ 設問は，エツィオーニ(Etzioni, A.)の記述である。準専門職の概念を提起したのは，カー‐ソンダースらであるが，この概念をさらに明確にしたのは，エツィオーニであるとされる。

▶1
準専門職
エツィオーニによると準専門職とは，完全専門職の地位への要求が十分に確立されず，またそれが十分に期待されていない一群の新専門職であり，理念型としての完全専門職と非専門職との中間に位置づけた。

□ **8** ミラーソン(Millerson, G.)は，専門職が成立する属性を挙げ，その中でテスト
□ 34回94改変 による能力証明の必要性を主張した。

□ **9** エツィオーニ(Etzioni, A.)は，専門職が成立する属性を挙げ，その中で専門職的
□ 34回94 権威の必要性を主張した。

□ **10** フレックスナー (Flexner, A.)は，専門職が成立する属性を挙げ，ソーシャルワー
□ 34回94 クがいまだ専門職とはいえないことを主張した。

福祉行政等における専門職

●福祉事務所の現業員

□ **11** 現業を行う所員(現業員)は，所長の指揮監督を受けて，援護，育成又は更生の措
□ 35回96 置を要する者等に対する生活指導などを行う。

●査察指導員

□ **12** 指導監督を行う所員(査察指導員)は，都道府県知事の指揮監督を受けて，生活保
□ 35回96 護業務の監査指導を行う。

●社会福祉主事

□ **13** 社会福祉主事は，生活保護法に規定されている。
□ 33回96

○ ミラーソンは，専門職の条件として，①理論と技術，②教育訓練，③公衆の福祉，④テストによる能力証明，⑤組織化，⑥倫理綱領など，専門職の6属性を提唱した。

▶2
専門職
ミラーソンは，専門職とは，主観的にも客観的にも相応の職業上の地位を認められ，一定の研究領域をもち，専門的な訓練と教育とを得て，固有の職務を行う比較的地位が高い，非肉体的職務に属する職業と定義づけた。

✕ 設問は，グリーンウッドの記述である。グリーンウッドは「専門職の属性」において福祉専門職が成立する条件として，①体系的な理論，②専門職的権威，③社会的承認，④倫理綱領，⑤専門職的副次文化（サブカルチャー）の5つを挙げ，ソーシャルワークはすでに専門職であると評価した。

○ 1915年にアメリカで開催された全米慈善矯正事業会議で，フレックスナーは専門職が成立するための6つの属性を明確に提示し，現段階でソーシャルワークは専門職に該当しないと結論づけた。

○ 現業を行う所員（現業員）は，所長の指揮監督を受けて，援護，育成又は更生の措置を要する者等の家庭を訪問し，又は訪問しないで，これらの者に面接し，本人の資産，環境等を調査し，保護その他の措置の必要の有無及びその種類を判断し，本人に対し生活指導を行う等の事務をつかさどる（社会福祉法第15条第4項）。

✕ 指導監督を行う所員（査察指導員）は，所長の指揮監督を受けて，現業事務の指導監督をつかさどる（社会福祉法第15条第3項）。

✕ 社会福祉主事は，社会福祉法に規定されている。同法第18条第3項に「都道府県の社会福祉主事は，都道府県の設置する福祉に関する事務所において，生活保護法，児童福祉法及び母子及び父子並びに寡婦福祉法に定める援護又は育成の措置に関する事務を行うことを職務とする」と定められている。

●児童福祉司

☐ **14** ☐ 33回96	児童福祉司は，児童福祉法に規定されている。

●身体障害者福祉司

☐ **15** ☐ 33回96	身体障害者福祉司は，障害者総合支援法に規定されている。

●知的障害者福祉司

☐ **16** ☐ 35回96	知的障害者福祉司は，社会的信望のもとに知的障害者の更生援護に熱意と識見を持って，知的障害者やその保護者の相談に応じ必要な援助を行う。

●介護支援専門員

☐ **17** ☐ 33回96改変	介護支援専門員は，介護保険法に規定されている。

●その他

☐ **18** ☐ 35回96	母子・父子自立支援員は，家庭における児童養育の技術及び児童に係る家庭の人間関係に関する事項等に関する相談に応じる。

☐ **19** ☐ 35回96	家庭相談員は，児童の保護その他児童の福祉に関する事項について，相談に応じ，専門的技術に基づいて必要な指導を行う。

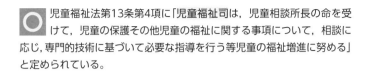

○ 児童福祉法第13条第4項に「児童福祉司は，児童相談所長の命を受けて，児童の保護その他児童の福祉に関する事項について，相談に応じ，専門的技術に基づいて必要な指導を行う等児童の福祉増進に努める」と定められている。

× 身体障害者福祉司は，身体障害者福祉法に規定されている。同法第11条の2において，都道府県は，その設置する身体障害者更生相談所に身体障害者福祉司を置かなければならず（同条第1項），市町村は福祉事務所に身体障害者福祉司を置くことができる（同条第2項）とされている。

× 知的障害者福祉司は，知的障害者の福祉に関し，その相談及び指導等のうち，専門的な知識及び技術を必要とする業務を行う（知的障害者福祉法第13条第3項）。

○ 介護保険法第7条第5項において，要介護者等（要介護者又は要支援者）からの相談に応じ，及び要介護者等がその心身の状況等に応じ適切なサービスを利用できるよう，市町村，各種サービス事業を行う者等との連絡調整等を行う者等であると定められている。

× 母子・父子自立支援員は，配偶者のない者で現に児童を扶養しているもの及び寡婦に対し，相談に応じ，その自立に必要な情報提供及び指導，職業能力の向上及び求職活動に関する支援を行うこととされている（母子及び父子並びに寡婦福祉法第8条第2項）。

× 家庭相談員は，家庭児童福祉に関する専門的技術を必要とする相談指導業務を行う職員として，福祉事務所内にある家庭児童相談室に配置される。

民間の施設・組織における専門職

☐☐ **20** 介護老人福祉施設における栄養士は，国により配置が義務づけられている。
32回95改変

☐☐ **21** 介護老人保健施設に社会福祉士を置かなければならない。
35回91

☐☐ **22** 母子生活支援施設における保健師は，国により配置が義務づけられている。
32回95

☐☐ **23** 婦人保護施設における理学療法士は，国により配置が義務づけられている。
32回95

☐☐ **24** 乳児院における看護師は，国により配置が義務づけられている。
32回95

☐☐ **25** 地域包括支援センターにおける社会福祉士は，国により配置が義務づけられている。
32回95改変

●民生委員

☐☐ **26** 民生委員は，社会福祉法に規定されている。
33回96

☐☐ **27** 民生委員法によると，民生委員には，給与が支給される。
30回96

○ 介護老人福祉施設には，医師，生活相談員，介護職員，看護職員（又は看護師若しくは准看護師），栄養士（又は管理栄養士），機能訓練指導員，介護支援専門員が配置される（「指定介護老人福祉施設の人員，設備及び運営に関する基準」第2条）。

✕ 介護老人保健施設の人員配置基準において，社会福祉士は必置とされていない。

✕ 母子生活支援施設には，母子支援員（保育士や社会福祉士など），嘱託医，少年指導員，調理員（それに代わるものでも可），心理療法担当職員，個別対応職員が配置される（「児童福祉施設の設備及び運営に関する基準」第27条）。

✕ 婦人保護施設には，施設長，入所者を指導する職員，調理員などが配置されるが，理学療法士の規定はない（「婦人保護施設の設備及び運営に関する基準」第8条）。

○ 乳児院には，小児科診療の経験が豊富な医師（又は嘱託医），看護師，個別対応職員，家庭支援専門相談員（社会福祉士など），心理療法担当職員，栄養士や調理員，保育士が配置される（「児童福祉施設の設備及び運営に関する基準」第21条）。

○ 地域包括支援センターには，保健師，社会福祉士，主任介護支援専門員が配置される（介護保険法施行規則第140条の66第1号）。

✕ 民生委員は，民生委員法に規定されている。同法第1条に「民生委員は，社会奉仕の精神をもって，常に住民の立場に立って相談に応じ，及び必要な援助を行い，もって社会福祉の増進に努めるものとする」と定められている。（関連キーワード▶3参照）

✕ 民生委員には給与を支給しないものとすると明記されている（民生委員法第10条）。ただし，各地方自治体から，必要となる交通費や通信費，研修参加費等の費用は支給される。

▶3
民生委員の年齢要件
国は，民生委員・児童委員選任の年齢要件として，「将来にわたって積極的な活動を行えるよう75歳未満の者を専任するよう努めること」とする旨の通知を出しているが，75歳以上の者の選任についても，地域の実情を踏まえた弾力的な運用として認めており，近年の人材の不足から，年齢要件を緩和する自治体も多くなっている。

□ **28**
□ 30回96
民生委員法によると，民生委員は，その職務に関して，市町村長の指揮監督を受ける。

総合的かつ包括的な支援と多職種連携の意義と内容

ジェネラリストの視点に基づく多職種連携及びチームアプローチの意義と内容

□ **29**
□ 34回96
多職種チームとして実践を行う際は，チームを構成する他の専門職の文化や価値を理解する。

□ **30**
□ 34回96
多職種チームのメンバーには，利用者を含めてはならない。

□ **31**
□ 34回96改変
多職種チームでは，メンバーが必ずしも同一の施設や機関に所属している必要はない。

□ **32**
□ 34回96
多職種チームを機能させるために，社会福祉士がリーダーとなりヒエラルヒーを構成する。

□ **33**
□ 34回96
多職種チームでは，チームの方針・目標の設定よりも，社会福祉士としての独自の方針や目標設定を優先する。

民生委員は，その職務に関して，都道府県知事（指定都市及び中核市の市長も含む）の指揮監督を受ける（民生委員法第17条第1項）。

○ 多職種チームを構成する各種専門職が，問題解決に向けて多様な観点から検討・考察し，幅広い支援を行うためにも，チームメンバーはふだんから他の専門職の専門性や価値，文化を理解し，互いに尊重し合える関係性をつくっておくことが重要となる。

✕ 社会福祉士は利用者やその家族が問題解決の「主体」として取り組むことを支援していく役割をもつ。多職種チームにおいても，協働や連携の場面・過程に利用者や家族が参画し，問題解決の主体かつ協働していくチームメンバーとして位置づけられることとなる。

○ 社会福祉士が参加する多職種チームは，所属機関内で形成されるものがある一方で，地域や他機関に所属する職種等によって形成されるものもある。特に総合的かつ包括的な支援においては，他機関・多職種の連携・協働が求められる。

✕ 多職種チームを機能させるためには，序列をつくり出すヒエラルヒー（階層構造）を構成するのではなく，メンバーが対等性をもって協働できるよう，社会福祉士はコーディネート機能やファシリテーション機能を発揮することが求められる。

✕ 多職種チームの中で各専門職が自らの方針や目標を優先することは，それぞれが異なる方針や目標に従って利用者への支援を行うこととなり，チームアプローチとはいえない。

▶4
チームアプローチ
チームアプローチでは，チームの方針・目標を共有しそこに向けてメンバーが貢献することが，チームのまとまりと相乗効果を生み出し利用者の問題解決に資することになる。なお，チームの方針・目標を設定する際は，各専門職が意見や見解を出し合い，対話と合意によって方針・目標を設定することが肝要である。

ソーシャルワークの理論と方法（専門）

ソーシャルワークにおける援助関係の形成

援助関係の意義と概念

<table>
<tr><td>□ □ 1
31回107</td><td>ブローカーは，クライエントと必要な資源を結び付ける。</td></tr>
</table>

<table>
<tr><td>□ □ 2
31回107</td><td>ネゴシエーターは，クライエントに必要な情報やスキルを学習する機会を提供する。</td></tr>
</table>

援助関係の形成方法

●自己覚知と他者理解

<table>
<tr><td>□ □ 3
36回106</td><td>共感的理解とは，クライエントの世界を，あたかもソーシャルワーカーも体験したかのように理解することである。</td></tr>
</table>

<table>
<tr><td>□ □ 4
36回106</td><td>目的志向性とは，クライエントを意図的に導くことにより，ソーシャルワーカーの自己覚知を促進することである。</td></tr>
</table>

●コミュニケーションとラポール

<table>
<tr><td>□ □ 5
32回107</td><td>ラポールとは，被援助者に代わって援助者が意思決定することを表す。</td></tr>
</table>

<table>
<tr><td>□ □ 6
32回107</td><td>パートナーシップとは，援助者と被援助者が共に課題に取り組む関係性を表す。</td></tr>
</table>

<table>
<tr><td>□ □ 7
32回107改変</td><td>逆転移とは，援助者が自己の感情を被援助者に向けることを表す。</td></tr>
</table>

○ ブローカー（broker, 仲介者）は，クライエントに必要な資源をみつけ，仲介し結び付ける。

✗ ネゴシエーター（negotiator, 交渉者）は，クライエントの問題解決や必要な支援を行うために，関係者と話し合い，協力を求める。

○ クライエントが専門的援助を利用する際には，困難に直面し，葛藤や混乱を抱えていることが多い。そのような感情を，援助者が自ら体験したように「理解しようとしている」ことをクライエントが実感することで，クライエントが専門的援助を利用するための動機づけが高まっていく。

✗ 専門的援助関係がもつ目的志向性とは，ソーシャルワーカーの自己覚知を促すことではなく，クライエントの自己決定を尊重し，クライエントの最善の利益に根差した問題解決を行うことである。

✗ 設問は，パターナリズムに関する記述である。ラポール（信頼関係）とは，クライエントとソーシャルワーカーの間に相互に築かれる信頼関係のことである。

○ パートナーシップとは，クライエントをパートナーとしてとらえ，協働的な援助関係をもつことである。援助の最初の局面でラポールを形成することにより，より専門的で対等なパートナーシップで援助を進めていくことができるようになる。

○ ソーシャルワーカーがクライエントに対して，重要な人に向けていたような感情を向けることを逆転移という。ソーシャルワーカーは自己覚知をして逆転移を防ぐことが求められる。

☐	**8** 35回104	転移とは，ソーシャルワーカーが，クライエントに対して抱く情緒的反応全般をいう。

☐	**9** 32回107	パターナリズムとは，援助者と被援助者間の情動的な 絆 を表す。

☐	**10** 35回104	パターナリズムとは，ソーシャルワーカーが，クライエントの意思に関わりなく，本人の利益のために，本人に代わって判断することをいう。

☐	**11** 36回106	パターナリズムとは，ソーシャルワーカーの権威と自由裁量を否定し，対等な立場を重視した援助関係のことである。

☐	**12** 32回107	アタッチメントとは，被援助者が援助者から自立している状態を表す。

☐	**13** 35回104	統制された情緒的関与とは，ソーシャルワーカーが，自らの感情を自覚し，適切にコントロールしてクライエントに関わることをいう。

☐	**14** 35回104	同一化とは，ソーシャルワーカーが，クライエントの言動や態度などに対して，自らの価値観に基づく判断を避けることをいう。

☐	**15** 36回106	受容とは，クライエントの逸脱した態度や行動に対しても，同調した上で，それを許容することである。

☐	**16** 36回106改変	対決とは，クライエントの行動や感情における矛盾を指摘することである。

✕ 逆転移に関する記述である。転移とは，クライエントが過去の生活の中で体験した（否定的な）感情を，ソーシャルワーカーに向けて表現することで起こる。

✕ 情動的な絆を，アタッチメント（愛着）という。パターナリズムとは，立場の強い者が，立場の弱い者の利益を守るために，本人の意思に反して，若しくは本人の同意を得ずに，介入や干渉をすることをいう。家父長主義，父権主義，温情主義と訳される。

〇 パターナリズムとは，援助者がクライエントに代わって主導権を握り，本人の利益のために主たる判断を行うことである。

✕ パターナリズムとは，クライエントの自己決定よりも援助者の裁量を優先する態度をとり，援助者が主導権を握った上で主たる判断などを行うことである。

✕ アタッチメントは，子どもと養育者との情動的な心の結びつきのことをいう。クライエントが幼少期から親やきょうだい，仲間などと形成してきた情動的な絆が，その後の自己の確立や対人関係に影響を与える。

〇 統制された情緒的関与とは，ソーシャルワーカーが自らの感情を自覚した上でクライエントの感情に対する感受性をもち，その感情を理解しようと努め，援助の目的を意識しながら，クライエントの感情に適切な形で反応することである。

✕ 同一化とは，防衛機制の1つであり，他者がもつ優れた能力や実績等を，まるで自分のものであるかのように見たり，感じたりすることである。他者と自己とを同一とみなす場合と，他者の属する性質や態度を自分の中に取り入れて同一化する場合がある。

✕ 受容とは，クライエントがそうせざるを得なかった状況や，そのような状況にまつわる感情を「あるがままの現実」として受け止めることである。

 設問のとおり。

●バイステックの援助関係の原則

☐ **17**
34回116
バイステック (Biestek, F.) の援助関係の原則のうち「意図的な感情表出の原則」とは，クライエントのありのままの感情を大切にし，その表出を促すことである。

☐ **18**
34回116改変
バイステック (Biestek, F.) の援助関係の原則のうち「統制された情緒的関与の原則」とは，ソーシャルワーカー自身が自らの情緒的混乱をコントロールできるようにすることである。

☐ **19**
34回116
バイステック (Biestek, F.) の援助関係の原則のうち「個別化の原則」とは，他のクライエントと比較しながら，クライエントの置かれている状況を理解することである。

☐ **20**
34回116
バイステック (Biestek, F.) の援助関係の原則のうち「受容の原則」とは，ソーシャルワーカーがクライエントに受け入れてもらえるように，誠実に働き掛けることである。

☐ **21**
34回116改変
バイステック (Biestek, F.) の援助関係の原則のうち「非審判的態度の原則」とは，ソーシャルワーカーがクライエントを一方的に非難せず，ソーシャルワーカーの基準でよい悪いといった判断をしないことである。

●岡村重夫の一般的機能

☐ **22**
32回99
岡村重夫は，評価的機能は，援助者が対象者の参加なしに対象者が抱える生活困難を評価するために発揮されるとした。

☐ **23**
32回99
岡村重夫は，調整的機能は，専門職間で生じている不調和の解決を図るために発揮されるとした。

☐ **24**
32回99
岡村重夫は，送致的機能は，援助者の所属機関が対象者の主訴に対処できないとき，適切な機関に対象者を紹介するために発揮されるとした。

意図的な感情表出の原則とは，クライエントが自分の感情や思いをありのままに表現できるように促すことである。（関連キーワード▶1参照）

▶1
バイステックの7原則
①個別化，②意図的な感情の表出，③統制された情緒的関与，④受容，⑤非審判的態度，⑥クライエントの自己決定，⑦秘密保持の各原則をいう。

○ 統制された情緒的関与の原則とは，クライエントの共感的な反応を得たいというニーズを充足するために，ソーシャルワーカー自身が自分の感情を自覚してコントロールする（吟味する）ことである。

✕ 個別化の原則とは，クライエントの置かれている状況を個別の問題として理解することであり，他のクライエントと比較することはない。

✕ 受容の原則とは，ソーシャルワーカーがクライエントを価値ある人間として受け入れることである。

○ 設問のとおり。非審判的態度の原則とは，クライエントの行動や思考に対してソーシャルワーカーは善悪を判じないとする考え方である。

✕ 評価的機能とは，生活困難の実態やその原因を明らかにした上で，問題解決にあたり，はたらきかける対象や方策を導き出すために必要とされている。その際，対象者は評価の過程にすべて参加し，決定は本人自身の決定としなくてはならないとされている。

✕ 調整的機能とは，専門職間の不調和の解決ではなく，地域にある関係機関・組織等の連絡調整機能を指している。また，対象者の「社会関係の不調和」の解決のために，社会関係や社会的役割の矛盾や不適合を対象者に自覚させたり，関係者にはたらきかけることなどの意味もある。

✕ 送致的機能とは，対象者の欠損した社会関係を回復させたり，新たな社会関係を見出すように援助する機能である。援助者は，個人の役割実行能力を高めたり，役割実行能力に適合した新しい社会制度を利用して，欠損した社会関係を回復させたりする。

ソーシャルワークの理論と方法（専門）

| | 25
32回99 | 岡村重夫は，開発的機能は，個人の社会関係能力条件を開発するために発揮されるとした。 |

| | 26
32回99改変 | 岡村重夫は，保護的機能は，個人が必要とする保護を一時的に提供するために発揮されるとした。 |

面接技術

| | **27**
34回108 | 言い換えとは，クライエントの語りに意識を集中させ，感情を感じながら積極的に耳を傾けることである。 |

| | 28
36回118 | 言い換えによって，クライエントの話す内容や感情を別の言葉で表現し，気づきを促す。 |

| | 29
32回108 | 共感によって，ソーシャルワーカーが問題に対する価値判断を明確に伝える。 |

| | **30**
32回108 | ミラクル・クエスチョンによって，問題が解決した後の生活の様子や気持ちについて，クライエントの想像を促す。 |

| | 31
32回108改変 | アイメッセージによって，クライエントに対して主観的な情報を伝える。 |

| | 32
34回108 | 焦点化とは，複雑に絡み合う多くの現実の要素をクライエントと一緒に点検して整理することである。 |

◎ 開発的機能とは，個人の社会関係能力条件や新しい生活目標と生活態度を発展させるように援助する機能である。それは既存の専門分業制度の要求水準に到達するように，個人の能力を発展させるだけでなく，個人のもつ社会関係能力の可能性を開発することも意味している。

◎ 保護的機能とは，社会関係の維持・修復の機能によっても，対象者の生活困難を居宅あるいは地域社会で解決できない場合に，一時的にそれらが解決できるまでの間，保護施設等でサービスを提供する機能のことをいう。

✕ 設問の記述は，「傾聴」である。「言い換え」は，クライエントの話した内容を，趣旨を変えずにソーシャルワーカーの言葉に置き換え，クライエントに返すことで，クライエントの気づきを促す技法である。

◎ 「言い換え」とは，クライエントが話した内容をソーシャルワーカーが自身の言葉で言い換えてクライエントに伝えることで，クライエントの気づきを促す技法である。

✕ 共感は，ソーシャルワーカーがクライエントの立場に自分を重ね合わせながら，クライエントの思考，感情，体験をソーシャルワーカーの認識の枠組みの中に取り込んでいくことをいう。

◎ ミラクル・クエスチョン[2]は，主にソリューションフォーカストアプローチで用いられる手法である。問題解決後の状況を具体的にイメージさせるために，一見すると非現実的な質問をクライエントに投げかけることをいう。

◎ アイメッセージ[3]は，ソーシャルワーカーを主語にした言い方をする技法である。決めつける言い方よりも相手に受け入れられやすい。クライエントの意見と違うことを言う可能性もあり，ある程度ラポール（信頼関係）が形成されてから使用される。

◎ 設問のとおりである。焦点化とは，複雑化した情報をクライエントと共に整理することで，課題やニーズをお互いに確認することができる。

▶2
ミラクル・クエスチョン
例えば，「奇跡が起こり，あなたの問題がすべて解決したとします。その場合，あなたはその奇跡が起こったことをどんなことから気づきますか?」といった質問で，問題解決の状況を具体的にイメージさせる手法である。

▶3
アイメッセージ
「私はこう思います」などと言う技法。

33 33回109	支持とは，クライエントの語りをソーシャルワーカーが明確にして返すことである。

34 33回109	要約とは，クライエントが語った内容をまとめて反射することである。

35 36回118	要約によって，より多くの情報を収集するために，クライエントの自己開示を促す。

36 33回109	明確化とは，クライエントを精神的に支えるための応答をすることである。

37 36回118改変	明確化によって，クライエントがうまく言葉で表現できないことをワーカーが言語化して伝える。

38 34回108改変	感情の反射とは，クライエントの感情に焦点を当て，クライエントが語った感情をそのまま返していくことである。

39 36回118	問題への直面化によって，クライエントとの信頼関係を構築する。

40 33回109改変	閉じられた質問とは，クライエントが，「はい」や「いいえ」など一言で答えが言える質問方法である。

41 36回118	閉じられた質問によって，クライエントが自由に話すのを促す。

✕ 「支持」とは，クライエントを精神的に支える（支持）ための応答をすることである。クライエントは，ソーシャルワーカーの「支持」を実感することで自己肯定感や自己が尊重されている感覚を取り戻したり，強めたりすることができるようになるといえる。

◯ 「要約」とは，クライエントの語った言葉を要約して返す（反射）することである。「要約」は，クライエントの語りを単にまとめるだけでなく，会話の焦点を明確にするためにも用いられる。

✕ 「要約」とは，クライエントの話の重要部分を繰り返し，短縮し，具体化する技法で，クライエントがまとまりなく話したり，混乱したりしている場合に用いられ，問題を焦点づけたり，内容を整理したりするのに役立つ。

✕ 「明確化」とは，クライエントの考えや思いを適切な言葉を用いてより明確にして応答することである。設問は，援助場面においてクライエントを精神的に支える「支持」を説明しているといえる。

◯ 設問のとおり。

◯ 設問のとおり。「感情の反射」とは，クライエントの言葉や表情及び態度から，クライエントの感情をとらえて伝え返すことである。

✕ 「直面化」とは，クライエントの言葉や感情と行動の不一致などの矛盾を指摘し，クライエントに自分自身が葛藤状態にあることを気づかせ，現在の課題を明確にして向き合えるように支援する技法である。

◯ 設問のとおり。「閉じられた質問（閉ざされた質問）[4]」は，事実の確認やクライエントが「開かれた質問」に答えることが難しい場合に用いられる。

▶4
閉ざされた質問
事実や状況を明確にする場合に活用されるが，閉ざされた質問のみが繰り返されると話の主体が援助者側となりやすい。

✕ 「閉じられた質問（閉ざされた質問）」とは，「はい」「いいえ」で答えられる質問や，年齢や住所などの限定した回答を求める質問である。クライエントが自由に話すことを促す質問は，開かれた質問である。

| 42 34回108改変 | 開かれた質問とは，クライエントが答える内容を限定せずに自由に述べられるように問い掛けることである。 |

| 43 34回108 | 開かれた質問とは，クライエントの話した事実や感情を簡潔に別の言葉に置き換えて伝え返すことである。 |

| 44 32回109 | カデューシン(Kadushin, A. & Kadushin, G.)が示した，「会話」と「ソーシャルワーク面接」の相違においては，「ソーシャルワーク面接」と比べて，「会話」には意図的な目的が存在している。 |

| 45 32回109 | カデューシン(Kadushin, A. & Kadushin, G.)が示した，「会話」と「ソーシャルワーク面接」の相違においては，「ソーシャルワーク面接」と比べて，「会話」では参加者間に明確な役割分担がある。 |

| 46 32回109 | カデューシン(Kadushin, A. & Kadushin, G.)が示した，「会話」と「ソーシャルワーク面接」の相違においては，「ソーシャルワーク面接」と比べて，「会話」の参加者はしばしば文化的に異質である。 |

| 47 32回109改変 | カデューシン(Kadushin, A. & Kadushin, G.)が示した，「会話」と「ソーシャルワーク面接」の相違においては，「会話」と比べて，「ソーシャルワーク面接」の参加者間の権威と力は不平等である。 |

| 48 32回109 | カデューシン(Kadushin, A. & Kadushin, G.)が示した，「会話」と「ソーシャルワーク面接」の相違においては，「会話」と比べて，「ソーシャルワーク面接」ではスピーチのパターンが構造化されている。 |

| 49 35回107改変 | 生活場面面接では，面接室ではなく，クライエントの生活の場で面接を行う。 |

| 50 35回107 | 電話での相談では，ソーシャルワーカーからの積極的な助言や指導を中心にする。 |

○ 設問のとおり。「開かれた質問」では，クライエントは感情表現がしやすく，さまざまな考えや気持ちを示すことができる。面接では，「開かれた質問」と「閉じられた質問(閉ざされた質問)」を適切に組み合わせることが求められる。

✕ 設問の記述は，「言い換え」である。「開かれた質問」は，クライエント自身の言葉を引き出し，答えに幅ができるような質問である。問題を明らかにするときやクライエントの思いを引き出すときなどに用いることで，クライエントはさまざまな考えや気持ちを示すことができる。

✕ 「ソーシャルワーク面接」と比べて，「会話」には意図的な目的がない。

✕ 「ソーシャルワーク面接」と比べて，「会話」では参加者間に明確な役割分担がない。

✕ 「ソーシャルワーク面接」と比べて，「会話」の参加者は同一の文化に属する場合が多い。

○ 「会話」と比べて，「ソーシャルワーク面接」においての参加者間の関係は，権威と力の配分がクライエントの利益になるよう設定されるため平等とはいえない。

○ 「会話」と比べて，「ソーシャルワーク面接」ではスピーチのパターンが構造化されている。

○ 生活場面面接とは，クライエントの居宅や入所施設の居室，病院のベッドサイドなどといった，クライエントの生活の場で面接を行うことをいう。

✕ 電話での相談では，相手の表情が見えず相手の理解度を確認することができないことや，視覚に訴える方法も取れず言葉のみのコミュニケーションとなることから，積極的な助言や指導には適していない。

	51 35回107	面接室での面接では，ソーシャルワーカーが行う情報収集に役立つ範囲で，時間や空間を設定する。
	52 35回107	居宅での面接では，クライエントの生活環境の把握が可能である。
	53 31回108改変	アイビイ(Ivey, A.)のマイクロ技法の基礎となっている「高度な技法」では，クライエントに活用可能な資源の情報を提供する。
	54 31回108改変	アイビイ(Ivey, A.)のマイクロ技法の基礎となっている「高度な技法」では，クライエントの言葉で矛盾する点を指摘する。

アウトリーチ

	55 35回109	アウトリーチでは，相談機関を訪れたクライエントが対象になる。
	56 35回109	アウトリーチは，援助の労力が少なく効率的な活動である。
	57 35回109	アウトリーチは，自ら援助を求めない人への関わりとして有効である。
	58 35回109改変	アウトリーチでは，住民への関わりや広報が必要である。
	59 35回109	アウトリーチは，援助開始前に行われ，援助開始後においては行われない。

面接室は，クライエントが落ち着いた雰囲気の中でリラックスして会話ができるような環境に配慮する必要がある。

 居宅での面接は，クライエントの生活環境そのものを観察することができる。そのため，生活上のリスクを発見しやすく，また，クライエントがよりリラックスできるという利点がある。

 設問の内容は，「高度な技法」の「積極技法」に含まれるものである。
(関連キーワード▶5参照)

▶5

アイビイによるマイクロ技法の階層
「基本的かかわり技法」には，かかわり行動，クライエント観察技法，開かれた質問・閉ざされた質問，励まし・要約・言い換え，感情の反映，意味の反映がある。「高度な技法」として，焦点のあて方，積極技法，対決，技法の連鎖及び面接の構造化，技法の統合がある。

 設問の内容は，「高度な技法」の「対決」に含まれるものである。

 アウトリーチとは，相談機関に相談がもち込まれるのを待つのではなく，ソーシャルワーカーが問題を抱える人が生活する地域や家庭などの生活場面に出向き，積極的にはたらきかけ，ソーシャルワークを提供することである。

 インボランタリー・クライエントなどに対し，援助の必要性を感知させ，問題解決に取り組んでいく動機づけの段階から始めることが求められるため，時間や労力面からみると効率的な活動とはいえない。

▶6

インボランタリー・クライエント
援助を利用する動機づけに乏しいクライエント。専門職に会うことを(法的に)強制されたり，実際に会ったりすることに圧力を感じているクライエントと理解される。非自発的クライエント，自ら援助を求めないクライエント，接近困難なクライエントとも表現される。

 アウトリーチは，深刻な生活上の問題を抱えているが，自ら援助を求めてこない個人，家族，地域住民，地域社会への関わりとして有効である。

 インボランタリー・クライエントをソーシャルワーカーの努力だけで発見することは困難であり，ニーズの掘り起こし，援助者側の見守りや情報提供，サービス提供等の具体的援助のためにも，地域住民とのつながりの構築やネットワークづくり，広報活動は必要である。

 援助開始前だけではなく，援助開始後においてもアウトリーチは有効である。援助開始後のアウトリーチは，クライエントの生活の実態や，サービスを利用した後の生活の様子も理解できるため，非常に重要である。

ソーシャルワークにおける社会資源の活用・調整・開発

社会資源の活用・調整・開発

60
31回112
クライエントにとっては，ソーシャルワーカーも社会資源である。

61
34回110
クライエント自身の問題解決能力を高めるために，社会資源の活用を控える。

62
29回112
コーズアドボカシーとは，一人のクライエントの利益と安定した生活をまもるための働きである。

63
30回111改変
フォーマルな社会資源とは，制度化されたサービスである。

64
34回110
フォーマルな社会資源の提供主体には，社会福祉法人も含まれる。

65
34回110
社会資源の活用においては，インフォーマルな社会資源の活用を優先する。

66
34回110改変
クライエント本人の家族なども活用する社会資源に含まれる。

67
34回110
インフォーマルな社会資源はフォーマルな社会資源に比べ，クライエントの個別的な状況に対しての融通性に乏しい。

○ ソーシャルワーカーがもっている専門性や情報もクライエントの社会生活上のニーズを充足するために必要な社会資源である。ソーシャルワーカーには，自身もクライエントの社会資源になり得るという姿勢・発想をもつことが求められる。

× ソーシャルワーク機能の1つに，さまざまなニーズに対して適切な社会資源を活用することによってニーズを充足させることがある。適切な社会資源を提供すれば，問題解決能力を高めることができる。

× 設問は，ケースアドボカシーの説明である。コーズアドボカシー[8]は，あるエリアで複数の人に共通するニーズに対して，社会資源の開発やシステムの修正等を求めて，代表者会議等が地方自治体の首長等に意見表明することを指す。

○ フォーマルな社会資源とは，社会福祉制度によるサービスや社会制度，公的・社会的に認められている物的・人的資源などを指す。

○ 設問のとおり。フォーマルな社会資源の提供主体には，非営利法人である社会福祉法人も含まれる。

× フォーマルな社会資源とインフォーマルな社会資源のどちらか一方を優先するということはない。ニーズに応じてフォーマルとインフォーマルを適切に組み合わせて利用することが望ましい。

○ クライエント本人の家族などは，インフォーマルな社会資源に該当する。

× インフォーマルな社会資源とフォーマルな社会資源を比較するとインフォーマルな社会資源のほうが融通が利く。インフォーマルな社会資源は，提供者が対応可能であればすぐに利用でき，柔軟に利用することが可能といった特徴がある。

▶7
社会資源
ソーシャルワークにおける社会資源は，クライエントのニーズを充足するために必要なものであり，公的・営利・非営利のフォーマルな社会資源や，個人に関するインフォーマルな社会資源がある。また，物的資源，人的資源，情報的資源，関係的資源として分類することもできる。これらの社会資源を活用したり，またニーズに合うものがなければ新たに開発するなどして，クライエントの問題の解決を図っていく。

▶8
コーズアドボカシー
cause-advocacy。
クラスアドボカシー
(class-advocacy) と同義。

ソーシャルアクション

☐ **68**
☐ 29回112改変
ソーシャルアクションとは，地域の問題について，専門家と共に住民がグループ
での取組を通して問題解決を図れるようにするものである。

ネットワークの形成

ネットワーキング

●ネットワーキングの意義，目的，方法，留意点

☐ **69**
☐ 29回113改変
ネットワーキングは，動態的な概念である。

☐ **70**
☐ 29回113
ネットワーキングは，既存の所属や地域の制約の中で展開する。

☐ **71**
☐ 33回112
地域で構築される個別の課題に対する発見・見守りネットワークは，専門職を中
心に構成される。

☐ **72**
☐ 33回112
ラウンドテーブルとは，ボランティアグループのリーダーが参加する活動代表者
ネットワークである。

☐ **73**
☐ 33回112
多職種ネットワークでは，メンバーができるだけ同じ役割を担うようにコーディ
ネートする。

○ ソーシャルアクションとは，不利益を被っている人々の状況を改善するため，ソーシャルワーカー等の専門家が運動家，アドボケーター，ファシリテーター，コーディネーター等の役割を担い，陳情・請願や訴訟，デモンストレーション等の示威行動を住民や当事者と共に行い，公共政策の意思決定に何らかの影響力を与えようとする行動である。

○ ネットワーキングとは，その必要に応じて新しく生み出され，形成するメンバー相互がお互いに尊重し合い，そこからつくり出されるつながりや関係性は柔軟に形を変えていく，極めてダイナミックなつながりである。

× ネットワーキングを構成するメンバーは既存の所属や地域の制約にとらわれることなく展開される特徴をもっている。一方，町内会など既存組織の形成や機能の維持が困難となってきている。

× 専門職に加え地域住民と協働することが重要である。地域住民が把握している地域の特徴や問題点を勘案することで，より有効なネットワークの構築が期待できる。また，地域住民の参加は，地域に対する関心を高めることにもなる。

× ラウンドテーブルとは，役職や立場などに関係なく自由な意見交換ができる場である。活動代表者のネットワークではない。

× 多職種ネットワークでは，メンバーは異なる役割を担うことが望ましい。異なる役割を担い連携することによって，多角的な視点が入ったネットワークを構築できる。

| 74 33回112 | 個人を取り巻くネットワークには，個人にプラスの影響を与えるものと，マイナスの影響を与えるものの双方がある。 |

| 75 35回110 | ソーシャルサポートネットワークでは，自然発生的なネットワーク内に関与していく場合と，新しいネットワークを形成する場合がある。 |

| 76 35回110 | ソーシャルサポートネットワークでは，ソーシャルサポートを提供する組織間のつながりを強めることを第一義的な目的とする。 |

| 77 35回110 | ソーシャルサポートネットワークとは，家族，友人，知人，近隣住民から提供される支援の総体と定義される。 |

| 78 35回110 | ソーシャルサポートネットワークでは，インフォーマルなサポートよりも，フォーマルなサービスの機能に着目して活性化を図る。 |

| 79 35回110 | ソーシャルサポートネットワークは，情報による支援や物的手段による支援からなり，ソーシャルメディアの利用を目的としている。 |

事例分析

事例分析

| 80 36回113 | ソーシャルワーカーが担当しているクライエントの支援において，今後の方向性を考えるため，クライエントと共に，手段的事例として事例分析をした。 |

| 81 36回113改変 | 新人のソーシャルワーカーが担当しているクライエントの支援過程について，指導的立場のソーシャルワーカーと一緒に，固有事例として事例分析をした。 |

○ 個人にプラスの影響を与えるものとしては，悩み及び目的の共有など，ネットワークの刺激や影響を相互に授受して問題解決できることなどがあげられる。マイナスの影響を与えるものとしては，ネットワークの悪い規範に影響を受けて，本当は解決したいと思っても問題解決に結びつかないことなどがあげられる。

○ 設問のとおり。家族関係などクライエントがもともともっているネットワークに関与する場合や，クライエントを支援するために必要であるにもかかわらずネットワークが存在しないときは，新たにネットワークをつくり出す場合がある。

✗ ソーシャルサポートネットワークの第一義的な目的は，クライエントの問題の解決や問題の予防をすることである。

✗ ソーシャルサポートネットワークには，家族，友人，知人，近隣住民などによる援助（インフォーマルサポート）のほか，公的機関やさまざまな専門職による援助（フォーマルサポート）も含まれる。

✗ インフォーマルなサポートよりも，フォーマルなサービスの機能がより着目されるということはない。それぞれが協働してソーシャルサポートネットワークの活性化を図る必要がある。

✗ 支援方法の1つとしてソーシャルメディアを利用することはあるが，それは手段であり目的ではない。

✗ クライエントの支援の方向性を考えることが目的であるため，固有事例である。手段的事例と固有事例を区分するにあたり，クライエントと共に事例分析をするかどうかは問われない。

○ クライエントの支援過程に対するスーパービジョンとして行うもので，固有事例である。

82
36回113
ソーシャルワーカーが担当している事例で，支援結果が良好なものがあったので，その要因を明らかにするため，手段的事例として事例分析をした。

83
36回113
ソーシャルワーカーが担当している事例で，複雑な問題を抱え支援が困難なクライエントがおり，手段的事例として事例分析をした。

84
36回113
ソーシャルワーカーが担当している地区で，高齢者から振り込み詐欺に関する相談が頻繁にあるため，研修を目的とする手段的事例として事例分析をした。

事例検討，事例研究

85
34回107
事例検討会の際の留意点として，事例提供者の心理状態や気持ちにも配慮しながら進行する。

86
34回107
事例検討会の際の留意点として，検討の際，参加者の個人的な体験に基づいて検討するよう促す。

87
34回107
事例検討会の際の留意点として，終了時刻が近づいてきても，検討が熱心に続いているのであれば，終了時刻を気にせず検討を継続する。

88
34回107改変
事例検討会の際の留意点として，検討の論点のずれの修正は，司会者の役割である。

89
34回107
事例検討会の際の留意点として，経験の長さと発言の長さが比例するように話を振り，時間配分する。

ソーシャルワークにおける総合的かつ包括的な支援の実際

90
35回116
社会的排除の状態に置かれている利用者と家族に対して，プライバシーに配慮した上で，地域住民の協力を求め，利用者と家族の地域生活の継続を支援する。

✕ 良好な支援結果の要因分析として行うもので，固有事例である。事例分析では，支援結果が良好な場合であっても分析の対象として選定することがある。

✕ 複雑な問題が背景にあり，支援が困難なクライエントの支援として行うもので，固有事例である。

◯ 振り込め詐欺をテーマに，研修を行うことを目的としているため，手段的事例である。

◯ 事例を共有する上で，事例提供者の心理状態や気持ちの理解が必要となる。事例提供者の事例に対する想いを共有できるよう，事例提供者に質問を行うなどの配慮をしながら進行する。

✕ クライエントの生活課題や取り巻く環境の分析は，客観的・多角的に捉える必要があるため，個人の価値観や感情を押し付けないように留意する。

✕ 事例検討会では，決められた時間に終わるよう，時間配分への配慮が必要である。司会者は決められた時間内に終了できるよう，進捗状況を確認しながらファシリテートする。

◯ 設問のとおり。司会者は，参加者の発言の内容を理解しつつ，議論の中で出てくる論点について深めていくべきか否かを判断するといった，論点を把握する力と整理する力が求められる。

✕ 参加者の発言の長さは平等になるよう配慮する。事例提供者が実行可能な支援方法を考えるように心がけることが必要となる。

◯ 社会的排除の状態からの脱出や地域共生社会の実現のためには，地域住民の協力が必要不可欠である。プライバシーに配慮した上で地域住民の協力を求め，さまざまな社会資源を活用しながら包括的な支援体制を構築していくことが重要である。

91
35回116

社会的排除の状態に置かれている利用者とその家族に対しては，利用者との距離を置き，客観的に状況を理解している同居をしていない家族の意向に基づき支援する。

92
35回116

社会的排除の状態に置かれている利用者と家族には，人との関わりに抵抗があったり，課題を持っていたりする人が多いので，利用者と家族の生育歴や生活歴に特徴的に見られる課題に限定して情報収集をする。

93
35回116

社会的排除の状態に置かれている利用者と家族に対しては，時間をかけて関係づくりを行い，利用者と家族の意向を踏まえ，優先順位をつけて生活課題やニーズに対応していく。

94
35回116

社会的排除の状態に置かれている利用者や家族に対しては，利用者や家族のストレングスを見いだすため，利用者自身の弱さを内省するよう支援する。

95
30回118

デジタル・デバイドとは，福祉情報の積極的な活用を意味する。

96
30回118

援助における情報収集の段階で，IT機器による音声・画像の記録は禁止されている。

✕ 利用者の意向を反映しておらず，家族の意向のみをくみ取った一方的な支援となる。また，同居をしていない家族の場合，利用者の状態を正しく理解できていない可能性もある。利用者と距離を置くのではなく，双方の意向を踏まえた上で支援を決定すべきである。

✕ 生育歴や生活歴の課題に限定するのではなく，双方を取り巻く人や環境等にも焦点を当てるなど，多角的に情報収集をする必要がある。

⭕ 支援において関係づくりや信頼関係の構築は欠かせない。また，利用者と家族どちらか一方の意向ではなく，双方の意向を踏まえて支援を決定し，直近の課題を把握した上で対応していくことが重要となる。

✕ ストレングスを見いだすためには，利用者自身の弱さを内省するのではなく，強みに気づくことができるよう支援していくことが重要である。

✕ デジタル・デバイドとは，コンピュータや通信ネットワークを活用できる者はより豊かで便利な生活や高い職業的，社会的地位を獲得できる一方，情報技術の恩恵を受けられない人々は社会から疎外され，より困難な状況に追い込まれてしまうというように，**情報技術(IT)の普及に**よって生じた格差のことである。　(関連キーワード▶9参照)

✕ IT 機器による音声・画像の記録は禁止されていない。相談援助業務に IT 機器を積極的に活用することは，効率化や合理化を図るだけでなく，サービスをより高度化する可能性をもつ。ただし，記録データの取扱いには注意しなければならない。

▶9
ソーシャルワーク実践におけるITの活用
IT（information technology；情報通信技術）とは，コンピュータやパソコン，携帯電話やスマートフォンなどの情報通信機器，インターネットサービスなどを包括する言葉である。ソーシャルワークにおいて，情報収集，記録，連携手段とIT活用の幅が広がり，重要性が高まっている。一方，取扱いにかかわるリスク管理と活用するスキルの向上も求められる。

福祉サービスの
組織と経営

福祉サービスに係る組織や団体の概要と役割

福祉サービスを提供する組織

1
29回119
第二種社会福祉事業の経営主体は，社会福祉法人に限られる。

2
36回119
社会福祉法人は，主たる事務所の所在地において設立の登記をすることによって成立する。

3
36回119
社会福祉法人において，収支計算書の公表は任意である。

4
36回119
社会福祉法人は，他の社会福祉法人と合併することはできない。

5
36回119
社会福祉法人において，評議員は無報酬でなければならない。

6
33回119
社会福祉法人の設立認可を行う所轄庁は，その主たる事務所の所在地を管轄する厚生労働省の地方厚生局である。

7
32回119
社会福祉法人は，社会福祉事業の主たる担い手としてふさわしい事業を行うため，自主的にその経営基盤の強化を図らなければならない。

8
32回119
社会福祉法人は福祉サービス提供のための法人であるため，診療を行う事業を実施できない。

✕ 社会福祉法人が行うことができる社会福祉事業には，第一種社会福祉事業と第二種社会福祉事業があり，経営主体についての制限は設けられていない。

○ 社会福祉法人は，「主たる事務所の所在地において設立の登記をすることによって成立する」と規定されている（社会福祉法第34条）。

✕ 収支計算書の公表は義務である（社会福祉法第59条の2第1項）。すべての社会福祉法人に，計算書類等のインターネット上での公表が義務づけられている（同法施行規則第10条第1項）。

✕ 「社会福祉法人は，他の社会福祉法人と合併することができる」と規定されている（社会福祉法第48条）。

✕ 評議員に報酬を支払うことは可能である。評議員の報酬等の額は，定款で定めなければならないと規定されている（社会福祉法第45条の8第4項，一般社団法人及び一般財団法人に関する法律第196条）。

✕ 社会福祉法人の所轄庁は，その社会福祉法人の行う事業の及ぶ区域により区分されている。社会福祉法第30条において，社会福祉法人の所轄庁は，その主たる事務所の所在地の都道府県知事とされている。

（関連キーワード▶1参照）

○ 社会福祉法人は，社会福祉事業の主たる担い手としてふさわしい事業を確実，効果的かつ適正に行うため，自主的にその経営基盤の強化を図るとともに，その提供する福祉サービスの質の向上及び事業経営の透明性の確保を図らなければならない（社会福祉法第24条）。

✕ 社会福祉事業は，第一種社会福祉事業と第二種社会福祉事業に分類できる。このうち，第二種社会福祉事業として，生計困難者のために，無料又は低額な料金で診療を行う事業が規定されている（社会福祉法第2条）。

▶1
所轄庁
主たる事務所が市の区域内にあって，行う事業が当該市の区域を越えないものについては，その所轄庁は市長（特別区の区長を含む）とされている。また主たる事務所が指定都市の区域内にあって，その行う事業が一つの都道府県の区域内において二つ以上の市町村の区域にわたるもの及び地区社会福祉協議会である社会福祉法人の所轄庁は，指定都市の長である。そして社会福祉法人でその行う事業が二つ以上の地方厚生局の管轄区域にわたるものであって，厚生労働省令で定めるものにあっては，その所轄庁は，厚生労働大臣とするとされている。

9 35回119改変 社会福祉法人は収益事業を行うことができる。

10 33回119 社会福祉法人では，評議員会の設置は任意である。

11 35回119 社会福祉法人における評議員の選任・解任は，定款に定めることにより，理事長や理事会が決定することが可能である。

12 35回119 社会福祉法人は，理事長以外に業務執行理事を評議員会で選定することができる。

13 32回119 社会福祉法人が解散した際の残余財産は，設立時の寄附者に帰属する。

14 35回119 社会福祉法人は，定款，貸借対照表，収支計算書，役員報酬基準等を公表しなければならない。

15 35回119 社会福祉施設を経営している社会福祉法人において，当該施設の管理者は法人の理事になることは禁止されている。

16 35回120改変 特定非営利活動法人における最高意思決定機関は，社員総会である。

○ 社会福祉法人は，その経営する社会福祉事業に支障がない限り，公益を目的とする事業（公益事業）又はその収益を社会福祉事業若しくは公益事業の経営に充てることを目的とする事業（収益事業）を行うことができるとされている（社会福祉法第26条）。

✕ 社会福祉法第36条第1項において，「社会福祉法人は，評議員，評議員会，理事，理事会及び監事を置かなければならない」と規定されている。

✕ 社会福祉法人における評議員の選任・解任については，理事長や理事会が決定することはできない。定款で定める評議員の選任・解任の方法としては，外部委員が参加する機関（評議員選任・解任委員会）を設置し，この機関の決定に従って行う方法がある。

✕ 業務執行理事の選定は，評議員会ではなく理事会の決議によって行われる（社会福祉法第45条の16第2項）。業務執行理事は，理事長と違い代表権はないため，対外的な業務を執行する権限はない（同法第45条の17第2項）。

✕ 社会福祉法人は，定款の解散に関する事項中に，残余財産の帰属すべき者に関する規定を設ける場合は，社会福祉法人その他社会福祉事業を行う者のうちから選定されるようにしなければならないとされ，設立時の寄附者は含まれていない（社会福祉法第31条）。この規定により処分されない財産は，国庫に帰属する（同法第47条）。

○ 設問のとおり。社会福祉法人には，運営の透明性を確保するため，定款，貸借対照表，収支計算書，役員報酬基準等に関する公表義務がある。

✕ 社会福祉法第44条第4項第3号に，社会福祉法人が施設を設置している場合にあっては，当該施設の管理者が理事に含まれなければならないといった役員の資格が規定されている。

○ 設問のとおり。特定非営利活動法人の業務は，定款で理事その他の役員に委任したものを除き，すべて社員総会の決議によって行うとされている（特定非営利活動促進法第14条の5）。

▶2
公益事業と収益事業
公益事業とは，介護老人保健施設や有料老人ホームの経営など社会福祉と関係のある公益を目的とする事業のことである。収益事業とは，駐車場の経営や公共的な施設内の売店の経営等で，その収益を社会福祉事業・公益事業に充てることを目的とする事業のことであり，事業の種類については法人の社会的信用を傷つけるおそれがあるものや投機的なものは適当でないとされている。

福祉サービスの組織と経営

特定非営利活動法人は，収益事業を行うことができる。

特定非営利活動法人において役員に報酬を支払うことができるのは，役員総数の半数までである。

一つの市町村のみに主たる事務所を置く特定非営利活動法人の所轄庁は，市町村長であると法に定められている。

整理しておこう！

社会福祉法人と特定非営利活動法人

　現在，福祉サービスを提供する主体は多様化しているが，そのなかの代表的な提供主体である社会福祉法人と特定非営利活動法人について理解しておこう。

社会福祉法人

定義	社会福祉法第22条 社会福祉事業を行うことを目的として，社会福祉法の定めるところにより設立された法人
設立	認可主義
所轄庁	その主たる事務所の所在地の都道府県知事 主たる事務所が市の区域内にあり，その行う事業が当該市の区域を越えないものについては，市長 主たる事務所が指定都市の区域内にある社会福祉法人であってその行う事業が一つの都道府県の区域内において二つ以上の市町村の区域にわたるもの及び社会福祉法第109条第2項に規定する地区社会福祉協議会である社会福祉法人については，指定都市の長 その行う事業が二つ以上の地方厚生局の管轄区域にわたるものであって，厚生労働省令で定めるものは，厚生労働大臣
機関	役員（理事6人以上・監事2人以上） 評議員会
税制	法人税・都道府県民税・市町村民税・事業税・固定資産税は原則非課税
その他	・経営の原則として，社会福祉法人は，社会福祉事業の主たる担い手としてふさわしい事業を確実，効果的かつ適正に行うため，自主的にその経営基盤の強化を図るとともに，その提供する福祉サービスの質の向上及び事業経営の透明性の確保を図らなければならない。 ・社会福祉法人は，社会福祉事業及び公益事業を行うに当たっては，日常生活又は社会生活上の支援を必要とする者に対して，無料又は低額な料金で，福祉サービスを積極的に提供するよう努めなければならない。 ・社会福祉法人は，社会福祉事業を行うに必要な資産を備えなければならない。 ・社会福祉法人は，その経営する社会福祉事業に支障がない限り，公益事業又は収益事業を行うことができる。

○ 特定非営利活動にかかる事業に支障がない限り，当該特定非営利活動にかかる事業以外の事業（その他の事業）を行うことができると規定されており，いわゆる収益事業を行うことが認められている。ただし，利益を生じたときは当該特定非営利活動に係る事業のために使用しなければならない（特定非営利活動促進法第5条）。

× 特定非営利活動法人において役員に報酬を支払うことができるのは，役員総数の3分の1以下である（特定非営利活動促進法第2条第2項第1号ロ）。

× 特定非営利活動法人の所轄庁は，原則として主たる事務所が所在する都道府県の知事である。ただし，その事務所が一つの指定都市の区域内のみに所在する場合は，指定都市の長が所轄庁となる（特定非営利活動促進法第9条）。

特定非営利活動法人

定義	特定非営利活動促進法第2条第2項 特定非営利活動を行うことを主たる目的とし，特定非営利活動促進法の定めるところにより設立された法人
設立	認証主義
所轄庁	都道府県知事（二つ以上の都道府県に事務所を置く法人については，主たる事務所の所在地の都道府県知事） 一つの指定都市の区域のみに事務所を置く法人については，指定都市の長
組織	役員（理事3人以上・監事1人以上） 社員総会
税制	法人税・事業税は原則非課税（ただし，法人税法上の収益事業による所得には課税） 都道府県民税・市町村民税・固定資産税は課税
その他	・「特定非営利活動」とは，特定非営利活動促進法別表に掲げる20の活動に該当する活動で，不特定かつ多数のものの利益の増進に寄与することを目的とするものをいう。 ・特定非営利活動法人は，特定の個人又は法人その他の団体の利益を目的として，その事業を行ってはならない。 ・特定非営利活動法人は，これを特定の政党のために利用してはならない。 ・特定非営利活動法人は，その行う特定非営利活動に係る事業に支障がない限り，当該特定非営利活動に係る事業以外の事業を行うことができる。 ・情報公開が特定非営利活動法人と所轄庁に義務づけられている。

20 29回120 特定非営利活動法人の解散時の残余財産は，定款で定めた他の特定非営利活動法人等に帰属する。

21 32回122 特定非営利活動法人は，特定非営利活動に係る事業に支障がない限り，利益の配当をすることができる。

22 32回122 特定非営利活動法人における社員総会に出席できない社員は，定款の定めるところにより書面による表決に代えて電磁的方法によって表決を行うことができる。

23 34回119改変 内閣府の2024年（令和6年）3月31日現在の統計によると，特定非営利活動法人が行う事業のうち，最も多いのは，「社会教育の推進を図る活動」である。

24 34回119 特定非営利活動法人の設立に当たっては，社会福祉事業を実施するために必要な財産を保有していなければならない。

25 35回120 特定非営利活動法人は，法律に定められた要件を満たし，必要な書類を添えて所轄庁に申請し，審査を経て認可された後，登記することによって成立する。

26 35回120 特定非営利活動法人は，その主たる活動の目的を，政治上の主義を推進，支持，反対するための活動とすることができる。

27 34回119 特定非営利活動法人の監事は理事の中から選任される。

○ 設問のとおり。なお，定款に残余財産の帰属すべき者に関する規定がない場合には，所轄庁の認証を得て，その財産を国又は地方公共団体に譲渡することができるとされ，それ以外の場合には国庫に帰属するとされている（特定非営利活動促進法第32条）。

✕ 特定非営利活動法人は，特定非営利活動に係る事業に支障がなくても，利益の配当をすることができない。利益を生じたときは，これを当該特定非営利活動に係る事業のために使用しなければならない（特定非営利活動促進法第5条）。

○ 社員総会に出席しない社員は，書面又は代理人によって表決することができるとされているが，定款で定めるところにより，書面による表決に代えて，電磁的方法により表決をすることができる（特定非営利活動促進法第14条の7）。

✕ 内閣府の統計によると，2024年（令和6年）3月31日現在の特定非営利活動法人の活動分野のうち，最も多いのは「保健，医療又は福祉の増進を図る活動」（58.8％），次いで「社会教育の推進を図る活動」（50.5％）の順であった。

✕ 特定非営利活動法人の設立において，資産要件に関する規定はない。なお，社会福祉法人は，設立するにあたって「社会福祉事業を行うに必要な資産を備えなければならない」といった資産要件がある（社会福祉法第25条）。

✕ 特定非営利活動法人は，都道府県又は指定都市の条例で定めるところにより，必要書類を添付した申請書を所轄庁に提出し，設立の認証を受けた後，登記することによって成立する（特定非営利活動促進法第10条・第13条）。

✕ 特定非営利活動法人には，「政治上の主義を推進し，支持し，又はこれに反対することを主たる目的とするものではないこと」といった要件がある（特定非営利活動促進法第2条第2項第2号ロ）。

✕ 特定非営利活動法人の監事は，「理事又は特定非営利活動法人の職員を兼ねてはならない」といった監事の兼職禁止が規定されている（特定非営利活動促進法第19条）。

□ 28 特定非営利活動法人は，その社員の資格の得喪に関して不当な条件を付してはな
□ 35回120 らず，加入や脱退の自由を保障する必要がある。

□ 29 社会医療法人は，収益業務を行うことができる。
□ 35回121改変

□ 30 へき地医療や救急医療などを担うことが要件となっている社会医療法人は，医療
□ 33回120 保健業について法人税は非課税となっている。

□ 31 医療法人は全て，本来業務である病院，診療所，介護老人保健施設のほか，収益
□ 33回120 業務も実施することができる。

□ 32 医療法人は，都道府県知事への届出によって特別養護老人ホームを設置すること
□ 35回121 ができる。

整理しておこう！

認定NPO法人と特例認定NPO法人

◎認定NPO法人

NPO法人への寄附を促すための税制上の措置であった認定NPO法人制度が，認定基準の緩和によって制度の利用者を増やすことを目的として「特定非営利活動促進法の一部を改正する法律」（平成23年法律第70号）により改正され，2012年（平成24年）4月1日から施行された。

この改正により，「租税特別措置法」に規定され，国税庁長官により認定されていた「認定NPO法人」が，改正後は「特定非営利活動促進法」に地方公共団体が行う制度として規定され，都道府県の知事・指定都市の長により認定されることになった。認定の有効期間は5年で，期間内に申請を行った場合は有効期間の更新ができる。

□認定要件

次の❶〜❽をすべて満たさなければならない。

❶ パブリック・サポート・テスト（PST）に適合していること。

❷ 事業活動における共益的な活動の占める割合が，50%未満であること。

○ 特定非営利活動法人は市民に開かれた団体であるべき，という観点から，社員の資格の得喪に関して不当な条件を付してはならず（特定非営利活動促進法第2条第2項第1号イ），社員の最も基本的な権利にかかわる加入・脱退の自由を正当な理由なく制限することは禁止されている。

○ 社会医療法人は，2006年（平成18年）の医療法改正により制度化された公益性の高い医療法人制度であり，収益業務や，一部の第一種社会福祉事業，第二種社会福祉事業，社会医療法人債の発行が認められている。

▶3
社会医療法人
社会医療法人は，収益業務，第一種社会福祉事業のうち，特別養護老人ホーム，養護老人ホーム，軽費老人ホーム（ケアハウスは除く），救護施設，更生施設を除く事業及び第二種社会福祉事業，有料老人ホームを行うことができる。

○ 社会医療法人は，非営利性の徹底を行い，救急医療やへき地医療，周産期医療など特に地域で必要な医療の提供を担うものとして位置づけられている。そして，公益性の高い医療保健業については法人税が非課税となる等の税制上の優遇措置が行われている。

✕ 医療法人は，病院，診療所，介護老人保健施設の開設を目的として設立された法人である。しかし，医療法人は社会福祉法人や特定非営利活動法人とは違い，収益事業を行うことができない（ただし，社会医療法人は例外的に行うことができる）。

✕ 医療法人が設置することができるのは，病院，医師若しくは歯科医師が常時勤務する診療所，介護老人保健施設や介護医療院であり，特別養護老人ホームを設置することはできない。

❸ 運営組織及び経理が適切であること。
❹ 事業活動の内容が適切であること。
❺ 情報公開を適切に行っていること。
❻ 事業報告書等を所轄庁に提出していること。
❼ 法令違反，不正の行為，公益に反する事実等がないこと。
❽ 設立の日から1年を超える期間が経過していること。
❶〜❽の基準を満たしていても，欠格事由に該当するNPO法人は認定を受けることはできない。

◎特例認定NPO法人
　設立初期のNPO法人，特に設立後5年以内の法人は，財政基盤が脆弱なところが多いことから，1回に限り，スタートアップ支援として，PST基準を免除した仮認定による税制優遇を受けられる制度（仮認定制度）が新たに導入された。仮認定の有効期間は3年間。なお，平成28年法改正により，2017年（平成29年）4月1日から，仮認定NPO法人は特例認定NPO法人という名称に改められた。

☐ 33 ☐ 35回121	医療法人は，剰余金の配当をすることが禁止されている。	

☐ 34 ☐ 33回120改変	「令和4年介護サービス施設・事業所調査」（厚生労働省）によると，介護保険法による指定訪問介護事業所の開設（経営）主体別事業所数の構成割合は営利法人（会社）が最も高い。	

☐ 35 ☐ 35回121	福祉活動を行う市民団体は，法人格を取得しなければならない。	

☐ 36 ☐ 33回120	地域の自治会・町内会が法人格を取得する制度は存在せず，集会場など土地・建物の管理は個人名義で行う必要がある。	

☐ 37 ☐ 33回120	組合員の生活の文化的経済的改善向上を図ることを目的に設立された消費生活協同組合は，介護保険事業を実施できないとされている。	

☐ 38 ☐ 35回121	株式会社は，都道府県知事への届出によって児童養護施設を設置することができる。	

福祉サービスの組織と運営に係る基礎理論

組織運営に関する基礎理論

☐ 39 ☐ 34回120	官僚制理論の特徴として，階層がないフラットな構造を有する点が挙げられる。	

☐ 40 ☐ 35回122	事業部制組織は，職能別管理をすることによって，組織の統制が向上するメリットがある。	

○ 医療法人は，剰余金を配当することができない非営利法人である。しかし，法人税法上の公益法人等には該当せず，法人税の課税対象となる。

○ 「令和4年介護サービス施設・事業所調査」（厚生労働省）によると，介護保険法による指定訪問介護事業所の開設（経営）主体別事業所数の構成割合は，営利法人（会社）が最も高い70.7％である。

✕ 市民団体の中には，NPO法人格を取得して事業を展開する場合もあるが，法人格を取得することなく任意のグループの市民団体としてサービスを行うこともできる。

✕ 自治会・町内会は地方自治法第260条の2により，法人格を取得することができると規定されている。また，法人格を取得するメリット等としては，自治会等の名義で不動産の登記等ができることである。

✕ 消費生活協同組合[4]が行うことができる事業として，医療，福祉に関する事業をあげており，居宅サービス事業所（訪問介護，通所介護等），地域密着型サービス事業所（定期巡回・随時対応型訪問介護看護，看護小規模多機能型居宅介護等）の開設（経営）を行っている。

✕ 児童養護施設は第一種社会福祉事業[5]であり，その経営主体は，原則として国，地方公共団体又は社会福祉法人に限られる（社会福祉法第60条）。

✕ 官僚制組織は，規則により職務上の権限や職務内容が明確化され，職位の階層構造（ヒエラルヒー）をもつ。

✕ 職能別組織に関する記述である。事業部制組織とは，事業を単位として組織を分割し，大幅な権限移譲によりそれぞれが独立を保つという考え方の組織形態である。

▶4
消費生活協同組合
消費生活協同組合とは，消費生活協同組合法に基づいて設立された法人で，同じ地域（都道府県内に限る）に住む人々，また同じ職場に勤務する人々が，生活の安定と生活文化の向上を図るため，相互の助け合いにより自発的に組織される非営利団体である。

▶5
第一種社会福祉事業
主に入所施設や保護施設などの経営を行う事業であり，公共性が高く，経営安定を通じた利用者の保護の必要性が高い事業である。国，地方公共団体，社会福祉法人以外の者が経営する場合は，都道府県知事等の許可が必要である。

| | 41 35回122 | 各構成員に対する指示・命令は，複数の者によって多面的に行う必要がある。 |

| | 42 35回122 | 従業員が意思決定を行うことができる権限の範囲と，それに対応した職務に対する責任の範囲は，等しくなるようにしなければならない。 |

| | 43 35回122改変 | 管理者は，例外的で高度な業務に専従すべきである。 |

| | 44 34回122 | 目標管理制度とは，職員個人の能力に応じた目標と組織目標を関連づけ，組織の業績向上と職員の自己実現を目指すことである。 |

| | 45 36回120 | バーナード (Barnard, C.) によれば，非公式組織とは，意識的で，計画的で，目的をもつような人々相互間の協働である。 |

| | 46 29回125 | マズロー (Maslow, A.) は，自己実現の欲求が達成されれば，仕事のやる気は低下すると考えた。 |

| | 47 33回122 | ブルーム (Vroom, V.) によれば，上司が部下に対して大きな期待を抱くと，部下の動機づけが高まる。 |

| | 48 33回122 | ハーズバーグ (Herzberg, F.) によれば，仕事への満足感につながる要因と仕事への不満足につながる要因とは異なる。 |

✕ 命令一元化の原則では，各構成員に対する指示・命令系統は，一人の上司だけから指示・命令を受ける仕組み（ワンボス・システム）のように単純で明快でなくてはならないとされている。 （関連キーワード▶6参照）

◯ 権限・責任一致の原則では，従業員に与えられた権限と責任の範囲が等しくなるようにしなくてはならない。権限のほうが大きければ無責任状態となり，責任のほうが大きければ従業員の負担が増加し，仕事への動機づけが低くなるという傾向がある。

◯ 例外の原則では，手順どおり進んでいる定型的で反復的な業務は下位の者に任せ，管理者は例外的でより高度な業務（意思決定を含む）に専従すべきとされており，管理者の行動原則の性格が強い。

◯ 目標管理制度とは，経営管理者が組織全体の目標・方針を示し，部門（チーム）の責任者がそれを達成するための部門としての具体的な達成目標の方針を設定し，職員が自分の職務についてその実現の努力，成果の目標を定め，自己評価を通して動機づけを図る制度である。

✕ 設問は，公式組織の説明である。近代管理論の父といわれるバーナードは，公式組織が成立するための条件として，組織の三要素である共通目的（組織目的），協働意欲（貢献意欲），コミュニケーション（伝達）を提示した。

✕ 自己実現の欲求は，自分の能力を生かしてさらに成長したいという欲求であり，仕事のやる気を高める。マズローが唱えた欲求五段階論では，段階的により高次の欲求充足に向かって動機づけがなされていくとした。

✕ ブルームが提唱した期待理論は，動機づけの強さは「期待と誘意性の積」で表せるとする理論である。上司が部下に大きな期待を抱いても，努力しただけの結果が得られるか，その結果に対してどれだけ魅力のある報酬が得られるかによって動機づけは左右されることになる。

◯ 設問のとおり。ハーズバーグが提唱した二要因理論は，満足をもたらす要因（＝動機づけ要因）と，不満足をもたらす要因（＝衛生要因）は異なることを指摘している。

▶6
組織設計の5原則
①専門化の原則，②権限・責任一致の原則，③統制範囲適正化の原則，④命令一元化の原則，⑤例外の原則のことをいう。

福祉サービスの組織と経営

▶7
公式組織
バーナードは，組織を公式組織と非公式組織に分け，公式組織を「二人以上の人々の意識的に調整された諸活動もしくは諸力の体系」と定義した。

▶8
マズローの欲求五段階論
マズローは，人間の欲求を，①生理的欲求，②安全と安定の欲求，③所属と愛情の欲求，④承認の欲求，⑤自己実現の欲求，と階層序列化した。

▶9
期待と誘意性の積
期待とは，努力した分だけもたらされるであろう結果を表し，誘意性とは，努力した結果として得られる報酬の主観的価値や魅力を表している。

| | 49 33回122改変 | マグレガー（McGregor, D.）によれば，Y理論では部下は仕事を当然のこととして自律的に目標達成しようとし，責任を率先して引き受ける。 |

| | 50 33回122改変 | デシ（Deci, E.）は，金銭的報酬などの外的報酬によってではなく，むしろ内発的動機によって人は動機づけられるとした。 |

| | 51 33回122 | マクレランド（McClelland, D.）は，人間が給与への欲求のために働いていることを示す期待理論を展開した。 |

| | 52 33回121 | バーナード（Barnard, C.）によれば，公式組織の3要素とは，コミュニケーション，貢献意欲，共通目的である。 |

| | 53 33回121 | テイラー（Taylor, F.）は，労働者の感情を重視し人間関係に重きを置く経営管理を提唱した。 |

チームに関する基礎理論

| | 54 36回121 | 集団の規範とは，メンバーが誰かの努力や成果にただ乗りして，自分自身は力を出し切らないことである。 |

| | 55 32回121改変 | 集団の凝集性を高めるには，メンバー間の等質性を強化して他の集団との競争を促進させる方策が重要である。 |

| | 56 27回122改変 | 遂行するタスクが多様なスキルや判断を必要とする場合には，個人よりもチームの方が高い業績を上げることができる。 |

⭕ マグレガーが提唱したＸ理論とＹ理論は，人間観に基づく動機づけ理論について述べたものである。Ｙ理論は「人間は自分が進んで身を委ねた目標のためには，それを達成して獲得する報酬次第で，献身的に働く」「人間は条件次第で自ら責任をとろうとする」というものである。

⭕ 設問のとおり。デシの内発的動機づけ理論では，自分を有能で自己決定的だと思う人は，さらなる有能さと自己決定を求めて努力するとしている。

❌ マクレランドが提唱した欲求理論は，良好な人間関係をもたらしたいという親和欲求，他者に影響を及ぼしたいという権力欲求，仕事で達成や成功を手に入れたいという達成欲求，失敗や困難な状況の回避を求める回避欲求が職務動機づけに影響を及ぼしていると考えた。

⭕ 近代管理論の父といわれるバーナードは，組織を公式組織と非公式組織に分け，公式組織が成立するための条件として，組織の3要素であるコミュニケーション（伝達），貢献意欲（協働意欲），共通目的（組織目的）を提示した。

❌ テイラーによって提唱された科学的管理法はテイラー・システムとも呼ばれる。科学的管理法は，作業現場の管理を合理的な規則と手続きによって科学的に管理するというものである。

❌ 設問は，フリーライダーの説明である。集団の規範とは，集団内で共有されている行動基準のことである。

⭕ 設問のとおり。集団凝集性（group cohesiveness）とは，集団の結束力のことである。

⭕ 遂行するタスクが複雑な場合には，それぞれの専門性をもつメンバーがチームを組み，行っていく方が高い業績を上げることができる。

▶10
X理論
X理論における人間観は，「人は生まれつき仕事が嫌いで，できることなら仕事をしたくないと思っている」「人間は命令され，統制されないと，その能力を発揮しない」というものである。

▶11
科学的管理法
手続きの標準化と計画化を行い，それに基づいて労働者の活動を統制して経済的効率を最大にするのが，科学的管理のねらいである。科学的管理法には，課業管理，作業の標準化，作業管理に最適な組織形態の3つの原理がある。

福祉サービスの組織と経営

57 36回121改変 集団浅慮とは，集団になることによって，かえって深く考えずに決定がされてしまう現象のことである。

58 36回121 集団の凝集性は，集団を構成するメンバーを離散させ，個々人に分離させる傾向をもつ。

59 32回121 集団の凝集性が高まると，メンバー間の親近感が強まるとともにリスクに対する警戒感が強まり，意思決定は堅実なものになる。

60 36回121 チームの生産性は，チームメンバー間で信頼や尊敬の念が育まれていると低くなる。

61 29回122改変 社会的抑制は，複雑で不慣れな課題遂行時に起きる。

62 36回121 集団内のコンフリクトには，集団に悪影響を及ぼす非生産的コンフリクトと，集団に好影響を及ぼす生産的コンフリクトの両方の側面がある。

63 32回121 集団の凝集性が高くても，集団目標と組織目標の一致度が低い場合には，生産性が低下する。

64 33回121 アッシュ（Asch, S.）の実験によれば，集団の中で孤立無援の状態で異議を唱えるのと，一人でも同じ考えの仲間がいるのとでは，集団力学的に違いはない。

65 36回120 アッシュ（Asch, S.）は，個人として正しい判断ができていれば，多数派の力には負けることはないという現象を明らかにした。

〇 設問のとおり。その理由として，自分たちが誤った決定をすることなどはあり得ないという自信過剰，集団外部のことに耳を傾けないという閉鎖性，皆が一丸となって決めているという同調への圧力の存在などがある。

✕ 集団の凝集性とは集団の結束力のことであり，公式組織にとってよい作用をもたらす正の側面もあるが，同時に集団内の団結の度合いが高まり，集団のコンフリクトが発生するような負の側面もある。

✕ 集団の凝集性が高まると，メンバー間の親近感が強まるとともにリスクに対する警戒感が弱まり，集団浅慮が起こりやすくなる。したがって，誤った意思決定が容認されることになる。

✕ チームでは，自分自身の業務遂行のみならず，集団の業績に共同責任を負う。また，メンバー間の相互作用と協調を通じてプラスのシナジー効果を生み出すため，チームメンバー間で信頼や尊敬の念が育まれていると生産性は高くなる。

〇 設問のとおり。社会的抑制とは，個人で課題を遂行する場合に比べ，集団で課題に取り組んだほうが課題遂行の速さや量が抑制されるという現象である。単純な課題では他者の存在が社会的促進をもたらし，複雑な課題では他者の存在が社会的抑制をもたらすとされている。

▶12
社会的促進
個人で課題を遂行する場合に比べ，集団で課題に取り組んだほうが課題遂行の速さや量などが促進される現象のこと。

〇 設問のとおり。コンフリクトとは，複数人が集まったときに生じる，さまざまな軋轢，対立，闘争などのことである。

〇 集団の凝集性が高くても，集団目標と組織目標の一致度が低いと，集団の基準や規範に従い同調する人が少なくなる。したがって，目標の達成に障害が多くなり，生産性が低下することになる。

✕ アッシュは，個人では正しい判断が下せても，多数派の力によって自分の考えを変えてしまう現象（集団圧力という）を提唱した。アッシュが行った実験によると，一人でも自分の味方がいれば，集団圧力とそれに対する同調を免れることができるとしている。

✕ アッシュは，個人では正しい判断が下せても，多数派の力によって自分の考え方を変えてしまう現象（集団圧力）を提唱した。

66 34回120　ホーソン実験では，物理的作業条件よりも人間関係の側面が生産性に影響を与えることが明らかにされた。

67 36回120　メイヨー（Mayo, G.）とレスリスバーガー（Roethlisberger, F.）は，組織における経済的合理性を追求する，経済人モデルを提唱した。

リーダーシップに関する基礎理論

68 29回123　行動アプローチでは，リーダーシップという影響力の実体をリーダー個人の身体的・精神的資質として捉える。

69 33回123　初期のリーダーシップ研究は，リーダーの効果的な行動のアプローチを研究した行動理論が主流であった。

70 33回123　経営環境が変化する中では，定型的業務を遂行するためのリーダーシップだけではなく，変革型リーダーシップも求められる。

71 34回120　コンティンジェンシー理論の特徴は，環境が変動したとしても唯一最善の不変的な組織タイプがあることを明らかにした点にある。

72 29回123改変　リーダーシップの条件適合理論では，課題志向型と人間関係志向型の二つの行動を重視する。

○ メイヨー（Mayo, G. E.）とレスリスバーガー（Roethlisberger, F. J.）によって行われた**ホーソン実験**では，休憩時間や賃金などの物理的作業条件を重視する経済的動機よりも，人間関係を通じたモラール（集団の士気）などの感情的な側面を重視する社会的動機が生産性に影響を与えることが明らかにされた。

▶13
ホーソン実験
1927年から1932年にかけて，メイヨーらによってアメリカのウェスタン・エレクトリック社のホーソン工場で行われた一連の調査・実験。この実験により，作業効率に重要な影響を及ぼしている要因が，インフォーマルな人間関係にあることが発見された。

× メイヨーとレスリスバーガーによって行われたホーソン実験では，人間は感情的な社会人であるため，休憩時間や賃金などの物理的作業条件を重視する経済的動機よりも，人間関係を通じたモラール（集団の士気）などの感情的な側面を重視する社会的動機が生産性に影響を与えることが明らかにされた。

× 設問は，**特性アプローチ**（特性理論）の説明である。行動アプローチ（行動理論）は，リーダーと組織の生産性の関係について，生産性の高いリーダーとそうではないリーダーの行動に着目する考え方で，三隅二不二のPM理論などがある。

▶14
特性アプローチ
優れたリーダーが備えている特性を明らかにし，リーダーになれる，なれないの差を，身体的特徴や精神的資質の違いから見出そうとするアプローチのこと。

× 初期のリーダーシップ研究は，リーダーになれる人となれない人の差を，身体的特徴や性格特性の違いに見出そうとするアプローチを研究した特性理論が主流であった。

○ 設問のとおり。変革型リーダーシップの特徴としては，①カリスマ性，②個別配慮性，③知的刺激（メンバーに知的な刺激を与え動機づける），④鼓舞的動機づけ（メンバーに仕事の意味を理解させ，鼓舞し，動機づける）などがあげられる。

× ローレンス（Lawrence, P. R.）とローシュ（Lorsch, J. W.）らが提唱した**コンティンジェンシー理論**（条件適合理論）の特徴は，どのような組織にも通用する普遍的組織原則は存在せず，外部環境の違いに応じて，効果的な組織の形態や組織構造は変わるという考え方である。

▶15
コンティンジェンシー理論
「状況が異なれば有効な組織は異なる」という立場をとる理論であり，条件適合理論とも呼ばれる。

○ 設問のとおり。リーダーシップの条件適合理論（コンティンジェンシー理論）では，リーダーシップの行動を課題志向型と人間関係志向型の2つに区分し，**状況特性**によって，有効なリーダーシップのスタイルを解明しようとした。

▶16
状況特性
リーダーとメンバーとの人間関係の良好さ，仕事内容の明確化の程度，権限の強さのこと。

福祉サービスの組織と経営

| □ | 73 | フォロワーがリーダーを支えるフォロワーシップは，リーダーシップに影響を与 |
| □ | 33回123 | えないとされている。 |

| □ | 74 | リーダーの個性に着目した特性理論は，「リーダーを務める人は，もともと他の人 |
| □ | 34回121 | と資質・人格に差がない」という前提に立つ理論である。 |

□	75	ハーシー（Hersey, P.）とブランチャード（Blanchard, K.）は，部下の能力や成熟
□	34回121改変	度の度合いによって，リーダーシップのスタイルを変えるべきであると指摘して
		いる。

| □ | 76 | パス・ゴール理論では，リーダーはメンバーに明確な目標（ゴール）へのパス（経路） |
| □ | 34回121 | を明示せず，メンバー自身に考えさせることが必要としている。 |

□	77	フィードラー（Fiedler, F.）は，リーダーとフォロワーの関係が良好で，仕事の
□	33回123改変	内容・手順が明確な場合は，人間関係志向型よりタスク志向型のリーダーの方が
		良い業績を上げるとした。

| □ | 78 | 三隅二不二は，リーダーシップの行動面に注目して，「目標達成機能」と「集団維持 |
| □ | 33回123改変 | 機能」の2次元で類型化したPM理論を提唱した。 |

| □ | 79 | マネジリアル・グリッドでは，「人に対する関心」と「業績に対する関心」の2軸で類 |
| □ | 31回120改変 | 型化し，「9・9型」が最も理想的なリーダーシップのスタイルであるとしている。 |

| □ | 80 | サーバント・リーダーシップは，リーダーがカリスマとなってフォロワーに奉仕 |
| □ | 34回121 | させるリーダーシップである。 |

✕ 組織の目標達成を考える上では，リーダーの役割のみを検討するだけではなく，フォロワーの役割にも着目することが必要であり，フォロワーシップがもつ影響力は大きい。

▶17
フォロワーシップ
フォロワーシップとは，上司のリーダーシップを補完する概念であり，組織の目標達成に向けてフォロワーがリーダーを補助していく機能のことをいう。

✕ 特性理論は，リーダーになれる人となれない人の差を，身体的特徴や性格特性の違いに見出そうとするものである。

◎ ハーシーとブランチャードは，ＳＬ（状況的リーダーシップ）理論を提唱し，部下の成熟度などによって，有効なリーダーシップのスタイルが異なるとした。部下の意欲や能力に応じて，リーダーは仕事の与え方やかかわり方を変える必要があるという考え方である。

✕ パス・ゴール理論では，リーダーシップを，メンバーに動機づけをするという観点からとらえる。そのため，リーダーには，メンバーが目標（ゴール）を達成するための目標への経路（パス）を示し，メンバーが目標を達成しやすくする行動が必要となる。

◎ フィードラーは，リーダーシップ行動を「タスク志向型」と「人間関係志向型」に区分し，高業績を上げるリーダーの有効性は，①リーダーが集団のメンバーに支持され，受け容れられているか，②タスクの目標，手順が明確で，ルーチン化あるいは構造化されているか，③メンバーを方向づけ，評価し，賞罰を与える公式の権限が与えられているかによって決まるとした。

◎ 三隅二不二のPM理論は，リーダーシップの行動面に着目して，集団の「目標達成機能」（performance）と「集団維持機能」（maintenance）の2次元に類型化し，それぞれを「リーダーシップＰ機能」「リーダーシップＭ機能」と呼んだ。

◎ 設問のとおり。リーダーシップの行動スタイルを設問の2軸でとらえ，それぞれの関心の度合いを9段階に分けて出来る81の格子（マネジリアル・グリッド）によって，5つの典型的なリーダーシップ類型（1・1型，1・9型，9・1型，9・9型，5・5型）に分類した。

✕ サーバント・リーダーシップは，リーダーがビジョンや目標の達成に向けて，メンバーを支援しながら導くことである。

　シェアード・リーダーシップは，それぞれのメンバーが，必要に応じてリーダーのように振る舞って他のメンバーに影響を与えるリーダーシップである。

福祉サービス提供組織の経営と実際

経営体制

　社会福祉法人のうち，第一種社会福祉事業を経営しない法人は，評議員会を設置しなくてもよい。

　社会福祉法人では，役員の選任は，評議員会の決議を必要とする。

整理しておこう！

社会福祉法人の機関

　社会福祉法では，社会福祉法人には評議員，評議員会，理事，理事会，監事を置かなければならないとされている（同法第36条）。また，社会福祉法人は，定款の定めによって，会計監査人を置くことができるとされているが，特定社会福祉法人（一定規模以上の社会福祉法人）については，会計監査人を置かなければならないとされている（同法第37条）。

　社会福祉法人とその理事，監事，会計監査人及び評議員は，図のように委任の関係にある。民法の規定により，委任を受けた者（受任者（理事・監事・会計監査人・評議員））は，「善良な管理者の注意をもって，委任事務を処理する義務」（善管注意義務）を負うとされており，このため，理事，監事，会計監査人及び評議員は，常勤・非常勤，報酬の有無にかかわらず，その職責に応じた注意義務をもって職務にあたることが求められている。

設問のとおり。シェアード・リーダーシップは，職場やチームのメンバー全員が必要なときに必要なリーダーシップを発揮することを指す。

 2017年（平成29年）4月1日から，すべての社会福祉法人に対して評議員会の設置が義務づけられた（社会福祉法第36条）。

 社会福祉法第43条第1項には，「役員及び会計監査人は，評議員会の決議によって選任する」と規定している。なお，社会福祉法人における役員とは理事及び監事をいう。

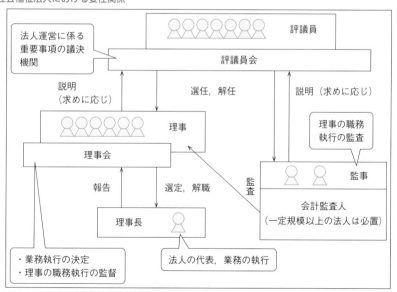

社会福祉法人における委任関係

資料：厚生労働省「社会福祉法人制度改革の施行に向けた全国担当者説明会資料（平成28年7月8日）資料2」12頁，2016.

☐ ☐	84 36回123	社会福祉法人における評議員会とは，法人の日常的な業務執行の決定などを行う機関である。
☐ ☐	85 36回123	社会福祉法人の監事には，法人の評議員会の業務執行を監査し，その内容について監査報告書を作成する役割がある。
☐ ☐	86 36回123	社会福祉法人における理事会とは，定款の変更や役員の選任などの体制の決定を行う機関である。
☐ ☐	87 35回123	ドメイン(事業領域)は，単一の制度や限定された利用者を対象として設定しなければならない。
☐ ☐	88 33回125	3C分析は，内部環境の「強み」と「弱み」，外部環境の「機会」と「脅威」を総合的に分析するフレームワークである。
☐ ☐	89 33回125	福祉事業において経営戦略は，経営理念とは切り離して検討するものである。
☐ ☐	90 33回125改変	機能戦略とは，生産・販売・人事・財務など組織の機能別分野に対応した基本方針を決めるものである。
☐ ☐	91 35回123改変	経営における戦略とは，長期的な観点から環境の変化に適応し，将来にわたって存続・成長していくための一連の方策のことである。
☐ ☐	92 28回120改変	経営理念を，日常の経営上考慮しなければならない。

✕ 社会福祉法人の評議員会は，運営に係る重要事項の議決機関である。

✕ 社会福祉法人の監事は，理事の職務執行の監査，監査報告の作成，計算書類等の監査を行う役員である。

✕ 社会福祉法人における理事会とは，業務執行の決定機関であり，評議員会の日時及び場所並びに議題・議案の決定，理事長及び業務執行理事の選定及び解職，重要な役割を担う職員の選任及び解任，コンプライアンス体制の整備などの決議事項を行う。

✕ ドメイン[18]とは，企業が事業活動を行う領域のことである。ドメインは適度な広がりをもって定義することが重要であり，ドメインの設定が狭すぎると，狭い範囲の顧客にしか訴求できず，顧客のニーズに適合できなくなるため，内部・外部環境を正しく認識することが必要となる。

✕ 3C分析は，自組織のおかれている状況を，「顧客(Customer)」「競合(Competitor)」「自社(Company)」の3つの観点から分析し，自社の戦略を考える手法である。

✕ 経営戦略[19]とは，経営理念[20]の実現を目指して，組織の長期的な存続・成長を図るため，内外の環境変化に適応しながら経営構造を主体的に革新していくことである。したがって，経営戦略は経営理念と切り離して検討するものではない。

⬤ 設問のとおり。経営戦略は一般に，組織全体の戦略を決定する「全体戦略(corporate strategy)」，事業単位の「事業戦略(business strategy)」，機能別に定める「機能戦略(functional strategy)」の3つのレベルに分かれる。

⬤ 設問のとおり。経営における戦略とは，企業と環境の相互作用を考えて，企業内の意思決定の指針となるものである。

⬤ 経営理念は事業の売上高・利益，シェア，職員数・人件費，施設・設備に対する投資，その他財務・会計の指標などに影響を与えるものであるため，日々の経営のなかで把握・分析していくことが必要不可欠となる。

▶18
ドメイン
ドメインは，①誰を顧客とするのか，②どのようなニーズにどのように応えるのか，③独自の能力や技術は何なのか，に基づいて設定される。

▶19
経営戦略
経営戦略の主な内容には，①外部環境の変化への対応，②成長・拡大すべき事業分野の設定(成長戦略)，③競争上の優位の確保(競争戦略)，④経営資源の調達と配分，⑤多角化とシナジー，⑥撤退すべき事業分野(撤退戦略)などがある。

▶20
経営理念
組織が顧客や社会に対して実現しようとしているメッセージであり，信念，理想，哲学のようなものである。またこれらは，「創業の精神」や「事業を行う目的」などを明らかにするものでもある。

| 93 28回120 | ミッションは，経営戦略という意味である。 |

| 94 35回123 | CSR(Corporate Social Responsibility)は，福祉サービス事業者には求められない。 |

| 95 35回123 | CSV(Creating Shared Value)とは，社会的な課題を解決するところから生まれる社会価値を，事業者の経済価値に優先する考え方である。 |

| 96 35回123 | バランス・スコアカード(Balanced Score Card)とは，財務だけでなく，顧客，業務プロセス，従業員の学習・育成といった各視点から企業実績を評価する仕組みである。 |

| 97 30回119 | 社会福祉法人では，監事は，理事，評議員又は当該法人の職員を兼ねることができる。 |

福祉サービス提供組織のコンプライアンスとガバナンス

| 98 32回123 | ディスクロージャーとは，組織内において課題を発見し事故を未然に防ぐ内部監査である。 |

| 99 32回123 | アカウンタビリティとは，ステークホルダーに対する説明責任を指す。 |

| 100 36回123 | コンプライアンスとは，組織が法令や組織内外のルールを守ることにより，社会的責任を果たすことをいう。 |

✕ ミッションとは，その組織や個人が担うべき役割のことであり，社会に対して組織の存在意義等を明らかにするものである。経営戦略とは，意思決定の指針である。

✕ CSR[21]とは，企業の社会的責任のことであり，福祉サービス事業者にもこれを果たす役割が求められている。

✕ CSV[22]とは，共通価値の創造のことであり，企業が経済活動をしながら，事業領域に関連する社会のさまざまな課題の解決をすることによって，企業の社会的価値を創造するという考え方である。

◯ 設問のとおり。バランス・スコアカードは，企業のもつ重要な要素が，企業のビジョン・戦略にどのように影響し業績に現れているのかを可視化するための業績評価手法である。

✕ 社会福祉法第44条第2項で，「監事は，理事又は当該社会福祉法人の職員を兼ねることができない」と規定し，評議員についても同法第40条第2項で，「評議員は，役員又は当該社会福祉法人の職員を兼ねることができない」としている。

✕ ディスクロージャー（disclosure）とは，一般的に情報開示・情報公開と訳される。社会福祉法で要求されている情報の公開（第59条の2）は，財政状況や役員構成，法人全体の事業等である。

◯ アカウンタビリティ（accountability）とは，経営者が利害関係者（ステークホルダー）に対して果たすべき説明責任のことを指す。ステークホルダーには，当該法人の実施する事業や法人を指導・監督する行政，利用者，財源負担者，就職希望者などがあてはまる。

◯ コンプライアンスとは，法令違反等の不祥事を起こさないこと自体[23]ではなく，そのような事態が発生することを防止することによって，ステークホルダーから法人への信頼が損なわれ，ひいては法人価値が毀損することを防止し，社会的責任を果たすことである。

▶21
CSR
Corporate Social Responsibility。企業が，社会の一員としての持続可能性を考えながら，利益を優先するだけではなく，消費者，株主，従業員などの利害関係者（ステークホルダー）との関係を重視する取組みである。

▶22
CSV
Creating Shared Value。社会的課題そのものをビジネスとするものであり，企業活動として企業価値と社会価値の両方を積極的に生み出そうとする経営戦略である。

▶23
コンプライアンス
企業の経営者層や従業員が法律や規則及びこれらの精神を守ること。

コンプライアンスは，営利組織のためのものであるため，福祉という公益性の高いサービス提供組織においてその確立は求められていない。

ガバナンスは，営利組織だけではなく，非営利組織にもその確立が求められている。

公益事業への苦情を通報した利用者を保護するために，公益通報者保護法を遵守しなければならない。

適切な福祉サービスの管理

PDCA サイクルは，もともと行政評価の手法として開発された。

PDCA の A（Act：改善）の段階は，策定された計画に沿って業務を実行する段階を指す。

利用者のニーズに沿った創意工夫を従業員に促すためには，現場の裁量を認めるのではなく，マニュアルなどの外在的な管理手段を徹底していくことが有効である。

運営適正化委員会は，福祉サービスに関する苦情について，事業者に改善を命じることができる。

福祉サービス第三者評価は，法令に定められた福祉サービスの運営基準が遵守されているかを監査するための仕組みである。

福祉サービス第三者評価は，市町村が認証した第三者評価機関が実施する。

✕ コンプライアンスは，営利組織，非営利組織を問わず，組織に必要なものであるため，福祉という公益性の高いサービス提供組織においてもその確立が求められている。

⭕ ガバナンス(governance)とは，法人がその目的に沿って適切に経営されるようにすること，又は，その仕組みのことを指す。ガバナンスは，営利組織，非営利組織を問わずその確立が求められている。

✕ 法令違反行為を労働者が通報した場合，解雇等の不利益な取扱いから労働者を保護し，事業者のコンプライアンス(法令遵守)経営を強化するために，公益通報者保護法を遵守しなければならない。社会福祉施設や事業者は，すべて公益通報者保護法の対象となる。

✕ PDCAサイクルは，もともと製造業での品質管理の手法として開発された。デミング(Deming, W.E.)らによって提唱され，デミング・サイクルとも呼ばれている。

✕ P(計画)に基づいてD(実行)が展開され，一定期間経過したところでC(評価)が行われる。A(改善)は，Cに基づいて展開され，Pをさらに進化，成長に向けるための段階を指す。

✕ 利用者のニーズに沿った創意工夫を従業員に促すためには，権限を委譲し，現場の裁量を増やす必要がある。 (関連キーワード▶24参照)

✕ 運営適正化委員会は，福祉サービス利用者からの間接的な苦情を受け付けるものであり，事業者に対して直接的な改善を命じることはできない。

✕ 福祉サービス第三者評価は，個々の事業所が事業運営における問題点を把握し，サービスの質の向上に結びつけるためのものであり，また，評価結果の公表により利用者が適切なサービスを選択できるようにするための仕組みである。

✕ 福祉サービス第三者評価は，都道府県推進組織が認証した第三者評価機関が実施する。

▶24
標準化
サービス提供過程の管理精度を上げるためには，サービス提供過程を標準化し，可視化(マニュアルなどの文書で表現する等)することが求められる。

▶25
運営適正化委員会
社会福祉に関する識見を有し，社会福祉，法律又は医療に関し学識経験を有するもので構成される。

☐ **110** ☐ 35回125	児童養護施設は，福祉サービス第三者評価を定期的に受審すること及び結果の公表が義務づけられている。

☐ **111** ☐ 35回125改変	福祉サービス第三者評価の結果は，インターネット上に公開することができる。

☐ **112** ☐ 35回125	福祉サービス第三者評価の評価機関は，非営利組織であることが認証を受けるための要件となっている。

☐ **113** ☐ 31回124改変	介護サービス情報の公表制度では，事業所から報告された情報内容を都道府県知事が審査した後，インターネットで公表することになっている。

☐ **114** ☐ 27回124改変	介護保険施設における事故防止のための従業者に対する研修は，定期的に実施しなければならない。

☐ **115** ☐ 31回122	「福祉サービスにおける危機管理（リスクマネジメント）に関する取り組み指針」では，より質の高いサービスを提供することによって多くの事故が未然に回避できる，という考え方で危機管理に取り組むべきである，としている。

☐ **116** ☐ 34回124	リスクマネジメントは，厳しい管理体制を敷けば事故はなくせるものという前提に立つ。

☐ **117** ☐ 36回120改変	ハインリッヒ（Heinrich, H.）は，軽微な事故への対策を実施することで，重大な事故を未然に防止することができることを明らかにした。

☐ **118** ☐ 34回124	職員要因のリスクコントロールをするためには，サービスの質の維持・向上を図るための業務や作業の標準化が必要である。

☐ **119** ☐ 34回124	リスクマネジメントは，危機管理体制の確立よりも個別リスクへの対応を基本とする。

274

○ 2012年度(平成24年度)より，児童養護施設を含む社会的養護関係施設は，3年に1回以上の第三者評価の受審とその結果の公表が義務づけられている。

○ 福祉サービス第三者評価の結果は，評価機関の責任のもとでホームページ等により公表される。ただし，公表には受審施設の同意が必要である。

✕ 福祉サービス第三者評価の評価機関は，法人格を有すること等の認証要件はあるが，必ずしも非営利組織である必要はない。

○ 介護サービス情報の公表制度[26]では，事業者は介護サービス事業所の所在地を管轄する都道府県知事に情報を報告し，その報告を受けた都道府県知事が介護サービスの内容・運営状況に関する情報を公表することになっている。

▶26
介護サービス情報の公表制度
介護保険法に基づく指定を受けた介護サービス事業者が，あらかじめ定められた介護サービス情報を都道府県知事へ報告する仕組みである。

○ 介護保険施設は，事故発生の防止のための委員会及び従業者に対する研修を定期的に行うこととされている。

○ 設問のとおり。「より質の高いサービスを提供することによって多くの事故が未然に回避できる」という考え方は，「クオリティーインプルーブメント(QI)」と呼ばれる。 (関連キーワード▶27参照)

▶27
事故対応のフロー
事故対応のフローとして，①事実の把握と家族等への十分な説明，②改善策の検討と実践，③誠意ある対応，をあげている。

✕ 厳しい管理体制を敷けば事故はなくせるというものではない。リスクマネジメントは，リスクに対し組織的に対応することで，その事故による損失を回避若しくは低減することである。

○ 設問のとおり。 (関連キーワード▶28参照)

▶28
ハインリッヒの法則
ハインリッヒの法則とは，1件の重大事故の背景には，重大事故に至らなかった29件の軽微な事故が隠されており，さらにその背後には事故寸前だった300件の危険な状態が隠されているというものである。

○ 設問のとおり。各職員がそれぞれの経験則で介護や支援を行うと，同じ事故を別の職員で繰り返す危険などが出てくるため，なぜ事故が起きたのか要因を組織的に分析し，事故が起きない組織共通の標準的な介護や支援の方法(マニュアル)を策定することがリスクをコントロールする近道となる。

✕ リスクマネジメントは，危機管理体制の確立が基本となる。それにより，万が一事故が発生したり，外部から苦情があった場合でも組織として共通の対応を行うことができる。

☐ **120** ☐ 34回124	リスクコントロールとリスクファイナンスのうち，リスクコントロールの例として損害賠償保険の活用が挙げられる。

会計管理と財務管理

☐ **121** ☐ 36回122	障害福祉サービスを行う事業者の収入の総額は，市町村からの補助金の総額に等しい。

☐ **122** ☐ 36回122改変	介護保険事業を行う事業者の収入の総額は，介護報酬と利用者が自己負担する利用料の総額に等しい。

☐ **123** ☐ 33回124	社会福祉充実残額とは，社会福祉法人における事業継続に必要な財産額をいう。

☐ **124** ☐ 32回125	事業活動計算書とは，一時点のストックを表すものである。

☐ **125** ☐ 30回122	社会福祉法人の財務会計は，組織内での使用を目的とする。

☐ **126** ☐ 33回124	社会福祉法人の財務会計は，組織内部における管理を目的としているため，通常，組織独自の会計ルールを用いる。

☐ **127** ☐ 32回125	管理会計は，組織外部者への情報開示を目的とする。

✖ 損害賠償保険の活用は，リスクファイナンスの例である。リスクコントロールの例としては，耐震補強や BCP（事業継続計画）の策定などが挙げられる。

✖ 障害福祉サービスを行う事業者の収入の総額は，介護給付費や訓練等給付費及び利用者負担の総額に等しい。

◯ 設問のとおり。 (関連キーワード▶29参照)

✖ 社会福祉充実残額とは，法人が保有する財産から事業継続に必要な最小限の財産を控除して得た残額のことである。

✖ 事業活動計算書は，法人の事業活動の成果を把握することを目的に作成される当該会計年度における施設や事業の活動の成果である収益，費用及び増減差額を計算する財務諸表である。

✖ 財務会計には，措置委託者である行政に対する措置費の支弁顛末を解明する目的，国が介護報酬単価などの妥当性を検証する目的，利用者や取引先がその法人の経営内容に関して正しい判断をするための情報を提供する目的，経営者自らが自法人の経営状況を的確に判断するための情報を獲得する目的などがある。

✖ 社会福祉法人は，社会福祉法人会計基準省令に従い，会計処理を行うことが義務づけられている（社会福祉法第45条の23第1項）。社会福祉法人会計基準は，会計処理に関するルール，計算書類の様式を定めたものであり，すべての社会福祉法人の全事業に適用される。

✖ 管理会計は，自社の経営に活かすために作成する，社内向けの会計のことである。経営者や管理者が，この管理会計上の情報をもとにして，自社の経営について分析や意思決定を行ったり，製品や人事に関する施策に役立てることを目的としている。

▶29
介護報酬
介護報酬とは，事業者が利用者に介護サービスを提供した場合に，その対価として事業者に支払われる報酬のことである。

▶30
社会福祉充実残額
社会福祉法第55条の2第1項に基づき，純資産の額（資産の部に計上した額から負債の部に計上した額を控除した額（同項第1号））から，事業を継続するために必要な財産の額として厚生労働省令で定めるところにより算定した額（同項第2号。これを「控除対象財産」という）を控除して求めることとされている。

▶31
財務諸表
貸借対照表，事業活動計算書，資金収支計算書のことを指す。

▶32
財務会計
組織の活動の状況や経営成績，財務状態などの情報を利害関係者に伝達し，適切な意思決定を行えるようにすることで，それらの情報を貨幣価値で認識・測定・分類・報告する一連の活動のことである。

| □ **128** | 貸借対照表は，バランスシートと呼ばれるように，負債及び純資産の部合計と資 |
| □ 32回125 | 産の部合計の金額は一致する。 |

| □ 129 | 貸借対照表の純資産とは，外部から調達した負債である。 |
| □ 33回124 | |

| □ 130 | 貸借対照表の借方(左側)は資金使途を示し，純資産が計上される。 |
| □ 34回123 | |

| □ 131 | 減価償却とは，固定資産(土地と建設仮勘定を除く)の取得原価をその耐用年数に |
| □ 33回124 | わたり費用化する手続であり，過去に投下した資金を回収するものである。 |

| □ 132 | 貸借対照表の負債の部は，資金を何に投下したかを表す。 |
| □ 32回125 | |

| □ 133 | 減価償却費は，法人の外部に資金が流出する費用である。 |
| □ 32回125 | |

| □ **134** | 純資産の具体的中身は，土地や建物等である。 |
| □ 31回121 | |

| □ 135 | 流動資産とは，通常1年以内に費用化，現金化できるものである。 |
| □ 33回124改変 | |

◯ 貸借対照表は，バランスシートとも呼ばれる。左側（借方：金の使いみち）の合計額と右側（貸方：金のでどころ）の合計額は必ず一致するというルールがある。そのため，左右のバランスをとるための計算式「資産の部」＝「負債の部」＋「純資産の部（原則として返す必要のない，利益の蓄積等）」が成り立つ。

✕ 貸借対照表の純資産とは，借方の資産合計額から貸方の負債合計額を差し引いた差額であり，返済義務のない財源を意味する。純資産は，基本金，国庫補助金等特別積立金，その他の積立金，次期繰越活動増減差額の4つに区分される。

✕ 貸借対照表の借方（左側）はすべての資産を表示し，貸方（右側）はすべての負債及び純資産を表示する。

◯ 減価償却とは，「費用配分の原則」に基づいて，建物，設備，備品などの有形固定資産等の取得にかかった費用すべてを1回で費用とするのではなく，それぞれの耐用期間における各事業年度に応じて費用計上（費用化）することである。

✕ 負債の部は，外部からの調達資金を表しており，ある時点での返済すべき資金の残高明細やその合計が記載される。貸借対照表は，左側（借方）が資産の部で財産の中身，右側（貸方）が負債及び純資産の部でその財産を形成するために用いた財源を表す。

✕ 減価償却費は，毎年資産価額を一定のルールで減額させ，その年のコストとして計上する費用のことである。時間の経過とともに価値が減っていく建物や自動車，パソコンなどが減価償却の対象となるが，時間が経っても価値が減少しない土地などは含まれない。

✕ 土地や建物は固定資産であり，資産に該当する。純資産は，(資産)▶33 −(負債)＝(純資産)の算式で計算することができる。

▶33
純資産
純資産は基本金，国庫補助金等特別積立金，その他の積立金，次期繰越活動増減差額の4つに分類される。

◯ 流動資産とは，貸借対照表における資産のうち，通常1年以内に現金化が見込まれる，流動性が高い資産のことである。流動資産は，貸借対照表の「資産の部」に計上される。現金預金，有価証券，未収金といった科目があげられる。

	136 34回123改変	土地や建物は貸借対照表の固定資産に計上される。

	137 34回123	負債とは返済義務のない財源である。

	138 29回124	借入金返済の財源として，外部寄附者による寄附金を用いてはならない。

	139 36回122	社会福祉法人が解散する場合，定款の定めにかかわらず，その法人に対して寄付を行ってきた個人は，寄付した割合に応じて残余財産の分配を受けることができる。

	140 36回122	特定非営利活動法人は，特定非営利活動に係る事業に支障がない限り，事業によって得られた利益を自由に分配することができる。

	141 32回122	個人が社会福祉法人に対してその主たる目的である業務に関連して寄附した場合には，必要書類を添付の上確定申告をすることで所得控除を受けることができる。

	142 32回122	介護保険制度における介護報酬の支払には，保険者がサービス利用者本人に支払い，その後利用者から事業所に対して支払う法定代理受領の仕組みがある。

	143 36回122	ファンドレイジングとは，事業や活動を行うために必要な資金を様々な方法を使って調達することを指す。

	144 34回123	クラウドファンディングとは，不特定多数から通常インターネット経由で資金調達することを指す。

○ 土地や建物のような長期にわたり使用する資産については，貸借対照表の借方（左側）資産の部の固定資産となる。

✕ 負債とは返済義務のある財源のことをいう。返済義務のない財源のことは純資産という。

✕ 借入金返済の財源として，外部寄附者による寄附金を用いることはできる。なお，金銭の寄附は，寄附目的により拠点区分の帰属を決定し，当該拠点区分の資金収支計算書に計上し，あわせて事業活動計算書に計上するものとされている。

✕ 社会福祉法人の事業のために寄付された土地等の財産は，その社会福祉法人の所有となり，その寄付者に株式会社の株主のような出資持分は認められていない。そのため，解散する場合には，残余財産の分配を受けることはできない。

✕ 特定非営利活動法人は特定非営利活動に係る事業に支障がない限り，収益事業や公益事業を行うことができる。しかし，これらによって得られた利益については，自由に分配することはできず，当該特定非営利活動に係る事業のために使用しなければならない。

○ 設問のとおり。納税者が社会福祉法人に対し，「特定寄附金」を支出した場合には，所得控除を受けることができる。これを寄附金控除という。

✕ 介護保険制度における介護報酬の支払には，保険者がサービス利用者に支払うべき費用を事業所に対して直接支払う法定代理受領の仕組みがある。代理受領は，あらかじめ市町村（保険者）と事業所との間で代理受領の契約を行った上で，サービス利用者からの委任を得ることにより，現物給付に準じた取扱いができるようにするものである。

○ ファンドレイジングとは，主に民間非営利組織の資金集めについて使われる用語である。日本では公益法人，特定非営利活動法人，社会福祉法人などが，活動のための資金を個人，法人，政府などから集める行為のことである。

○ 設問のとおり。クラウドファンディングは，市民団体による活動など，公費が届かない分野で活躍する民間組織にみられる，会費や寄付などを通じた自主財源を獲得する方法である。

▶34
拠点区分
法人全体を社会福祉事業，公益事業，収益事業に事業区分し，拠点（一体として運営される施設，事業所又は事務所）別に区分する。

| | 145 | 社会福祉充実残額が生じた場合は地域福祉計画を策定する必要がある。 |
| 34回123 |

福祉人材のマネジメント

福祉人材の育成

| | 146 | 第8期介護保険事業計画の介護サービス見込み量等に基づく介護職員の必要数 |
| 32回124改変 | は，2025年度末には約100万人が見込まれている。|

| | 147 | 経済連携協定(EPA)に基づく介護福祉士候補者の受入れの対象国は，インドネシ |
| 32回124 | ア，フィリピン，ベトナムの3か国である。|

| | 148 | 厚生労働省が示す「介護に関する入門的研修」の目的は，介護未経験者の介護分野 |
| 32回124改変 | への参入促進を目指すプログラムの一環である。|

| | 149 | 介護分野の有効求人倍率は，全産業平均とほぼ同程度で推移している。|
| 32回124 |

	150	「令和4年度『介護労働実態調査』の結果」(公益財団法人介護労働安定センター)に
32回124改変	よると，訪問介護員，介護職員の1年間の離職率は正規職員，非正規職員合わせ
	て約30％であった。

| | 151 | 採用計画の立案に当たっては，社員の数という量だけでなく，資格や経験などの |
| 27回123 | 職業能力の質についても考慮する。|

| | 152 | 目標管理制度では，個人の嗜好に合わせて自由に目標を設定させなければならな |
| 27回123 | い。|

✕ 社会福祉充実残額(法人が保有する財産から事業継続に必要な最小限の財産を控除して得た残額)が生じた場合には，社会福祉充実計画を策定し，所轄庁の承認を受け，地域福祉のために再投下する必要がある。

✕ 2021年(令和3年) 7月に厚生労働省が発表した「第8期介護保険事業計画に基づく介護職員の必要数について」の中で，介護サービス見込み量等に基づく介護職員は，2025年度(令和7年度)末には約243万人必要であるとしている。

⦿ 設問のとおり。なお，介護福祉士候補者は介護福祉士国家試験の受験が必須とされている。

⦿ 厚生労働省が示す「介護に関する入門的研修」の実施の目的は，介護に関心をもつ介護未経験者に対して，介護の業務に携わる上での不安を払拭するため，基本的な知識を研修することにより，介護分野への参入を促進することである。

✕ 2022年度(令和4年度)の介護関係職種の有効求人倍率は，3.71倍で，全産業より高い水準で推移している。

✕ 「令和4年度『介護労働実態調査』の結果」では，訪問介護員，介護職員の1年間の離職率は14.4％であった。

⦿ 採用計画は，人事方針に基づいて，必要な職員のスキル・資質・能力，人数，必要な時期等を決め，計画的に良質な人材を確保できるように努めることが重要である。

✕ 目標管理制度は，経営管理者が組織全体の目標・方針を示し，チーム責任者がそれらを達成するために具体的な達成目標を設定し，これらを通して，職員は組織の目標を理解し，その実現のための自己の職務の目標を設定する。

☐ 153 ☐ 27回121	個人が,組織から離れた独自の価値観や信念を確立するプロセスを社会化と呼ぶ。
☐ 154 ☐ 27回121	キャリアパスの成熟期に着目すると,その発達の度合いは人によって異なる。
☐ 155 ☐ 27回121	キャリアプラトーとは,本当の自己を象徴する能力・動機・価値観が組み合わさったものである。
☐ 156 ☐ 35回124	人事考課においては,ある対象を評価する際に,部分的で際立った特性が,全体の評価に及んでしまうハロー効果が起こることがある。
☐ 157 ☐ 35回124	360度評価(多面評価)とは,評価者である上司が,職員の能力や業績だけでなく,性格,志向,特技などを多面的に評価する手法を指す。
☐ 158 ☐ 31回125	職務給とは,組織内の職位と年齢に応じて,職員の給与に格差を設ける給与をいう。
☐ 159 ☐ 27回123改変	計画的な人事異動であるジョブ・ローテーションは,人材育成を目的としている。
☐ 160 ☐ 35回124	職員のキャリアや能力の開発を目的に人事異動を実施することは,望ましくないとされている。
☐ 161 ☐ 35回124	OJT(On the Job Training)とは,日常の職務を離れて行う教育訓練方法のことを指す。

✕ 社会化の一般的な概念は、「個人が自己の属する集団ないしは、社会の規範・価値・習慣的行動様式を学習し、内面化していく過程（プロセス）」と定義されている。

◯ アームストロング（Armstrong, M.）は、キャリアパスの成熟期に人々は、成長を続けたり、プラトー状態に陥ったり、停滞若しくは下降状態のいずれかをたどり、その発達の度合いは人によって異なるとしている。

✕ キャリアプラトーとは、勤務年数が経つにつれてキャリアの伸び悩んでいる状態（高原状態）に入ることである。

◯ 設問のとおり。部分的な特性が全体の評価に及んだり、最初に形成された印象がその後の評価に及んだりすることをハロー効果と呼ぶ。

✕ 360度評価（多面評価）とは、上司だけでなく、部下や先輩、後輩など本人にかかわる複数の者が評価者として関与する評価方法である。360度評価には本人の自己評価も含まれており、複数の異なる視点を評価に取り入れることで、自身の強みや弱みを認識することができる。

✕ 設問は、年齢・勤続・学歴などの属人的要素による給与である年功給のことである。職務給には、能力及び職務の重要度・困難度・責任度などや職種による給与がある。

◯ ジョブ・ローテーションは、人材育成計画に基づいて、職場の異動・業務内容の変更を行う、社員の能力開発を目的とした人材育成システムであり、OJT の一環で行われる。

✕ 人事異動の目的には、各部署の業務が遂行されるために必要な配置をすること、各社会福祉施設の人員（配置）基準を満たすことなどのほか、職員個人のキャリアやスキルの開発・向上を図ることもある。

✕ OFF-JT（Off the Job Training）に関する記述である。OJT とは、上司や先輩が、職務を通じて、又は職務と関連させながら指導等を行う研修のことである。

162
29回121
暗黙的に行ってきた仕事の仕方を形式知化するには，OJTを通して，先輩職員の仕事の仕方を模倣するという方法がある。

163
30回125
暗黙知と形式知の，共同化，表出化，連結化，内面化からなる循環的な変換過程は，組織の知識を創発するのに有効である。

164
35回124改変
エルダー制度は，知識や技術をもった先輩が，業務に関することについて支援する制度である。

福祉人材マネジメント

165
34回122
ワークエンゲージメントとは，仕事に対して過度のエネルギーを費やして疲弊してしまう状態を指す。

166
34回122
バーンアウトとは，活力・熱意・没頭に特徴づけられる仕事に関連するポジティブな心理状態を指す。

167
34回122
コンピテンシーとは，職務や役割において低い成果や業績につながるような行動特性を指す。

168
34回122
福祉サービスは多様なニーズを持った人々を支援する複雑な業務であることから，キャリアパスの構築は必要ない。

✕ OJT とは，職場の上司（先輩）が職務を通じて，仕事に必要な態度・価値観，知識，技術等を部下（後輩）に指導・育成する研修のことであり，ここでは形式知化したものを伝えることが中心となる。 (関連キーワード▶35参照)

▶35
職場研修の基本形態
職場研修には，OJT（職務を通じての研修），OFF-JT（職務を離れての研修），SDS（自己啓発援助制度）の3つがある。

○ サービス実践や業務遂行は，形式知だけではわからない暗黙知があり，これらを共同化，表出化，連結化，内面化する循環過程を通して伝承し，開発・発展することにより，個人・組織の力量を高めていくのが課題である。 (関連キーワード▶36参照)

▶36
形式知と暗黙知
形式知とは，言語化され客観化されたものであり，暗黙知とは，経験や勘に基づく知識のことである。

○ 設問のとおり。同じような制度としてメンター制度があるが，エルダー制度とは異なり，業務だけでなく生活面やメンタル面での相談や支援を行う。

✕ ワークエンゲージメントとは，「活力（仕事に取り組む意欲が高い）」「熱意（仕事に強い関心をもって熱中する）」「没頭（業務の品質やスピードが向上する）」の3つで構成され，これらが満たされているポジティブな充実した心理状態を指す。設問の記述はバーンアウトである。

✕ バーンアウトとは，職場の人間関係や利用者との関係の中で，過度に仕事への気力を失い，心身ともに疲れ果てた不適応状態となることである。設問の記述はワークエンゲージメントである。

✕ コンピテンシーとは，ある職務や役割において効果的若しくは優れた業績を発揮する人に共通してみられる行動特性をいう。

✕ キャリアパス（職業人・組織人としての経路）は，福祉人材の育成において重要課題である。キャリアパスが整備されれば，従事者は組織の中で将来を展望しながら自己研さんに励み，一方，組織にとっては人材の確保・定着・育成・モチベーションの向上に役立てることができる。

働きやすい労働環境の整備

169
27回121
仕事への不適応とは，働くために働くような過剰な仕事への関与の状態のことである。

170
36回125
「育児・介護休業法」は，子の養育及び家族の介護を容易にするため，所定労働時間等に関し事業主が講ずべき措置を定めている。

171
36回125
「育児・介護休業法」において，育児休業とは，産後8週までの女性に対し，使用者が休業を与えるものであると規定されている。

172
36回125
「育児・介護休業法」は，対象家族に無職かつ健康な同居者がいる場合は，介護休業を取得することができないと規定している。

173
36回125
「育児・介護休業法」は，期間を定めて雇用される者は，雇用の期間にかかわらず介護休業を取得することができないと規定している。

174
36回125改変
「育児・介護休業法」は，対象家族一人について，介護休業を分割して取得することができると規定している。

175
27回125
労働安全衛生法に定める衛生委員会の委員構成は，事業者が任意に決めてよい。

× 仕事への不適応とは，職場に行くことがつらくなる，仕事に取り組めないなどから，職場内での人間関係が悪くなったり，仕事ができなくなったりして休職や退職をするような状態となることである。

○ 育児・介護休業法は，第1条において，「育児休業及び介護休業に関する制度並びに子の看護休暇及び介護休暇に関する制度を設けるとともに，子の養育及び家族の介護を容易にするため所定労働時間等に関し事業主が講ずべき措置を定める」と規定している。

▶37
育児・介護休業法
正式名称は，「育児休業，介護休業等育児又は家族介護を行う労働者の福祉に関する法律」である。

× 育児・介護休業法は，労働基準法で定められている産前産後休業（産前6週間産後8週間の産休）に加え休業を保障するもので，原則，子どもが1歳になるまでの間に取得することができる。ただし，保育所に申込みをしているものの入所できない場合（1歳6か月まで可能）や再度の申請を行うことで，最長2歳まで延長して取得することが可能である。

× 介護休業は，労働者が，要介護状態（負傷，疾病または身体上もしくは精神上の障害により，2週間以上の期間にわたり常時介護を必要とする状態）にある対象家族を介護するための休業である。対象家族について，同居者の有無等は要件とされていない。

▶38
介護休業
介護休業は，「日々雇用される者」は対象とされず，また，対象家族について，①3回の介護休業をした場合，②介護休業をした日数が93日に達している場合，申し出ることができないとされている。

× 育児・介護休業法第11条第1項において，「期間を定めて雇用される者にあっては，第3項に規定する介護休業開始予定日から起算して93日を経過する日から6月を経過する日までに，その労働契約が満了することが明らかでない者に限り，当該申出をすることができる」と規定されており，一定の条件を満たせば取得することができる。

○ 介護休業は，対象家族（配偶者（事実婚を含む），父母，子，配偶者の父母，祖父母，兄弟姉妹，孫）1人につき3回まで，通算93日までの取得が可能である。したがって，分割取得も可能であり，93日間まとめて取得することも可能である。

× 衛生委員会の委員構成については，総括安全衛生管理者又は事業の実施を統括管理する者等（1名），衛生管理者，産業医，労働者（衛生に関する経験を有する者）とされている（労働安全衛生法第18条）。

176 27回125
一定規模以上の事業者が定期健康診断を実施した場合は，遅滞なく，その結果を所轄の保健所に報告しなければならない。

177 27回125
事業者は，時間外・休日労働が一定時間以上で，疲労の蓄積が認められる労働者が申し出た場合は，医師による面接指導を行わなくてはならない。

178 27回125改変
心理的負荷による精神障害は，業務上災害を補償する労働者災害補償保険の支給対象となる。

179 27回125
メンタルヘルス不調により休業していた労働者の職場復帰については，個人情報保護のため，主治医以外の者がかかわってはならない。

180 34回125
時間外・休日労働について，月200時間を超えなければ，事業者には健康障害を予防するための医師による面接指導を行う義務はない。

181 34回125
全ての事業場には産業医を置かなければならない。

182 34回125
常時50人以上の労働者を使用する事業所を複数運営する組織であっても，衛生委員会は本部（本社）に設置すればよい。

183 34回125
「ストレスチェック」の結果は，事業者から労働者に対して通知することが義務づけられている。

184 34回125
パワーハラスメントの典型的な例には，優越的な関係を背景として行われた，身体的・精神的な攻撃，人間関係からの切り離し，過大・過小な要求などが含まれる。

✗ 常時50人以上の労働者を使用する事業者は，定期健康診断を行ったときは，遅滞なく，定期健康診断結果報告書を所轄労働基準監督署長に提出しなければならないとされている（労働安全衛生規則第52条）。

○ 事業者は，時間外・休日労働が一定時間以上（長時間労働等の要件）に該当する労働者の健康状態を把握し，適切な措置を講ずるため，医師による該当者への面接指導を行わなければならない（労働安全衛生法第66条の8）。

○ 設問のとおり。「心理的負荷による精神障害の認定基準」で精神障害の労災認定の基準等が示されている。 （関連キーワード▶39参照）

✗ 「改訂 心の健康問題により休業した労働者の職場復帰支援の手引き」においては，メンタルヘルス不調により休業していた労働者の職場復帰については，主治医以外にも管理監督者や産業医等，事業場内産業保健スタッフ等がかかわる。 （関連キーワード▶40参照）

✗ 事業者は，労働者（弁護士など一部を除く）の時間外・休日労働が月80時間を超え，疲労の蓄積が認められるとき，労働者の申し出があれば，産業医などの医師による面接指導を行わなければならない。

✗ 全ての事業場ではなく，労働者数50人以上3000人以下の規模の事業場に1名以上，3001人以上の規模の事業場については2名以上産業医を選任することとなっている。

✗ 衛生委員会は，常時使用する労働者が50人以上の事業場（企業全体ではなく，支社や営業所，店舗，工場のように，組織上，一定程度独立して業務が行われている単位をいう）に設置しなければならない。

✗ 「ストレスチェック」の結果は，実施者から直接本人に通知される。

○ 設問のとおり。厚生労働省の指針では，「職場におけるパワーハラスメントは，職場において行われる①優越的な関係を背景とした言動であって，②業務上必要かつ相当な範囲を超えたものにより，③労働者の就業環境が害されるものであり，①から③までの要素を全て満たすものをいう」とある。

▶39
心理的負荷による精神障害の認定要件
①器質性のもの及び有害物質に起因するものを除く精神障害（以下「対象疾病」）を発病していること，②対象疾病の発病前おおむね6か月の間に，業務による強い心理的負荷が認められること，③業務以外の心理的負荷及び個体側要因により対象疾病を発病したとは認められないこと，の3つの要件を満たした場合，業務上の疾病として取り扱う。

▶40
職場復帰支援の流れ
「手引き」によれば，職場復帰支援の流れは，病気休業開始から職場復帰後のフォローアップまでの5つのステップからなっている。

▶41
厚生労働省指針
「事業主が職場における優越的な関係を背景とした言動に起因する問題に関して雇用管理上講ずべき措置等についての指針」（令和2年厚生労働省告示第5号）

■本書に関する訂正情報等について

弊社ホームページ（下記URL）にて随時お知らせいたします。
https://www.chuohoki.co.jp/foruser/social/

■本書へのご質問について

下記のURLから「お問い合わせフォーム」にご入力ください。
https://www.chuohoki.co.jp/contact/

2025社会福祉士国家試験過去問 一問一答＋α<ruby>プラスアルファ</ruby>〔専門科目〕

2024年7月30日　発行

監　　　修	一般社団法人日本ソーシャルワーク教育学校連盟	
編　　　集	中央法規社会福祉士受験対策研究会	
発　行　者	荘村 明彦	
発　行　所	中央法規出版株式会社	

　　　　　　　〒110-0016　東京都台東区台東3-29-1 中央法規ビル
　　　　　　　Tel 03-6387-3196
　　　　　　　https://www.chuohoki.co.jp/

本文デザイン　ケイ・アイ・エス
装幀デザイン　木村祐一，濱野実紀（株式会社ゼロメガ）
装幀キャラクター　坂木浩子
印 刷・製 本　株式会社アルキャスト

A050

中央法規の受験対策書 2025年2月の新試験に対応

社会福祉士国家試験 過去問解説集 2025
第 34 回－第 36 回完全解説＋第 32 回－第 33 回問題＆解答
● 2024 年 5 月刊行　●一般社団法人日本ソーシャルワーク教育学校連盟＝監修
●定価 本体 4,000 円（税別）／ B5 判／ ISBN978-4-8243-0030-0
過去 5 年分、750 問を掲載。最新回の解説では、科目別に新試験に向けた学習のポイントを掲載。直近 3 年分は国家試験全問を一問ずつ丁寧に解説し、最新の制度改正にも対応。出題傾向の把握と実力試しに最適。

わかる！ 受かる！ 社会福祉士国家試験 合格テキスト 2025
● 2024 年 5 月刊行　●中央法規社会福祉士受験対策研究会＝編集
●定価 本体 4,400 円（税別）／ A5 判／ ISBN978-4-8243-0028-7
合格のための基礎知識をわかりやすくまとめたテキスト。ムリなく、ムダなく合格までをサポート。

社会福祉士国家試験 受験ワークブック 2025［専門科目］
● 2024 年 6 月刊行　●中央法規社会福祉士受験対策研究会＝編集
●定価 本体 3,200 円（税別）／ B5 判／ ISBN978-4-8243-0034-8

社会福祉士・精神保健福祉士国家試験 受験ワークブック 2025［共通科目］
● 2024 年 6 月刊行　●中央法規社会福祉士・精神保健福祉士受験対策研究会＝編集
●定価 本体 3,200 円（税別）／ B5 判／ ISBN978-4-8243-0035-5
国家試験合格に必要な知識を完全網羅！「重要項目」「一問一答」でわかりやすく、しっかり学ぶ受験対策書の決定版！

らくらく暗記マスター 社会福祉士国家試験 2025
● 2024 年 6 月刊行　●中央法規社会福祉士受験対策研究会＝編集
●定価 本体 1,600 円（税別）／新書判／ ISBN978-4-8243-0038-6
試験の頻出項目を図表や暗記術を使ってらくらくマスター！ 各科目の重要ポイントをコンパクトにまとめ、オリジナルキャラクターが楽しく学習をサポート。ハンディサイズで直前対策にも最適！

社会福祉士国家試験 模擬問題集 2025
● 2024 年 6 月刊行　●一般社団法人日本ソーシャルワーク教育学校連盟＝監修
●定価 本体 3,600 円（税別）／ B5 判／ ISBN978-4-8243-0040-9
国家試験の出題基準や最新の動向、過去問の出題傾向を徹底分析し、新試験に対応した 129 問を収載！
解答編の解説も充実した受験者必携の模擬問題集。

見て覚える！ 社会福祉士国試ナビ 2025
● 2024 年 7 月刊行　●いとう総研資格取得支援センター＝編集
●定価 本体 3,000 円（税別）／ AB 判／ ISBN978-4-8243-0043-0
試験の全体像がつかめるよう、全 19 科目を 5 つの領域に分類。各領域ごとに、試験に必要な知識を図表やイラストを用いて解説。広範な出題範囲を体系的に理解できると大好評！

書いて覚える！ 社会福祉士国試ナビ 穴埋めチェック 2025
● 2024 年 7 月刊行　●いとう総研資格取得支援センター＝編集
●定価 本体 2,200 円（税別）／ A5 判／ ISBN978-4-8243-0044-7
『見て覚える！ 社会福祉士国試ナビ』対応の穴埋め問題集。各分野の重要ポイントを穴埋め形式で学習できる。
『国試ナビ』と繰り返し学習することで基本を確実に整理し、得点アップにつなげる一冊。

2025 社会福祉士国家試験 過去問 一問一答＋α［専門科目］
● 2024 年 7 月刊行　●一般社団法人日本ソーシャルワーク教育学校連盟＝監修
●定価 本体 2,800 円（税別）／ A5 判／ ISBN978-4-8243-0050-8

2025 社会福祉士・精神保健福祉士国家試験 過去問 一問一答＋α［共通科目］
● 2024 年 7 月刊行　●一般社団法人日本ソーシャルワーク教育学校連盟＝監修
●定価 本体 3,000 円（税別）／ A5 判／ ISBN978-4-8243-0049-2
10 年分の国試から厳選して一問一答形式に編集し、見開きで問題と解答を収載。新試験に向けた「即答力」が鍛えられる過去問集。明快な解説に加え重要ポイントも記した、繰り返し学習にピッタリ。